나의 목회자 형제들에게

이 땅에서 목회자로 부르심을 입은 형제들에게 전하는

존 파이퍼 목사의 당부

# 나의 목회자 형제들에게

존 파이퍼

좋은씨앗

*Brothers, We Are Not Proffessionals*

지구상의 미전도 종족들을 향한 열정과 인내를 통해
내가 목회적 프로페셔널리즘의 반대편에서
이 땅을 향한 예수 그리스도의 뜻에 철저히 헌신하게 만든
조지 바워와 그렉 리빙스턴에게 이 책을 바칩니다.

# 차 례

감사의 글 **9**

들어가는 글 **11**

1. 우리는 전문직업인이 아닙니다 **20**
2. 하나님은 그분의 영광을 사랑하십니다 **26**
3. 하나님은 사랑이십니다 **35**
4. 이신칭의를 삶으로 실천하고 가르치십시오 **46**
5. 채무자의 윤리를 경계하십시오 **69**
6. 양 떼에게 하나님을 섬기지 말라고 말하십시오 **79**
7. 기독교 희락주의를 깊이 생각하십시오 **88**
8. 기도하십시오 **100**
9. 신성한 대체물을 조심하십시오 **109**
10. 여러분의 자유를 위해 싸우십시오 **117**
11. 본문을 탐구하십시오 **127**
12. 원어 연구를 통해 성령의 검의 능력을 맛보십시오 **137**
13. 신앙 전기를 읽으십시오 **148**
14. 하나님이 어려운 본문에 영감을 주신 이유를 말하십시오 **160**
15. 성도들을 구하십시오 **171**

16. 우리는 지옥의 진리를 느껴야 합니다 **181**

17. 즐거움을 통해 회개로 인도하십시오 **189**

18. 세례의 의미를 강조하십시오 **199**

19. 우리의 고난은 그들의 위로를 위한 것입니다 **212**

20. 강이 깊이 흐르게 하십시오 **222**

21. 장난감 총으로 탱크와 싸우려 하지 마십시오 **229**

22. 불확신과 겸손을 혼동하지 마십시오 **241**

23. 구리면 족하다는 것을 가르치십시오 **253**

24. 양 떼가 재난 중에도 흔들리지 않으며 섬기도록 도우십시오 **263**

25. 양 떼의 가슴에 선교를 향한 하나님의 열정을 심으십시오 **283**

26. 인종차별의 뿌리를 뽑아버리십시오 **298**

27. 태어나지 않은 생명을 위해 나팔을 부십시오 **316**

28. 예배의 형식이 아니라 본질에 초점을 맞추십시오 **340**

29. 아내를 사랑하십시오 **361**

30. 신학교를 위해 기도하십시오 **380**

## 감사의 글

먼저, 내가 스무 살 무렵 휘튼대학에서 단핵 세포증으로 3주 동안 누워 있을 때 나를 말씀의 사역자로 부르시고 서른세 살이던 1979년에는 그 부르심을 따라 목회를 시작하게 하신 예수 그리스도께 감사드립니다.

1980년 여름 이후, 히브리서 13장 17절 말씀이 내게 현실이 되게 해 준 미니애폴리스의 베들레헴교회 성도들에게 감사드립니다. "저희로 하여금 즐거움으로 이것을 하게 [목회자들이 너희의 영혼을 지키게] 하고 근심으로 하게 말라 그렇지 않으면 너희에게 유익이 없느니라."

여러 모양으로 수많은 짐을 덜어 주면서 나를 도와준 저스틴 테일러와 비키 앤더슨에게 감사를 전합니다. 이들의 수고가 없었다면 이 책도 없었을 것입니다.

33년 동안 신실하게 내조해 준 노엘에게 고마움을 전합니다. 나는 모든 부분에서 그녀에게 기대고 있습니다.

총회의 교단지 〈더 스탠다드〉의 전임 편집자로 이 책에 실린 스무 편의 글을 부탁하고 잡지에 실어 준 던 앤더슨에게 감사합니다.

이 책이 출판되도록 열심과 지원을 아끼지 않은 브로드만 앤 홀만 출판사의 렌 고스에게도 감사를 전합니다.

하나님께서는 지금까지 내게 친절하셨습니다. 나는 그분의 은혜로 살았습니다. 기도하는 것이 있다면, 모든 민족이 나의 주 예수 그리스도를 통하여 기쁨을 얻는 일에 그리고 모든 것에서 그분의 지극히 높으심을 드러내는 일에 내가 그분의 충실하고 선한 청지기로 섬기는 것입니다.

## 들어가는 글

 살다 보면 거대한 고통이 밀려와 잠시나마 '어리석은 안전'의 안개가 걷히고 겨우 한 발 앞에 영원한 절벽이 드러날 때가 있습니다. 그럴 때면 차가운 떨림이 허벅지를 스쳐 지나가고 우주 만물이 잠시 다르게 보입니다. 우리의 목회적 현실을 깨닫기에 좋은 시간입니다. 그리고 그 순간 우리의 삶과 목회는 참으로 허무하게 느껴집니다. 그래도 후회스럽지 않은 사실이 하나 있다면 우리가 아직은 전문직업인이 되지 않았다는 것입니다.

 21세기는 불확실성과 위험으로 가득한 시기이면서 목회자가 되기에 좋은 시기입니다. 세계의 정치적, 종교적 분위기를 보십시오. 들을 귀가 있다면, 우리가 어디로 가야 하는지 알 수 있습니다. 우리는 세상 속에서 전문직업인이 아닌 순전한 목회자로, 프로페셔널하지 않은 신앙과 목회의 중심으로 가차없이 떠밀려 들어가야 합니다. 그 중심이란 잔혹하고 피가 흐르며 소름 끼치고 역겨운 십자가에 달리신 하나님이요 사람이신 예수 그리스도입니다. 이 시대에 우리는 바울과 같은 고백을 하도록 점점 더 요구받고 있습니다. "내가 너희 중에서 예수 그리스도와 그가 십자가에 못 박히신 것 외에는 아무것도 알지 아니하기로 작정하였음이라…그러나 내게는 우리 주 예수 그리스도의 십자가 외에 결코 자랑할 것이 없으니 그리스도로 말미암아 세상이 나를 대하여 십자가에 못 박히고 내가 또한 세상을 대하여 그러하니라"(고전 2:2, 갈 6:14).

서구의 기독교는 이제 그리스도인이 되는 것이 결코 정상적이거나 안전하지 않다는 현실을 깨닫고 있습니다. 순전한 기독교는 점점 더 처음처럼 되어가고 있습니다. 다시 말해, 순전한 기독교는 어리석고 위험한 것이 되어가고 있습니다. "우리는 십자가에 못 박힌 그리스도를 전하니 유대인에게는 거리끼는 것이요 이방인에게는 미련한 것이로되"(고전 1:23). "때가 이르면 무릇 너희를 죽이는 자가 생각하기를 이것이 하나님을 섬기는 일이라 하리라"(요 16:2).

급진주의 이슬람의 등장은 이제까지 있어온 변함 없는 진리를 다시 한 번 확인시켜 줍니다. 십자가에 달리신 그리스도를 전하는 일이 전문직업화한 목회자들의 공손함으로는 결코 가능한 일이 아니며 우리로 하여금 상대적 다원주의의 파괴에 눈을 뜨게 한다는 것입니다. 전문직업으로서의 조화로움도 골고다 언덕에서 산산 조각나 버립니다. 전문직업인이 된 중재자들은 연단으로 달려가 누구나 유일신론에 공감하고 있으며 모두들 선지자 예수를 존경한다고 선포합니다. 그러나 "그들이 내 백성의 상처를 가볍게 여기면서 말하기를 평강하다 평강하다 하나 평강이 없"(렘 6:14)습니다. 진정한 목회자들은 이와는 다르게 알고 있으며 자신의 양 떼를 더 나은 방법으로 사랑합니다. 이들은 십자가가 중심이라는 사실을 약화시킴으로써 하나님의 은혜를 폐기하는 짓을 저지르지 않습니다. 지극히 중요하지만 오늘날 널리 배척되고 있는 진리가 있습니다. "[그는] 우리의 허물을 위하여 [죽음에] 내어 주신 바 되었고 우리의 칭의를 위하여 일으키심을 받으셨느니라"(롬 4:24, Holy Bible 직역).

이것이 바로 이슬람이 부인하는 것입니다. 어느 수니파 무슬림들은 이렇게 말합니다. "무슬림들은 알라께서 선지자들의 봉인(모하메드를 가리킨다―옮긴이)을 헤지라에 따르는 치욕에서 구원하신 것처럼 메시아를 십자가의 치욕에서 구원하셨다고 믿는다."[1] 또 다른 사람들은 이렇게 덧붙입니다. "우리는 그[예수]를 당신들이 공경하는 것보다 더 공경한다…우리는 하나님(알라)께서 그가 십자가에 죽도록 허락하셨을 거라고 믿기를 거부한다. 이것만 보아도 우리가 그를 당신들이 공

---

1 Badru D. Kateregga and David W. Shenk, *Islam and Christanity: A Muslim and a Christian in Dialogue* (Nairobi: Usima Press, 1980), 141. 헤지라(Hijra)는 622년 모하메드가 메카를 떠나 피신한 사건을 가리킨다. 이 단어는 문자적으로 '피신'을 뜻하는 아랍어 hijrah에서 나왔다. 예수의 십자가 죽음과 부활을 부인하는 것으로 해석되는 코란의 한 부분을 보면 이렇게 되어 있다. "유대인들은 이렇게 말한다. '우리는 메시아, 마리아의 아들 예수, 하나님의 메신저를 죽였다.' 그러나 그들은 예수를 죽이지도 않았고, 십자가에 못박지도 않았으며, 단지 그들이 그렇게 했다고 생각할 뿐이다. 그들은 예수가 누구인지 몰랐으며 확신도 없이 예수를 죽였을 뿐이다. 하지만 그것도 알라께서 그를 살려 자신에게로 불러올리셨으므로 예수를 죽인 게 아니다. 알라는 전능하며 전지하시다" (4:157/ 156-157). J. Dudley Woodberry, editor, *Muslim and Christians on the Emmaus Road* (Monrovia, Calif.: MARC, 1989), 165에서 인용.

경하는 것보다 더 공경하는 게 아닌가? 오히려 우리는 하나님(알라)께서 그를 천국에 데려가셨다고 믿는다."[2] 문제는 이슬람이 유일신을 믿느냐가 아닙니다. 이슬람이 예수님을 공경하려 노력하느냐도 아닙니다. 문제는 이것입니다. 이슬람은—또는 기독교 외의 다른 어떤 종교라도—"하나님이요 인간이신 예수 그리스도의 십자가 죽음을 하나님께서 우리를 받아들이시는 유일한 근거로 여기는가"입니다. 그것에 대한 그들의 대답은 "아니요"입니다. 오직 그리스도인들만이 "죽임 당한 어린양"을 하나님의 "보좌"에 앉으신 유일한 구속자로 믿고 따를 뿐입니다(계 14:4, 5:7, 7:17).

바꾸어 말해, 하나님이요 사람이신 예수 그리스도께서 고난당하셨다는 치욕적이며 어리석으며 소름끼치며 너무나 영광스러운 사실이 기독교의 중심이자 목회의 중심이 되어야 한다는 것입니다. 그분은 점점 더 이슈가 되어야 합니다. 모두가 좋아하는 모호하고 편안하며 유쾌한 예수가 아니라 유대인들에게는 "거치는 것"이요 이방인들에게는 "어리석은 것"인 예수가 점점 더 이슈가 되어야 합니다. 기독교를 소름끼치는 것으로 만드는 게 무엇인지 알수록 기독교를 영광스럽게 하는 게 무엇인지도 더 잘 알게 될 것입니다. "내가 하나님의 은혜를 폐하지 아니하노니 만일 의롭게 되는 것이 율법으로 말미암으면 그리스도께서 헛되이 죽으셨느니라"(갈 2:21). 피흘림이 없다면 은혜도

---

[2] J. Dudley Woodberry가 편집한 *Muslims and Christians on the Emmaus Road*, 164에 나오는 The Muslim World(1951)에서 인용했다. 3세기 초의 이슬람 성직자들도 비슷한 말을 했다. "우리는 예수를 믿는다. 사실 당신들이 믿는 것보다 더 많이 믿는다."

없고 영광도 없습니다. 십자가를 부인하는 모든 종교는 하나님의 은혜를 폐하며 사람들을 영원한 멸망으로 인도할 뿐이니까요. 이러한 진리를 전파하는 것은 오늘날 많은 이들이 선호하는 전문직업인의 색깔과는 잘 맞지 않습니다.

진리에 기초한 진정한 관용을 그럴듯한 전문직업인의 관용으로 대체하지 않도록 주의하십시오. 옛날에는 관용이란 경쟁 관계에 있는 종교의 신자들이 서로를 죽이지 않도록 막아 주는 힘이었습니다. 관용이란 자유를 강제적인 회심 위에 두는 원칙을 말하는 것이었습니다. 관용은 강요된 신념은 신념이 아니라는 진리에 뿌리를 두고 있었습니다. 이것이 진정한 관용이었습니다. 그러나 오늘날 전문화한 세계에서 말하는 관용은 경쟁 관계에 있는 종교들이 있다는 것 자체를 부인합니다. 종교는 상호 보완적일 뿐이라고 봅니다. 전문직업인의 세계에서 관용은 강제로 회심시키려는 노력을 비난할 뿐 아니라 회심이 필요하다는 생각조차도 비난합니다. 그 세계에서 말하는 관용은 그 어떤 종교적 신념도 다른 종교적 신념보다 우월하지 않다고 확신합니다. 이런 식으로 해서, 전문직업인들 사이에는 평화로운 균형이 유지될 수 있으며 그 누구도 십자가의 거치는 것 때문에 박해받을 필요가 없습니다(갈 5:11).[3]

이 책의 목적은 십자가에 달리시고 부활하신 하나님이요 사람이신 예수 그리스도의 지극히 높으심과 중심되심을 우리의 삶과 목회

---

[3] 이 단락은 필자가 World Magazine, 27(27 October, 2001), 65에 실은 글 "Hate and Tolerance: Obstacles to the Eternal Life of Muslims"을 수정한 내용이다.

와 문화의 모든 부분에서 나타내려는 급진적인 목회의 열정을 퍼트리는 것입니다. 지역 신문에 이름이 오르내리길 좋아하는 전문직업인 성직자들의 눈에는 지극히 높으신 그리스도의 깃발 아래 이루어지는 목회가 점점 더 거슬릴 것입니다. 이 책의 원제목을 Brothers, We Are Not Preffessionals로 내가 정한 이유는, 우리 목회자들이 프로페셔널리즘이 갖고 있는 문화적 기대에 부응해야 한다는 중압감에서 벗어나도록 당부하기 위해서입니다. 또한 우리의 신분에 대한 자존심, 넉넉한 사례에 대한 기대, 프로의 세계에서 패러다임을 빌려오는 데 대해 경종을 울리기 위해서입니다. 철저히 성경 중심적이며, 하나님 중심적이며, 그리스도를 높이며, 자신을 희생하고, 선교 지향적이며, 영혼 구원을 생각하며, 문화와 맞서는 목회자들을 위로하기 위해서입니다! 이들처럼 해 보십시오. 어느 날 손바닥이 갈라지고 그 다음 날에는 박해를 받게 될 것입니다.

어쩌면 "반(反)문화적 목회라는 이름으로 사람들에게 거리낌을 주려 하느냐"며 내게 지적하는 이들이 있을지 모르겠습니다. 또 "싸우지 않고서는 번성하지 못하는 공격적인 목회자"라고 비난할 사람들도 있을 것입니다. 어떤 비판자들은 우리에게 무능력한 것은 결코 미덕이 아니라고 훈계하려 들겠지요. 어떤 사람들은 성직자들끼리의 상조회를 통해서 덕을 보는 것이 나쁠 게 있겠느냐고 말할 것입니다. 물론, "형제"라는 단어에 혐오감을 느낄 사람도 있겠지요. 나는 이들 모두에게 '그렇습니다. 여러분의 말이 맞습니다'라고 말하겠습니다. 당신들은 그러한 것들이 우리 시대의 절박한 필요라고 믿고 있군요. 그렇다면 그런 것들을 말하십시오. 그러나 나는 그런 것들이 중요하다고 믿지 않습니다.

우리 시대를 둘러보십시오. 사람들에게 거리낌을 주는 공격적인 목자가 하나라면, 공격하는 게 두려워 입으로는 성령의 검을 무디게 만들고 목회에서는 냉혹함과 부드러움이 성경적으로 어우러진 모습을 더 이상 찾아볼 수 없는 목자는 백은 될 것입니다. 영적 덮개로 자신을 의롭게 하는 무능력한 목회자가 하나라면, 바벨론에서 치료약을 구함으로 자신의 영적 무능력을 필사적으로 배가시키는 무능한 목회자는 백은 될 것입니다. 선지자의 자세로 십자가에 충실하면서 존경받는 목회자가 하나라면 십자가를 양보함으로써 이러한 존경을 누리는 목회자가 백은 될 것입니다. 그렇더라도 걱정은 마십시오. 이런 염려에 대한 성경의 가르침은 분명합니다. 하나님께서는 가정을 이끌 남편으로, 교회를 이끌 장로로 영적이며 겸손하고 그리스도를 닮은 남성들을 부르실 것입니다(엡 5:20-33, 딤전 2:12-13).[4] 나는 이러한 가정과 교회에서는 경건하고 은사가 있으며 지혜롭고 사역을 잘 감당하는 여성들도 많이 나온다고 믿을 뿐 아니라 지난 20년 동안 실제로 그것을 확인했습니다.

목회 사역에는 기쁨이 가득합니다. 우리의 진지에는 히브리서 13장 17절의 깃발이 나부끼고 있습니다. "그들로 하여금 즐거움으로 이

---

[4] John Piper와 Wayne Grudem이 함께 쓴 *Recovering Biblical Manhood and Womanhood: A Response to Evangelical Feminism* (Wheaton, Ill.: Crossway Books, 1991)을 보라.

것을 하게 하고 근심으로 하게 하지 말라 그렇지 않으면 너희에게 유익이 없느니라." 사도의 나팔소리도 울려 퍼집니다. "하나님의 양 무리를 치되 억지로 하지 말고…기꺼이 하며"(벧전 5:2). 눈물도 있습니다. 그러나 바울이 말했듯이 우리는 " 근심하는 자 같으나 항상 기뻐"(고후 6:10)합니다. 사실 눈물은 우리가 가진 소망의 기쁨을 더욱 키워 줍니다(약 1:2-4, 롬 5:3, 고후 4:17).

눈물만 있는 게 아닙니다. 적대자들도 있습니다. "내게 광대하고 유효한 문이 열렸으나 대적하는 자가 많음이라"(고전 16:9). 그들과 평화를 기대할 수는 있겠지요. 우리는 진리 안에서 하나되기 위해 수고해야 합니다. 그러나 타락한 세상에서, 복음은 어떤 사람들에게는 언제나 생명의 향기이지만 어떤 사람들에게는 죽음의 냄새입니다(고후 2:15-16).

그러므로 우리의 기쁨은 욱여쌈을 당하겠지만 그리스도께서 이루신 승리 때문에 결코 꺾이지 않습니다. 우리의 기쁨은 눈물로 뒤섞이겠지만 우리의 눈물은 하나님을 중심에 두는 데서 흐르는 기쁨의 눈물이 됩니다. 고뇌하는 우리 영혼이 누릴 수 있는 평안과 만족, 그리고 굶주려 있는 교회와 기다리는 열방들이 누릴 수 있는 평안과 만족은 전문직업화한 탁월함에서 나오는 게 아니라 십자가에 죽으시고 부활하신 그리스도와 나누는 영적 교제의 즐거움에서 나옵니다.

나는 이 기쁨을 동료 목회자들에게 (그리고 그들을 통해) 전하고 싶어 미칠 지경입니다. 그리고 내가 목회자는 전문직업인이 아니라고 애써 말하는 것도 바로 이 때문입니다.

설교자는 전문직업인이 아니다.

그의 사역은 직업이 아니다.

그것은 신성한 제도이며 신성한 헌신이다.

• E. M. 바운즈 •

우리는 그리스도를 위하는 어리석은 자들이다.

그러나 전문직업인은 지혜롭다.

우리는 약하다.

그러나 전문직업인은 강하다.

전문직업인은 존경을 받는다.

그러나 우리는 조롱을 받는다.

우리는 전문직업인의 생활 방식을 확보하려 애쓰지 않으며,

오히려 주리고 목마르며 헐벗고

집도 없는 자로 살아갈 준비가 되어 있다.

• 존 파이퍼 •

# 1
## 우리는 전문직업인이 아닙니다

우리 목회자들은 목회 사역이 전문직업화함에 따라 점차 죽어가고 있습니다. 안타깝게도 전문직업인의 마음은 선지자의 마음이 아닙니다. 그것은 그리스도의 종이 마땅히 품어야 하는 마음도 아닙니다. 전문직업인의 근성이라는 것은 기독교 목회의 본질이나 중심과는 무관합니다. 전문직업인이 되기를 갈망할수록 눈을 떠보면 영적으로 더 죽어 있는 자기 모습을 보게 될 것입니다. 왜냐하면 전문직업적인 아이다움이란 없기 때문이며(마 18:3), 전문직업적인 온유한 마음이란 없기 때문이며(엡 4:32), 전문직업적인 하나님에 대한 갈망이란 없기 때문입니다(시 42:1).

 오히려 우리의 최우선 직무는 하나님을 갈망하며 기도하는 것입니다. 우리의 직무는 우리의 죄를 애통하는 것입니다(약 4:9). 전문직업적인 애통이라는 게 있을까요? 우리의 직무는 그리스도의 거룩함과 하나님이 위에서 부르신 부르심의 상을 향해 달려가는 것이며(빌 3:14), 우리가 버림을 당하지 않도록 우리 몸을 쳐서 복종시키는 것이며(고전 9:27), 날마다 자기를 부인하고 피로 얼룩진 십자가를 지는 것입니다(눅 9:23). 그런데 어떻게 전문직업적으로 십자가를 질 수 있습니까? 우리는 그리스도와 함께 십자가에 못 박혔습니다. 이제 우리는 우리를 사랑하사 우리를 위해 자신을 내어주신 분을 믿는 믿음으로 삽니다(갈 2:20). 그런데 전문직업적인 믿음이란 도대체 무엇입니까?

우리는 포도주에 취하는 게 아니라 성령에 취해야 합니다(엡 5:18). 우리는 하나님에 취한 그리스도의 연인들입니다. 그런데 어떻게 전문직업적으로 예수님께 취할 수 있습니까? 놀랍고도 놀라운 것은 우리는 질그릇일 뿐이며, 초월적인 능력이 하나님께 속했음을 보여주려고 그 질그릇에 복음의 보화가 담겼다는 사실입니다(고후 4:7). 그런데 전문직업적인 질그릇이 되는 방법이라는 게 있습니까?

우리가 모든 부분에서 핍박을 받으나 버림을 당하지 아니하며, 거꾸러뜨림을 당하나 망하지 아니하며, 박해를 당하나 버린 바 되지 않고 항상 예수 그리스도의 죽음을 몸에 짊어지는 것은(전문직업적으로?) 예수의 생명이 우리 몸에 나타나게(전문직업적으로?) 하기 위해서입니다(고후 4:9-11).

나는 하나님께서 우리 설교자들을 세상에서 가장 작은 자로 부르셨다고 생각합니다. 우리는 그리스도를 위하여 어리석은 자가 되었지만 전문직업인들은 똑똑합니다. 우리는 약하지만 전문직업인들은 강합니다. 전문직업인들은 존경을 받지만 우리는 조롱을 받습니다. 우리는 전문직업인다운 생활 방식을 지키려고 애쓰지 않으며, 오히려 주리고 목마르며 헐벗고 집도 없는 자로 살아갈 준비가 되어 있습니다. 우리는 욕을 먹을 때 축복합니다. 우리는 핍박을 받을 때 견딥니다. 우리는 비방을 받을 때 화해를 위해 노력합니다. 우리는 세상의 더러운 것과 만물의 찌꺼기같이 되었습니다(고전 4:9-13). 그렇지 않습니까?

형제들이여, 우리는 전문직업인이 아닙니다! 우리는 머리 둘 곳이 없는 자들입니다. 우리는 세상의 나그네요 유랑자입니다(벧전 2:11). 우리의 시민권은 하늘에 있으며, 우리는 뜨거운 기대감으로 주님을 기다립니다(빌 3:20). 우리가 예수 그리스도의 나타나심을 간절히 바라는 사랑을 직업적인 일로 바꾸어 버린다면, 그것은 그 사랑을 죽이는 짓입니다.

우리 사역의 목적은 영원하며 신령한 것입니다. 어떤 전문적인 직업도 그 목적을 함께 나눌 수 없습니다. 우리가 죽어가고 있는 것은 바로 이 사실을 보지 못하기 때문입니다.

생명을 주는 설교자는 하나님의 사람이다. 그의 마음은 언제나 하나님을 갈망하며, 그의 영혼은 늘 하나님을 열심히 따르며, 그의 눈은 오직 하나님만 바라보며, 그의 안에서는 하나님의 성령의 능력을 통해 육과 세상이 십자가에 못 박혔으며, 그의 사역은 생명의 강물이 넘쳐나는 것과 같다![1]

---

1  John Piper and Wayne Grudem, *Recovering Biblical Manhood and Womanhood: A Response to Evangelical Feminism* (Wheaton, Ill.: Crossway Books, 1991), 16.

우리는 다른 전문직업인들과 목적을 공유하는 어떤 사회적인 팀이 결코 아닙니다. 우리의 목적은 남들에게 거리끼는 것이요 미련한 것이 되는 것입니다(고전 1:23). 목회의 전문직업화는, 사람들에게 거리끼는 것이 되려 하는 이러한 복음의 목표에 계속해서 위협이 됩니다. 목회의 전문직업화는 우리 사역의 심오한 영적 본질에 위협을 줍니다. 나는 이런 모습을 자주 보았습니다. 목회 사역에서 직업적인 마인드를 사랑하며 추구하는 것은, 사람들을 지옥에서 구원하고 그들이 그리스도를 높이며 세상에서 영적 나그네가 되게 하려고 하나님께서 우리를 보내셨다는 믿음을 죽여 버립니다.

이 세상은 전문직업인들이 해야 할 일을 정하지만, 영적인 사람이 해야 할 일은 하나님께서 정하십니다. 예수 그리스도라는 강렬한 포도주는 전문직업적 마인드라는 포도주 부대에 담길 수 없습니다. 터지고 말 테니까요. 전문직업인이 되려고 마음을 쏟는 목회자와, 어떤 이에게는 사망의 냄새가 되고 또 어떤 이에게는 영생의 냄새인 그리스도의 향기가 되려고 마음을 쏟는 목회자는 아주 다릅니다(고후 2:15-16).

하나님, 목회를 전문직업화하려는 자들에게서 우리를 구하여 주소서! "우리 가운데 있는 계산적이고 경영에 치중하고 인위적이며 조종하려는 마음의 기질"로부터 우리를 구하여 주소서.[2] 대신, 우리가 우리 죄를 깨닫고 애통하게 하소서. 기도에 깊이가 없으며, 거룩한 진

---

2   Richard Cecil의 말로 E. M. Bounds, *Power through Prayer* (Grand Rapids, Mich.: Baker Book House, 1972), 59에서 인용. 『기도의 능력』좋은씨앗.

리를 겉핥기로만 알며, 죽어가는 이웃을 두고서도 만족해하고, 모든 대화에 열정과 진지함을 잃어 버린 우리를 용서하소서. 어린아이처럼 구원을 기뻐하는 마음을 회복시켜 주소서. 영혼과 몸을 함께 지옥에 던지실 수 있는 분의 경외로운 거룩과 능력으로 우리를 깨우소서(마 10:28). 두렵고 떨림으로 십자가를 소망하면서도 그것을 거리낌의 대상인 우리의 생명 나무로 알고 붙들게 하소서. 우리가 그 어떤 것도, 절대로 그 무엇도 세상이 보는 눈으로 보지 않게 하소서. 오직 그리스도만이 만유가 되시며, 만유 안에 계시게 하소서(골 3:11).

오 하나님, 우리의 마음에서 직업적인 마인드를 몰아내시고 그 자리에 뜨거운 기도와 심령의 가난함과 하나님을 향한 주림과 거룩한 것들에 대한 내밀한 추구와 예수 그리스도께 대한 열렬한 헌신과 모든 물질적 이익에 대한 철저한 무관심과 멸망으로 향하는 자들을 구하고 성도로 완전하게 하며 우리의 주권자이신 주님을 영화롭게 하려는 끝없는 수고로 채워 주소서.

오 하나님, 당신의 강하신 손 아래 우리를 겸손하게 하시고, 우리를 직업인으로서가 아니라 그리스도의 고난을 증거하며 그 고난에 참여하는 자로서 일으켜 주소서. 예수님의 거룩하신 이름으로 기도합니다. 아멘.

내 이름을 위하여 내가 노하기를 더디 할 것이며

내 영광을 위하여 내가 참고 너를 멸절하지 아니하리라 …

나는 나를 위하며 나를 위하여 이를 이룰 것이라.

어찌 내 이름을 욕되게 하리요 내 영광을 다른 자에게 주지 아니하리라.

• 이사야 48: 9, 11 •


하나님의 제일 되는 목적은 하나님을 영화롭게 하는 것이며

그분의 영광을 영원토록 기뻐하는 것이다.

• 존 파이퍼 •


하나님께서는 우리를 사랑하시는 것보다

그분의 영광을 더 사랑하신다.

그리고 그것이 우리를 향한 사랑의 기초가 된다.

• 존 파이퍼 •

# 2
## 하나님은 그분의
## 영광을 사랑하십니다

나는 "그런즉 너희가 먹든지 마시든지 무엇을 하든지 다 하나님의 영광을 위하여 하라"는 고린도전서 10장 31절의 말씀을 요한복음 3장 16절만큼이나 소중하게 여기는 가정에서 성장했습니다. 그러나 스물두 살이 될 때까지 하나님의 궁극적인 헌신의 대상은 그분의 영광이며 그분의 영광이 우리 영광의 기초가 된다는 말을 한 번도 들어 보지 못했습니다. 하나님께서는 또한 모든 것을 그분의 영광을 위해 행하시며 그러므로 우리도 모든 것을 그분의 영광을 위해 해야 한다는 말도 들어 보지 못했습니다. 성령의 역할은 성부 하나님 안에서 영원히 타오르고 있는 것, 다시 말해, 하나님을 위한 하나님의 사랑이 내 안에서도 타오르게 하는 것이라는 설명을 한 번도 들어 보지 못했습니다. 보다 정확히 말하면, 성부 하나님께서는 자신의 완전함이 그의 아들에게서 완전한 형상으로 투영되어 나타나는 것을 기뻐하신다는 말을 한 번도 들어보지 못했습니다.

"우주에서 가장 하나님 중심적인 존재는 누구인가?" "하나님이시다." 어느 누구도 내게 이런 식의 질문을 던지거나 대답을 해 준 적이 없습니다. 그밖에도 나는 다음과 같은 문답을 접해 본 일이 없습니다. "하나님은 우상숭배자이신가?" "아니다. 하나님은 그분 앞에 다른 어떤 신도 두지 않으신다." "하나님의 제일 되는 목적은 무엇인가?" "하나님의 제일 되는 목적은 하나님 자신을 영화롭게 하며 하나님 자신의 영광을 영원토록 기뻐하는 것이다." 다니엘 풀러의 가르침을 받고 그를 통해 조나단 에드워즈의 글을 접하기 전까지는 하나님의 하나님 중심되심(God-centeredness of God)과 강하게 대면한 적이 전혀 없었습니다.

1960년대 말에 시작된 폭발적인 발견의 시대 이후로, 나는 '그분의 영광을 추구하는 하나님의 열심'이 갖는 의미를 이해하려고 노력해 왔습니다. 조나단 에드워즈는 그의 책 『하나님의 천지창조 목적』 (The End for Which God Created the World)에서 이렇게 말했습니다.

[하나님은] 이 일에서 자신을 그분의 최종이자 최고의 목적으로 삼으셨다. 왜냐하면 그분은 본래 무한하고 가장 크신 분이며 존재하는 것들 가운데 최고이시므로 그렇게 하실 만하기 때문이다. 다른 모든 것들은 가치와 중요성과 탁월함에 있어 그분에 비하면 아무것도 아니다…성경에서 하나님께서 행하시는 일의 궁극적인 목적으로 언급된 모든 것은 하

나님의 영광이라는 이 한 마디에 포함된다.[1]

왜 하나님의 하나님 중심되심에 놀라는 게 중요합니까? 많은 사람들이 하나님이 인간 중심적이라고 느낄 때에만 하나님 중심적이려고 하기 때문입니다. 여기에는 미묘한 위험이 숨어 있습니다. 우리는 사실 하나님을 자기를 높이는 수단으로 삼으면서도 자신의 삶을 하나님에게 집중하고 있다고 잘못 생각할 수 있습니다. 형제들이여, 호소하건대, 이러한 위험에 빠지지 않기 위해, 하나님은 우리를 사랑하시는 것보다 그분의 영광을 더 사랑하시며 이것이 우리를 향한 그분의 사랑의 기초라는 사실이 무엇을 의미하는지 깊이 생각해 보기 바랍니다.

"너희는 인생을 의지하지 말라 그의 호흡은 코에 있나니 셈할 가치가 어디 있느냐"(사 2:22). "귀인들을 의지하지 말며 도울 힘이 없는 인생도 의지하지 말지니"(시 146:3). "여호와께서 이와 같이 말씀하시니라 무릇 사람을 믿으며 육신으로 그의 힘을 삼고 마음이 여호와에게서 떠난 그 사람은 저주를 받을 것이라"(렘 17:5). "보라 그에게는 열방이 통의 한 방울 물과 같고 저울의 작은 티끌 같으며 섬들은 떠오르는 먼지 같으리니…그의 앞에는 모든 열방이 아무것도 아니라 그

---

1 Jonathan Edwards, *The End for Which God Created the World*, in John Piper, God's Passion for His Glory: Living the Vision of Jonathan Edwards (Wheaton, Ill.: Crossway Books, 1998), 140, 242. 『하나님의 영광을 위한 하나님의 열심』(부흥과개혁사, 2003)

는 그들을 없는 것 같이, 빈 것 같이 여기시느니라"(사 40:15, 17).

하나님께서는 최종적으로 그분 자신에게 헌신하지, 우리에게 헌신하지 않으십니다. 그리고 그 사실에 근거해 우리의 안전이 보장되는 것입니다. 하나님은 무엇보다도 그분의 영광을 사랑하십니다. "내 이름을 위하여 내가 노하기를 더디 할 것이며 내 영광을 위하여 내가 참고 너를 멸절하지 아니하리라…나는 나를 위하며 나를 위하여 이를 이룰 것이라 어찌 내 이름을 욕되게 하리요 내 영광을 다른 자에게 주지 아니하리라"(사 48:9, 11).

하나님께서 구원을 이루시는 것은 그분 자신을 위해서입니다. 하나님께서 그분의 이름으로 불리는 사람들을 의롭게 하시는 것은 그분이 영광을 받으시기 위해서입니다.

"그러므로 너는 이스라엘 족속에게 [그리고 모든 교회들에게] 이르기를 주 여호와의 말씀에 이스라엘 족속아 내가 이렇게 행함은 너희를 위함이 아니요 너희가 들어간 그 열국에서 더럽힌 나의 거룩한 이름을 위함이라 열국 가운데서 더럽힘을 받은 이름 곧 너희가 그들 중에서 더럽힌 나의 큰 이름을 내가 거룩하게 할지라 내가 그들의 목전에서 너희로 인하여 나의 거룩함을 나타내리니 열국 사람이 나를 여호와인 줄 알리라 나 주 여호와의 말이니라… 주 여호와의 말씀이니라 내가 이렇게 행함은 너희를 위함이 아닌 줄을 너희가 알리라 이스라엘 족속아 너희 행위로 말미암아 부끄러워하고 한탄할지어다"(겔 36:22-23, 32).

구속사의 교향곡에서 의미없이 동떨어진 음표는 하나도 없습니다. 교향곡은 완전하신 작곡가가 말하려는 주제를 처음부터 끝까지 치밀하게 드러내고 또 드러냅니다. 왜 하나님은 사랑 안에서 우리를 그분의 아들로 미리 정하셨을까요? 그분의 은혜의 영광이 찬양을 받게 하기 위해서입니다(엡 1:6, 12, 14). 왜 하나님께서는 그분을 위해 한 민족을 지으셨습니까? 그들은 "내가 내 영광을 위하여 창조한 자"이기 때문입니다(사 43:7). 왜 하나님은 똑같은 흙으로 귀한 그릇과 천한 그릇을 빚으십니까? 그분의 진노를 나타내시고, 그분의 능력을 알리시며, 긍휼의 그릇들에게 그분의 풍성한 영광을 드러내시기 위해서입니다(롬 9:22-23). 왜 하나님은 바로를 일으켜 그 마음을 강퍅하게 하시고 강한 팔로 이스라엘을 구원하셨습니까? 그분의 모든 기사가 바로에게 놀랍게 나타남으로(출 14:4) 그분의 이름이 그 땅에 선포되게 하기 위해서였습니다(출 9:16).

왜 하나님께서는 거역하는 이스라엘을 광야에서 멸하지 않으시고 약속의 땅으로 인도해 들이셨습니까? "내가 그들을 인도하여 내는 것을 본 나라들 앞에서 내 이름을 더럽히지 아니하려 하였음이로라"(겔 20:14). 이스라엘이 하나님을 거부하고 다른 민족들처럼 왕을 요구할 때, 왜 하나님께서는 이스라엘을 멸하지 않으셨을까요?(삼상 8:4-6) 하나님께서는 "그의 크신 이름을 위해서라도 자기 백성을 버리지 아니하실 것"이기 때문입니다(삼상 12:22). 자기 이름의 영광을 위한 하나님의 사랑이야말로 값없는 은혜의 샘이며 우리의 안전한 반석입니다.

왜 하나님은 이스라엘을 바벨론 포로 생활에서 회복시키셨습니까? 다니엘이 기도했기 때문입니다. "주를 위하여 주의 얼굴 빛을 주의 황폐한 성소에 비추시옵소서"(단 9:17). 왜 아버지는 성육하신 아들을 이스라엘에 보내셨습니까? "이는 조상들에게 주신 약속들을 견고하게 하시고 이방인들도 그 긍휼하심으로 말미암아 하나님께 영광을 돌리게 하려 하심이라"(롬 15:8-9). 왜 아들은 최후의 순간을 거부하지 않으셨습니까? 그리스도는 이렇게 기도하셨습니다. "내가 이를 위하여 이때에 왔나이다 아버지여, 아버지의 이름을 영광스럽게 하옵소서"(요 12:27-28). 그리스도는 아버지를 영화롭게 하며 우리가 손상시킨 그분의 명예를 회복시키기 위해 죽으셨습니다. 우리가 소망을 품을 수 있는 유일한 근거가 있다면, 그것은 피조물에게서 합당한 영광을 받아야 한다는 하나님의 의로운 요구를 그리스도가 죽음을 통하여 만족시키셨다는 것입니다(롬 3:24-26).

형제들이여, 하나님께서는 그분의 영광을 사랑하십니다! 하나님께서는 그분의 무한하고 영원한 모든 능력을 이러한 영광을 나타내시며 그분의 이름의 영예를 보존하는 데 집중하십니다.

바울이 디모데후서 2장 13절에서 "우리는 미쁨이 없을지라도 주는 항상 미쁘시니"라고 말할 때, 이것은 우리가 미쁘지(신실하지) 못함에도 불구하고 구원받았다는 뜻이 아닙니다. 바로 앞 구절은 "우리가 주를 부인하면 주도 우리를 부인하실 것이라"고 말합니다. 오히려 바로 뒤의 말이 설명하듯이, "주는 항상 미쁘시니"라는 말은 "[그는] 자기를 부인하실 수 없으시리라"는 뜻입니다. 하나님께서는 자신의 영광을 위해 모든 일을 가장 신실하게 행하십니다. 그분은 다른 어떤 것이 되시는 것에 앞서 하나님이 되시는 데 전념하십시오.

여러분의 양 떼는 이런 사실들을 알고 있습니까? 양 떼들이 기도의 응답을 구할 때, 자신의 영광을 구하는 하나님의 사랑에 의지합니까? 양 떼들이 하나님의 보좌 앞에서 각자의 사정을 아뢸 때, 하나님은 모든 것을 그분의 이름을 위하여 행하신다는 사실에 근거를 둡니까? "여호와여…주는 주의 이름을 위하여 일하소서"(렘 14:7). "우리 구원의 하나님이여 주의 이름의 영광스러운 행사를 위하여 우리를 도우시며 주의 이름을 증거하기 위하여 우리를 건지시며 우리 죄를 사하소서"(시 79:9). "여호와여 나의 죄악이 크오니 주의 이름으로 말미암아 사하소서"(시 25:11). 우리의 양 떼들은 "이름이 거룩히 여김을 받으시오며"라는 기도가 하나님께서 자신을 하나님으로 영화롭게 하시라는 의미의 간구임을 실제로 알고 있습니까? "여호와여 영광을 우리에게 돌리지 마옵소서 우리에게 돌리지 마옵소서 오직 주는 인자하시고 진실하시므로 주의 이름에만 영광을 돌리소서"(시 115:1).

우리는 우리의 양 떼들에게 "그런즉 너희가 먹든지 마시든지 무엇을 하든지 다 하나님의 영광을 위하여 하라"(고전 10:31)고 수없이 말했습니다. 그러나 우리는 그들에게 이러한 명령의 근거를 제시했습니까? 하나님은 그분의 영광을 사랑하십니다. 하나님은 무한한 에너지와 열정과 헌신으로 그분의 영광을 사랑하십니다. 하나님의 성령께서는 이러한 사랑으로 타오르고 계십니다. 하나님의 자녀가 하나님의 영광을 사랑해야 하는 것도 바로 이 때문입니다. 하나님의 자녀는 이러한 불타는 성령의 인도를 받습니다(롬 8:14).

하나님이 가장 사랑하시는 것—하나님의 영광—을 담대하고 강하게 선포합시다. 주변에 도사린 인간 중심적인 늪에서 우리 자신을 지켜냅시다. "너희는 인생을 의지하지 말라 그의 호흡은 코에 있나니 셈할 가치가 어디 있느냐"(사 2:22). 하나님께서 아가페의 사랑으로 죄인을 사랑하시는 것은 그분 자신의 영광에 대한 보다 근원적이고 보다 깊고 보다 궁극적인 사랑이 있기 때문입니다. 우리를 향한 사랑의 기초와 수단과 목적은 오로지 그분 자신의 영광에 대한 사랑뿐입니다. 그러므로 형제들이여, 그대의 양 떼들에게 복음의 위대한 기초를 전파하십시오. 하나님은 그분의 영광을 사랑하십니다!

하나님은 사랑이심이라.

• 요한일서 4:8 •

여호와께서 그의 앞으로 지나시며 선포하시되

여호와라 여호와라 자비롭고 은혜롭고 노하기를 더디하고

인자와 진실이 많은 하나님이라.

• 출애굽기 34:6 •

하나님의 거룩은 그분의 영광을 드러내는

절대적이고 유일하며 무한한 가치이다.

하나님의 의는 언제나 자신의 영광을 높이고 드러내시려는

하나님의 변함 없는 헌신이다.

하나님의 자족적인 영광은 우리가 그분을 위해 일하는 데서가 아니라

그분이 우리를 위해 일하시는 데서

가장 높아지고 가장 잘 드러난다.

• 존 파이퍼 •

# 3
# 하나님은 사랑이십니다

2장을 읽은 독자 가운데는 우리 교회의 몇몇 성도와 똑같은 걱정을 하는 사람들이 있을 것입니다. 나는 어느 남성 수련회에서 영적 리더십이란 "하나님께서 사람들이 어디에 있길 원하시는지 알며, 하나님의 능력에 의지하여 하나님의 방법으로 그 사람들을 그곳으로 인도하는 데 앞장서는 것"이라고 정의했습니다. 그러면서 하나님께서 사람들이 어디에 있길 원하시는지 알 수 있는 방법은 하나님 자신이 어디로 가고 계시는지 묻는 것이라고 했습니다. 내 생각에 그 해답은 하나님께서는 그분의 영광을 사랑하시며(2장을 보십시오) 그분이 하시는 모든 일에서 그분의 영광을 확장시키려 하신다는 것입니다.

그러므로 영적 리더십의 목적은 사람들이 하나님의 영광을 위해 살면서 그분과 연합하게 만드는 것입니다.

참석자 가운데는 이러한 가르침이, 그분을 사랑 없이 행하시는 극단적인 이기주의자로 만든다면서 이의를 제기하는 사람들이 있었습니다. 그러나 하나님은 사랑으로 행하십니다. 그분은 사랑이십니다. 하나님이 어떻게 그분의 영광을 위하는 동시에 우리를 위하실 수 있는지 알아야 합니다. 내가 알기로 이것을 가장 잘 보여 줄 수 있는 방법은 하나님이 어떻게 거룩하시고, 어떻게 의로우시며, 어떻게 사랑이신가와, 이 셋이 어떻게 연관이 있는지 설명하는 것입니다.

하나님이 거룩하시다고 말할 때, 이것은 하나님처럼 거룩한 분이 없다는 뜻입니다. 그분과 같은 존재는 없습니다. 하나님은 차원을 달리하는 분입니다.

모세는 이스라엘에게 이렇게 노래하라고 가르쳤습니다. "여호와여 신 중에 주와 같은 자가 누구니이까 주와 같이 거룩함으로 영광스러우며 찬송할 만한 위엄이 있으며 기이한 일을 행하는 자가 누구니이까"(출 15:11). 오랜 세월이 흐른 뒤, 사무엘의 어머니 한나는 이스라엘에 이런 노래를 가르쳤습니다. "여호와와 같이 거룩하신 이가 없으시니 이는 주 밖에 다른 이가 없고 우리 하나님 같은 반석도 없으심이니이다"(삼상 2:2). 이사야 선지자는 하나님의 말씀을 인용했습니다. "거룩하신 이가 이르시되 그런즉 너희가 나를 누구에게 비교하여 나를 그와 동등하게 하겠느냐 하시니라"(사 40:25).

하나님의 거룩은 그분에게만 있는 절대적이고 특별한 것입니다. 다른 모든 것은 어떤 종류에 속해 있습니다. 우리는 인간이고 발발이는 개에 속한 종입니다. 참나무는 하나의 나무입니다. 지구는 하나의 행성입니다. 은하수는 10억 개에 달하는 은하계 중 하나입니다. 가브리엘은 하나의 천사이고, 사탄은 하나의 타락한 천사입니다. 그러나 오직 하나님만이 하나님이십니다. 그러므로 그분은 거룩하며, 전혀 다르며, 구별되며, 특별하십니다.

다른 모든 것은 피조물입니다. 오직 그분만이 창조하십니다. 다른 모든 것에는 시작이 있습니다. 그분만이 영원히 계시고 다른 모든 것은 의존합니다. 그분만이 자족하십니다.

그러므로 하나님의 거룩은 그분의 무한가치와 동의어입니다. 다이아몬드가 가치 있는 것은 희귀하며 만들기 어렵기 때문입니다. 하나님이 무한가치를 가지시는 것은 모든 존재 가운데 가장 희귀하며 결코 만들어질 수 없고 만들어지지도 않으셨기 때문입니다. 내가 만일 희귀 보석을 수집하는 사람이고 하나님, 곧 거룩하신 분을 내 보물 창고에 두게 된다면 나는 하나님 이외에 다른 모든 희귀 보석을 가진 그 어떤 사람보다도 부유할 것입니다.

우리는 요한계시록 4장 8-11절에서 천국에서 하나님께 드려지는 노래를 보게 됩니다. 첫째 생물이 "거룩하다 거룩하다 주 하나님 곧 전능하신 이여 전에도 계셨고 이제도 계시고 장차 오실 이시라"고 찬양합니다. 둘째 생물은 "우리 주 하나님이여 영광과 존귀와 권능을 받으시는 것이 합당하오니"라고 찬양합니다. 이 두 찬양은 같은 내용을 담고 있습니다. "하나님은 거룩하시다"는 것은 그분이 합당하시다(worthy, 가치 있다)는 뜻입니다. 그분의 거룩은 그분의 측량할 수 없는 가치입니다. 그 무엇도 그분에 비할 수 없습니다. 그분이 모든 것을 지으셨기 때문입니다. 피조물을 가치 있게 하는 그 무엇이 그것에 있다면 창조자는 그보다 백만 배 천만 배 더 소유하고 있습니다.

'하나님의 거룩'의 의미를 밝히 드러내는 방법은 그분의 거룩과 그분의 영광을 비교하는 것입니다. 둘은 똑같은 것일까요? 아주 똑같지는 않습니다. 그분의 거룩이 빛을 발할 때 그것을 그분의 영광이라고 말하고 싶군요. 그분의 거룩은 그분만이 고유하게 소유하고 있는 가치입니다. 그분의 영광은 이러한 가치가 아름답게 발현된 것입니다. 그분의 영광은 그분의 거룩이 드러난 것입니다. 스랍들은 그분의 보좌 위에서 "거룩하다 거룩하다 거룩하다 만군의 여호와여 그의 영광이 온 땅에 '충만'하도다"라고 찬양합니다(사 6:3).

하박국은 이렇게 외칩니다. "하나님이 데만에서부터 오시며 거룩한 자가 바란 산에서부터 오시는도다 (셀라) 그의 영광이 하늘을 덮었고 그의 찬송이 세계에 가득하도다"(합 3:3). 레위기 10장 3절에서는 여호와께서 친히 말씀하십니다. "나는 나를 가까이 하는 자 중에서 내 거룩함을 나타내겠고 온 백성 앞에서 내 영광을 나타내리라." 자신의 거룩함을 보여 주시는 것이야말로 그분이 영광을 받으시는 방법입니다.

하나님의 거룩은 그분의 존재와 위엄에 담긴 절대적으로 특별하고 무한한 가치입니다. 하나님이 거룩하다는 말은 그분의 가치가 모든 피조물의 가치의 총합보다 무한히 크다는 뜻입니다.

이제 그분의 의를 생각해 봅시다. 기본적으로, 하나님의 의는 하나님이 자신의 궁극가치를 올바로 평가하신다는 뜻입니다. 하나님은 그분의 무한가치를 올바로 판단하시며, 언제나 자신에 대한 올바른 판단에 맞게 행동하십니다.

만일 하나님이 그분의 궁극가치를 부인하시고, 무한가치를 무시하시며, 그분의 영광을 보존하고 드러내는 것이 전심으로 헌신할 가치가 없는 것처럼 행동하신다면, 그분은 의롭지 않고 신뢰할 수도 없는 분일 것입니다. 하나님은 그분의 이름을 위해 행동하실 때 의롭게 행동하십니다. 왜냐하면 하나님이 그분 이름의 무한한 영광보다 다른 그 무엇을 더 높이는 것은 하나님께 옳지 않은 일이기 때문입니다.

시편 143편 11절은 "여호와여 주의 이름을 위하여 나를 살리시고 주의 의로 내 영혼을 환난에서 끌어내소서"라고 노래합니다. "주의 의로"라는 말과 "주의 이름을 위하여"라는 말이 대구를 이룬다는 데 주목하십시오. 이와 비슷하게, 시편 31편 1절은 "주의 공의로 나를 건지소서"라고 노래합니다. 31편 3절은 "주의 이름을 생각하셔서 나를 인도하시고 지도하소서"라고 덧붙입니다. 이와 비슷하게, 다니엘서 9장 16-17절에서, 선지자는 이렇게 기도합니다. "주는 주의 공의를 따라 주의 분노를 주의 성 예루살렘, 주의 거룩한 산에서 떠나게 하옵소서…주를 위하여 주의 얼굴 빛을 주의 황폐한 성소에 비추시옵소서." 하나님의 의에 호소하는 것은 그분의 거룩한 이름이 갖고 있는 가치에 합당하게 행하시는 하나님의 변함 없는 신실하심에 호소하는 것입니다.

하나님이 의로우시려면, 그분의 영광을 드러내기 위해 그분의 거룩을 사랑하고 높이는 데 마음과 뜻과 힘을 다하여 자신을 100퍼센트 헌신하셔야 합니다.

2장에서 보았듯이, 하나님은 정말 그렇게 행하십니다. 에베소서 1장에는 그 장의 핵심 내용이 세 차례 반복됩니다. "우리를 예정하사 예수 그리스도로 말미암아 자기의 아들들이 되게 하셨으니…그의 은혜의 영광을 찬송하게 하려는 것이라"(5-6절). (하나님의 목적은) "그리스도 안에서 전부터 바라던 그의 영광의 찬송이 되게 하려 하심이라"(12절). "약속의 성령으로 인치심을 받았으니 이는 우리 기업의 보증이 되사 그 얻으신 것을 속량하시고 그의 영광을 찬송하게 하려 하심이라"(13-14절). 우리의 구원에서 이루어지는 모든 것은 하나님이 그분의 영광을 크게 드러내려고 계획하신 것입니다.

하나님은 절대적으로, 더할 나위 없이 의로우십니다. 왜냐하면 그분은 항상 자신의 궁극가치를 바르게 평가하고 자신의 무한가치를 온당하게 존중하며 자신이 하는 모든 일에서 자신의 영광을 높이며 드러내는 데 한결같이 전념하시기 때문입니다.

이제 하나님의 사랑을 살펴볼 준비가 되었습니다. 하나님의 사랑은 앞에서 말한 그분의 거룩이나 의와 충돌하지 않습니다. 오히려 반대입니다. 하나님의 거룩과 의라는 본성은 그분이 사랑의 하나님이기를 요구합니다. 하나님의 거룩은 절대적으로 특별한 것이며 그분의 영광의 무한한 가치입니다. 하나님의 의는 언제나 자신의 영광을 높이고 드러내기 위한 그분의 변함 없는 헌신을 말합니다. 하나님의 자족적인 영광은 우리가 그분을 위해 일하는 데서가 아니라 그분이 우리를 위해 일하시는 데서 가장 높아지고 가장 잘 드러납니다.

사랑은 하나님의 가슴 한가운데 있습니다. 왜냐하면 하나님이 자유롭게 주권적으로 긍휼을 베푸시는 게 인간이 부족한 부분을 채워 달라고 그분에게 요구하는 것보다 영광스럽기 때문입니다. 주는 것이 받는 것보다 영광스럽습니다. 그러므로 하나님의 의는 그분이 베푸시는 자이기를 요구합니다. 따라서 거룩하고 의로우신 분은 곧 사랑이십니다.

예수 그리스도는 하나님의 사랑이 육체를 입으신 것입니다. 그분은 이 땅에 오셔서 "인자가 온 것은 섬김을 받으려 함이 아니라 도리어 섬기려 하고 자기 목숨을 많은 사람의 대속물로 주려 함이니라"(막 10:45)고 말씀하셨습니다.

인자는 다른 사람을 부리러 오신 게 아닙니다. 그분은 우리의 유익을 위해 자신을 부리러 오셨습니다. 우리가 감히 그분을 위해 일하려 애쓰지 않는 것은 그분에게서 그분의 영광을 탈취하거나 그분의 의를 공격하지 않기 위해서입니다. 사도 바울은 이렇게 말합니다. "일하는 자에게는 그 삯이 은혜로 여겨지지 아니하고 보수로 여겨지거니와 일을 아니할지라도 경건하지 아니한 자를 의롭다 하시는 이를 믿는 자에게는 그의 믿음을 의로 여기시나니"(롬 4:4-5). 이것은 하나님을 위해 일함으로써 의롭다함을 받으려 하지 말라는 경고입니다. 칭의는 선물입니다. 우리는 오직 믿음으로 의롭다함을 받습니다(4장을 보십시오). 두렵고 떨림으로 우리의 구원을 '이룬다'고 말할 때라도, 우리는 이것을 아주 특수한 종류의 일로 봐야 합니다. 우리가 손가락 하나를 들어올리겠다고 뜻을 품을 수 있는 유일한 이유는, 우리 안에서 행하시며 자기의 기쁘신 뜻을 위하여 우리로 소원을 두고 행하시는 하나님 때문이니까요(빌 2:13).

바울은 "내가 모든 사도보다 더 많이 수고하였으나 내가 한 것이 아니요 오직 나와 함께 하신 하나님의 은혜로라"(고전 15:10)고 고백했습니다. 그러므로 바울은 로마서 15장 18절에서 "그리스도께서…나를 통하여 역사하신 것 외에는 내가 감히 말하지 아니하노라"고 맹세합니다. 바울은 삶의 그 어떤 축복도 최종적으로 인간의 의지나 노력에 달려 있는 게 아니라 오직 긍휼히 여기시는 하나님께 달려 있다고 철저히 확신했습니다(롬 9:16).

하나님은 우리를 구속하시는 일에서도 모든 영광을 받길 원하십니다. 그러므로 하나님은 그분이 우리를 위해 일하시지 우리가 그분을 위해 일하는 게 아니라는 사실을 분명히 하십니다. 그분이 일꾼입니다. 우리는 그분의 섬김이 필요합니다. 그분은 의사이십니다. 우리는 환자입니다. 우리는 연약합니다. 그분은 강하십니다. 우리의 자동차는 고장났습니다. 그분은 유능한 정비공이십니다.

우리는 하나님을 섬기려 하다가 도리어 그분을 욕되게 하지 않도록 주의해야 합니다. 하나님은 우리의 섬김을 원하시는 것이 아니라 영광을 받길 원하시기 때문입니다. 베드로는 이렇게 말합니다. "누가 봉사하려면 하나님이 공급하시는 힘으로 하는 것 같이 하라 이는 범사에 예수 그리스도로 말미암아 하나님이 영광을 받으시게 하려 함이니 그에게 영광과 권능이 세세에 무궁하도록 있느니라"(벧전 4:11).

그러므로 하나님은 사랑이십니다. 자신을 더 영화롭게 하려는 그분의 열정에도 '불구하고' 사랑이신 게 아니라 바로 그 열정 '때문에' 사랑이십니다. 몸을 구부려 우리를 위해 일하시는 무한하고 거룩한 하나님보다 더 큰 사랑이 있을 수 있습니까? 그러나 하나님은 우리의 일을 필요로 하시기보다는 우리를 위해 일하실 때 그분의 영광스러운 자족성을 증대시키십니다. 샘물의 가득참을 영광스럽게 하는 것은 거기서 흘러내리는 물줄기입니다. 하나님에게서 흘러내리는 물줄기는 사랑입니다. 하나님이 그분의 영광을 구하길 그치신다면, 그분은 우리에게 아무 가치도 없을 것입니다. 그러나 하나님을 찬양하십시오. 그분은 거룩하십니다. 그분은 의로우시며, 따라서 그분은 사랑이십니다.

마지막으로, 여러분이 하나님의 자비로운 하나님 중심 되심의 본질을 파악했는지 테스트해 보기로 하겠습니다. 여러분과 여러분의 양떼에게 물어 보십시오. "여러분이 하나님께 가장 큰 사랑을 받고 있다고 느끼는 것은 무엇 때문입니까? 그분이 여러분을 높이시기 때문입니까 아니면 여러분이 그분을 영원토록 높이는 기쁨을 누리도록 그분이 여러분을 자유하게 하시기 때문입니까?" 이것은 우리가 하나님의 사랑을 갈망하는 것이 무엇 때문인지를 알아 보는 일종의 테스트입니다. 하나님의 사랑을 갈망하는 이유가 어디에 있습니까? 하나님을 영원토록 즐거워함으로써 그분을 영화롭게 하는 것을 갈망하기 때문입니까? 아니면 우리가 중심이 되어 그분이 우리를 높이는 즐거움을 주실 것을 갈망하기 때문은 아닙니까? 사랑이신 하나님께서 최종적으로 우리에게 주실 것으로 기대하는 만족스러운 보화는 누구입니까? 우리 자신입니까 하나님입니까?

하나님은 사랑이십니다. 왜냐하면 그분은 무한한 가치를 가지시며(그분의 거룩) 우리의 영원한 즐거움을 위해 그 가치를 드러내는 데 전적으로 헌신하시기 때문입니다(그분의 의). '자신을 높이는 것'이 최고의 사랑의 행위가 될 수 있는 유일한 존재는 바로 하나님입니다. 그러므로 그분, 오직 그분만이 우리의 마음을 만족시키실 것입니다.

일을 아니할지라도 경건하지 아니한 자를

의롭다 하시는 이를 믿는 자에게는

그의 믿음을 의로 여기시나니.

• 로마서 4:5 •

이신칭의 교리는 머리이며 모퉁이돌이다.

이것만이 하나님의 교회를 낳고, 기르며, 세우고, 보존하며, 방어한다.

이것이 없으면 하나님의 교회는 한 시간도 존재할 수 없다.

• 마르틴 루터 •

이에 관한 지식이 제거되면, 그리스도의 영광이 사라지고,

종교가 없어지고, 교회가 무너지며, 구원의 희망이 완전히 사라진다.

• 장 칼뱅 •

# 4
## 이신칭의를
## 삶으로 실천하고 가르치십시오

"오직 믿음으로 의롭다함을 받는다"는 것을 가르치고 실천하는 것은 그리스도를 영화롭게 하고, 소망 없는 죄인들을 구하며, 불완전한 성도들을 담대하게 하고, 연약한 교회에 힘을 주는 일입니다. 하나님이 경건치 못한 자들을 믿음으로 의롭다 하신다는 것은 놀라운 진리입니다. "일을 아니할지라도 경건하지 아니한 자를 의롭다 하시는 이를 믿는 자에게는 그의 믿음을 의로 여기시나니"(롬 4:5). 이러한 진리를 전할 때 교회가 생겨나고 개혁되며 부흥이 일어납니다. 역사가 이것을 증명합니다.

이것은 사도 바울의 사역에서도 그대로 증명됩니다. 예를 들면, 바울은 비시디아 안디옥의 회당에서 이렇게 전했습니다. "그러므로 형제들아 너희가 알 것은 이 사람[예수]을 힘입어 죄 사함을 너희에게 전하는 이것이며 또 모세의 율법으로 너희가 의롭다 하심을 얻지(디카이오데나이, dikaiothenai) 못하던 모든 일에도 이 사람을 힘입어 믿는 자마다 의롭다 하심을 얻는(디카이우타이, dikaioutai) 이것이라"(행 13:38-39). 이처럼 이신칭의를 전파할 때 어떤 일이 일어났습니까?

> 그들[바울과 바나바]이 나갈새 사람들이 청하되 다음 안식일에도 이 말씀을 하라 하더라 회당의 모임이 끝난 후에 유대인과 유대교에 입교한 경건한 사람들이 많이 바울과 바나바를 따르니 두 사도가 더불어 말하고 항상 하나님의 은혜 가운데 있으라 권하니라 그 다음 안식일에는 온 시민이 거의 다 하나님의 말씀을 듣고자 하여 모이니(행 13:42-44).

교회사에서 이러한 가르침을 추적해 보면, 때로 아우구스티누스가 이신칭의 교리를 가르치지 않았다는 글을 접하게 됩니다. 아우구스티누스에게서는 이신칭의 교리가 후대의 루터나 칼뱅에게서 만큼 분명하게 나타나지는 않습니다. 그렇다 하더라도 그가 이신칭의 교리를 가르치지 않았다는 것은 사실이 아닙니다.[1] 다만 아우구스티누스 이후로 오직 믿음으로 의롭다함을 받는다는 가르침이 줄어 들게 되었고 그 결과 우리가 하나님 앞에 의롭게 서는 기초가 되는 의와 성

---

[1] 다음에 제시된 증거들을 보라. *The Basic Writings of St. Augustine*, ed. by Whitney Oates, vols. (New York: Random House, 1968), 142ff; John H. Gerstner, *The Rational Biblical Theology of Jonathan Edwards* 그리고 Jonathan Edwards Collection: A Light for Every-Age(CD-ROM), by Michael Bowman and NavPress Software, 1999에서 이신칭의의 역사에 관한 부분을 참고하라.

화의 관계마저 멀어지는 혼란이 일어났을 것입니다.[2]

위대한 스콜라 철학자인 안셀무스도 이신칭의 교리의 옹호자였을 것입니다. 그는 A. H. 스트롱이 인용한 임종자를 위로하는 작은 책자에서 자신의 견해를 이렇게 밝혔습니다.

"질문: 예수 그리스도께서 당신을 위해 죽으셨다고 믿습니까? 대답: 믿습니다. 질문: 그분의 수난과 죽음에 대해 그분께 감사합니까? 대답: 예, 감사합니다. 질문: 그분의 죽음 외에 다른 것으로는 구원받을 수 없다는 것을 믿습니까? 대답: 예, 믿습니다."

그런 후에 안셀무스는 임종자에게 이렇게 말한다. "이제 당신에게 생명이 있을 동안 오직 그분의 죽음만 의지하십시오. 다른 그 무엇도 의지하지 마십시오. 그분의 죽음에 당신을 온전히 드리십시오. 오직 그분의 죽음으로 당신을 온전히 덮으십시오. 당신의 하나님께서 당신을 심판하려 하신다면 이렇게 말하십시오. '하나님, 당신의 심판과 저 사이에 우리 주 예수 그리스도의 죽음을 내어놓습니다. 다른 방법으로는 당신을 만족시킬 수 없습니다.' 만일 하나님께서 당신이 죄인이라고 말씀하신다면 이렇게 말하십시오. '하나님, 우리 주 예수 그리스도의 죽음을 나와 당신 사이에 내어놓습니다.' 하나님께서 당신이 심판을 받아 마땅하다고 하신다면 이렇게 말하십시오. '하나님, 우리 주 예수 그리스도의 죽음을 나의

---

2  다음을 보라. Ian Sellers, "Justification," in *The New International Dictionary of the Christian Church*, ed. by J. D. Douglas (Grand Rapids, Mich.: Wm. B. Eerdmans, 1978), 557.

악덕과 당신 사이에 내어놓으며, 내가 쌓아야 하지만 쌓지 못한 공덕 대신에 그리스도의 공덕을 내어놓습니다.' 하나님께서 당신께 진노한다고 말씀하신다면 이렇게 말하십시오. '하나님, 우리 주 예수 그리스도의 죽음을 당신의 진노와 나 사이에 내어놓습니다.' 그리고 이렇게 한 후에는 또 다시 이렇게 말하십시오. '하나님, 우리 주 예수 그리스도의 죽음을 나와 당신 사이에 내어놓습니다.'"(안셀무스, Opera[Minge], 1:687을 보라.) 위의 인용은 로마 교황들이 판을 치던 모든 암흑 시대에도 많은 경건한 영혼들이 신약의 이신칭의 교리를 분명하게는 아니더라도 은연중에 견지했다고 하는 이유를 제시한다.³

그리고 어둠이 찾아왔습니다. 종교 개혁이 절실해졌습니다. 이신칭의에 대한 발견과 전파만이 세상을 밝힐 진리의 번갯불이 될 수 있었습니다. 루터는 자신이 이신칭의의 복음을 발견한 것은 1518년 시편을 강의하던 중이었다고 말합니다.⁴ 그는 『루터의 라틴 저작 전집 서문』(Preface to the Complete Edition of Luther's Latin Writings)에서 이런 이야기를 들려 줍니다. 이것은 그가 죽던 해인 1945년 3월 5일에 이 책에 기록되었습니다.

---

3  A. H. Strong, *Systematic Theology: A Compendium and Common-place Book Designed for the Use of Theological Students* (Rochester, Minn.: Press of E. R. Andrews, 1886); 3권을 한 권으로 재출판했다(Valley Forge, Pa.: Judson Press, 1972), 849.
4  John Dillenberger, ed., *Martin Luther: Selections from His Writings* (Garden City, N. Y.: Doubleday and Co., 1961), xvii. 『루터선집 1-12』, 컨콜디아사.

나는 로마서에 담긴 바울의 생각을 이해하려는 열정에 사로잡혀 있었다. 그러나 1장에서 나를 가로막는 단어가 있었다. '하나님의 의'였다(17절). 이제까지 모든 스승들의 용례와 관습을 통해 내가 배워온 바에 따르면, '하나님의 의'란 정형적이며 행위와 관련된 의로, 의로우신 하나님이 불의한 죄인을 벌하시는 도구에 불과했기 때문이다. 그래서 나는 이 단어를 싫어했다.

수도사로서 흠없이 살려 애썼지만, 내가 하나님 앞에 죄인이라는 사실을 떨칠 수 없었고 내 양심은 극도로 혼란스러웠다. 나의 참회가 하나님의 진노를 진정시킬 수 있으리라 믿어지지 않았다. 나는 죄인을 벌하시는 의로우신 하나님을 오히려 미워했고, 신성 모독까지는 아니더라도 은밀하게 투덜거렸으며, 하나님께 자주 화를 내며 이렇게 말했다. "원죄를 통해 영원히 길을 잃은 비참한 죄인들이 십계명의 율법이 가져다 주는 온갖 재난에 부서지는 것으로는 부족하기라도 하듯이, 하나님께서는 복음을 통해 고통에 고통을 더하시고 그분의 의로운 진노로 우리를 위협하시는 것 같다!" 나의 양심은 들끓고 고통스러웠다. 그럼에도 불구하고, 나는 바울이 의도했던 내용이 무엇인지 간절히 알고 싶어 이 부분에서 끈질기게 매달렸다.

마침내 하나님께서 긍휼을 베푸셨다. 밤낮으로 그 본문을 묵상하던 가운데 나는 "복음에는 하나님의 의가 나타나서 믿음으로 믿음에 이르게 하나니 기록된 바 '오직 의인은 믿음으로 말미암아 살리라 함과 같으니라"는 말씀에 주목하게 되었다. 여기서 나는 '하나님의 의'란 '의인이 하나님의 선물인 믿음으로 말미암아 살 수 있게 하는 것'을 의미함을 이해하기 시작했다. 이것은 이런 의미였다. 하나님의 의는 복음을 통해 드러났는데, 자비로운 하나님께서 그 의를 가지고 우리를 믿음으로 의롭게 하신다는 것이다. 그래서 "의인은 믿음으로 말미암아 살리라"고 기록된 것이다. 여기서 나는 내가 완전히 다시 태어났으며 열린 문들을 통해 낙원에 들어간 듯했다. 성경 전체가 전혀 새롭게 보였다…나는 '하나님의 의'라는 단어를 이전에 미워했던 만큼이나 강하게 가장 달콤한 단어로 높이게 되었다. 결국 바울에게서 발견한 이 진리가 내게는 낙원으로 들어가는 문이 되었다.[5]

실용주의에 물든 우리 시대의 목회자들이 "열린 문을 통해 낙원에 들어갈" 정도로 칭의의 복음을 분명하게 볼 때까지 복음을 '밤낮 묵상하고' '바울을 끈덕지게 붙잡았으면' 좋겠습니다. 그러면 왜 루터가 칭의의 복음을 그렇게 강조했는지 알게 될 것입니다. "이 속에서 우리 믿음의 다른 모든 부분이 이해되며, 이것이 안전할 때 다른 것들도 안전합니다."[6] "이것은 우리가 가르치고 행동하는 모든 것의 근거가 됩니다."[7] "오직 이것만이 무수한 공격 앞에서 우리를 지원해 줄 수 있으며, 모든 유혹과 박해 가운데서 우리를 위로할 수 있습니다."[8] "이 교리는 머리이며 모퉁이돌입니다. 이것만이 하나님의 교회를 낳고, 기

---

5 같은 책, 11-12.
6 이는 Martin Luther의 말로 다음에서 인용했다. Ewald M. Plass, *What Luther Says: An Anthology*, vol. 2(St. Louis, Mo.: Concordia Publishing House, 1959), 703.
7 같은 책, 718에서 인용.
8 같은 책, 같은 쪽.

르며, 세우고, 보존하며, 방어합니다. 이것이 없으면 하나님의 교회는 한 시간도 존재할 수 없습니다."9

장 칼뱅이 이 진리를 소중히 여기고 가르친 것은 "이에 관한 지식이 제거되면, 그리스도의 영광이 사라지고 종교가 없어지고 교회가 무너지며 구원의 희망이 완전히 사라지기 때문이었습니다."10 칼뱅은 자신과 로마 가톨릭 간의 논쟁을 말하면서 이신칭의가 "우리 사이의 최우선적이고 가장 예민한 주제였다"고 했습니다.11 위대하고 중심 되는 이 진리를 칼뱅은 이렇게 정의했습니다.

모든 인간은 하나님이 보시기에 길 잃은 죄인이므로 우리는 그리스도가 이들의 유일한 의라고 본다. 왜냐하면 그리스도는 그분의 순종을 통해 우리의 허물을 제거하셨고, 그분의 희생으로 하나님의 진노를 진정시키셨으며, 그분의 십자가를 통해 우리의 저주를 짊어지셨고, 그분의 죽음을 통해 우리를 대속하셨기 때문이다. 우리는 이런 방법으로 인간이 결코 자신의 공로를 통해서가 아니며, 행위의 가치를 통해서도 아니며, 오직 값없는 은혜를 통해 그리스도 안에서 아버지 하나님과 화해를 이루었다고 주장한다. 우리가 믿음으로 그리스도를 영접하고 그분과 교제하게 될 때, 우리는 성경에 기록된 대로 이것을 믿음의 의라고 부른다.12

---

9  같은 책, 704.
10  John Dillenberger, *John Calvin: Selections from His Writings* (n.p.: Scholars Press, 1975), 95.
11  같은 책, 같은 쪽.
12  같은 책, 96.

그 밖의 종교 개혁자들과 이들의 뒤를 이은 청교도들이 "경건치 못한 자들이 오직 믿음으로 의롭다함을 받는다면 삶이 느슨해질 수 있다"는 도전을 받았을 때(바울이 로마서 6장 1절과 15절에서 그랬던 것처럼) 칼뱅은 이렇게 대답했습니다.

> 이 질문에서 우리가 오직 믿음이라고 말할 때마다, 사랑으로 활동하지 않는 죽은 믿음을 생각하는 게 아니라 칭의의 유일한 근거가 되는 믿음을 주창하고 있다는 것을 독자들이 이해하기 바란다. 그러므로 의롭게 하는 것은 믿음뿐이지만, 의롭게 하는 것은 믿음만이 아니다. 지구를 따뜻하게 하는 것은 태양의 열뿐이지만 그 열이 즉시 빛과 하나되기 때문에 태양에는 열만 있는 게 아니다. 마찬가지로 우리는 거듭남에서 온전한 은혜와 믿음을 분리할 수 없으며, 칭의의 능력과 기능은 전적으로 믿음을 위한 것이라고 주장하는 것이다.[13]

『천로역정』의 저자요 목사인 존 번연은 이신칭의의 진리를 사랑했고 이 진리를 따라 살았습니다. 그는 12년의 감옥 생활에서 풀려나기 직전에 『이신칭의 교리에 대한 변호』(A Defense of the Doctrine of Justification by Faith)라는 책을 썼습니다. 이신칭의의 메시지 대부분이 그에게 소중했던 것은 그가 20대 초반에 희망을 잃고 절망 중에 있을 때 이 메시지가 그를 구해 주었기 때문입니다.

---

13  같은 책, 198.

번연은 『죄인 괴수에게 넘치는 은혜』(Grace Abounding to the Chief of Sinners)라는 책에서 자신의 회심을 말하면서 날짜나 시간을 거의 언급하지 않기 때문에 그가 정확히 언제 회심했는지는 알 수 없습니다. 그러나 그의 회심은 길고 고통스러운 과정이었습니다. "나는 이 기간 내내 예수 그리스도를 알지 못했으며, 나 자신의 의를 세우려 했다. 만일 하나님이 자비를 베풀어 본래의 내 상태를 더 자세히 보여 주지 않으셨다면 나는 나의 의 가운데서 멸망했을 것이다…그 시절 성경은 내게 소중했다."[14]

어느 날 들판을 지나고 있을 때…이런 소리가 들렸다. "네 의는 천국에 있다." 그와 동시에, 내 영혼의 눈은 예수 그리스도께서 하나님 우편에 계신 것을 보았다. 거기에 의가 있었다. 내가 어디에 있든, 무엇을 하든, 하나님은 나에 대해 말씀하실 수 없었고 나의 의를 찾으실 수 없었다. 의는 바로 그분 앞에 있기 때문이었다. 또한 나의 선한 마음이 내 의를 더 낫게 만드는 게 아니며 나의 악한 마음이 내 의를 더 나쁘게 만드는 것도 아니라는 것을 깨달았다. "어제나 오늘이나 영원토록 동일하신" 예수 그리스도 바로 그분이 나의 의이기 때문이었다(히 13:8). 이제 내 발목에서 사슬이 풀어졌다. 나는 고통과 사슬에서 해방되었다…나는 하나님의 은혜와 사랑을 기뻐하면서 집으로 돌아갔다.[15]

---

14   John Bunyan, *Grace Abounding to the Chief of Sinners* (Hertfordshire, England: Evangelical Press, 1978; 초판, 1666), 20. 『죄인의 괴수에게 넘치는 은혜』, CH북스.
15   같은 책, 90-91.

1730-1740년대에 일어난 대각성 운동 기간에 대서양을 사이에 두고 양쪽에서 하나님의 강력한 역사에 힘을 더한 게 있다면 바로 칭의에 관한 설교였습니다. 1734년 조나단 에드워즈는 자신이 칭의에 관해 했던 설교를 출판하면서 서문에 이렇게 썼습니다.

> 최근에 이곳에서 시작된 하나님의 역사가 너무나 강력했기 때문에 나로서는 이것이 하나님께서, 이 책이 주장하고 입증하는, 이신칭의 교리를 인정하신다는 현저한 증거로 보지 않을 수 없었다.…이 책에 나오는 칭의에 관한 설교는…이 진리로 많은 사람을 심판할 뿐 아니라 그들의 마음이 지금까지 설명되고 변호된 방법으로 칭의를 더 열심히 추구하게 하는 데 큰 도움이 된 것으로 보인다. 그때, 나는 강단에서 이 진리를 변호했다는 이유로 크게 비난받았으며 더욱 고통스럽게도 이 때문에 아주 공개적으로 욕을 먹었다. 그런데도 하나님의 역사가 우리 가운데서 놀랍게 일어났으며 영혼들은 구원자이신 그리스도께로 몰려들기 시작했으며 오직 그분의 의 가운데서 자신들이 의롭게 될 소망을 가졌다. 이 책 전체에 분명히 나타나 있듯이, 이 책은 처음부터 바로 이러한 교리에 기초를 두고 있다.[16]

형제들이여, 영혼들이 "구원자이신 그리스도께 모여들기" 시작하는 모습을 보고 싶지 않습니까? 그렇다면 이신칭의라는 크고 중심

---

16 Jonathan Edwards, "Five Discourses," in *The Works of Jonathan Edwards*, vol. 1 (Edinburgh: The Banner of Truth Press, 1974), 620.

되는 진리를 선포하고 그 진리를 따라 살아가십시오.

루터가 말한 것을 기억하고 그대로 실천하십시오. "나는 끈질기게 바울을 붙잡았노라." 로마서와 갈라디아서를 들고, 야곱이 하나님의 천사와 씨름했던 것처럼 씨름하십시오. 이 영광스러운 진리로 영감된 성경이 여러분에게 복을 줄 때까지 그렇게 해보십시오.

로마서 4장에서, 바울은 창세기 15장 6절을 근거로 논증을 펼칩니다. "성경이 무엇을 말하느냐 아브라함이 하나님을 믿으매 그것이 그에게 의로 여겨진 바 되었느니라"(3절). 바울은 창세기 15장 6절에 나오는 '믿음'과 '여김을 받다'(reckoned)라는 단어를 토대로 왜 이 단어들이 자랑을 배제하고 오직 이신칭의를 뒷받침하는가를 보여 주려 합니다. 그는 4절에서 이렇게 말합니다. "일하는 자에게는 그 삯이 은혜로 여겨지지 아니하고 보수로 여겨지거니와." 행위에 의한 칭의라면 자랑할 것이 있을 것입니다. 여러분은 행위로 의롭다함을 받으려 하고 있습니까? 그렇다면 여러분은 하나님이 여러분에게 무엇인가를 빚지게 하려고 애쓰고 있는 것입니다. 하나님이 여러분에게 무엇인가를 빚지셨다면, 여러분은 사람과 하나님 앞에서 자랑할 수 있을 것입니다. 여러분은 칭의를 위해 일하였고, 또 거기에 성공했습니까? 그렇다면 여러분은 은혜가 아니라 삯을 받을 것입니다. 하나님은 여러분에게 삯을 빚지신 것입니다. 여러분은 그 삯을 받을 때 "난 그럴 자격이 있어"라고 말할 수 있을 것입니다. 그러나 바울은 아브라함이 이렇게 했다고 말하지 않습니다.

그렇다면 아브라함은 어떻게 했습니까? 신약성경에서 이신칭의에 관한 가장 중요한 구절은 로마서 4장 5절일 것입니다. 이 구절에서 세 개의 밝은 신호가 믿음으로, 오직 믿음으로 의롭다함을 얻는다는 것을 가르쳐 줍니다. "일을 아니할지라도 경건하지 아니한 자를 의롭다 하시는 이를 믿는 자에게는 그의 믿음을 의로 여기시나니." '오직 믿음'으로 의롭다함을 얻는다는 것을 보여 주는 세 가지 신호에 주목하십시오.

첫째, 바울은 "일을 아니할지라도"라고 말합니다. 이것은 칭의의 순간을 묘사해 줍니다. 이것은 성화가 '선한 행위'를 수반하지 않는다는 의미가 아닙니다. 바울은 이 문제를 6장에서 제시합니다. 우리가 여기서 다루는 것은 칭의의 순간입니다. 칭의의 순간은 어느 주일 아침이든 여러분의 양 떼에게 순간적으로 일어날 수 있습니다. 칭의는 성화와는 달리 긴 과정이 아니기 때문입니다. 칭의는 하나님이 순간적으로 내리시는 판결입니다. 무죄이며, 자유이며, 인정되었으며, 용서되었으며, 의롭다는 판결입니다! 바울은 이런 일이 '일하지 않는' 자에게 일어난다고 말합니다! 이런 일이 오직 믿음으로 일어난다는 뜻입니다.

이신칭의를 보여 주는 두 번째 신호는 '경건하지 않다'(ungodly)라는 형용사입니다. 바울은 '일을 아니할지라도'라고 말한 후에 "경건하지 아니한 자를 의롭다 하시는 이를 믿는 자에게는"이라고 말합니다. 이 말은 매우 충격적입니다. 이 말은 우리의 일반적인 정서와 충돌합니다(출 23:7, 잠 17:15을 보십시오). 이 말은 우리로 하여금 "어떻게 이럴 수 있지?"라고 외치게 만듭니다. 어리석은 대답은 "그리스도께서 경건하지 않은 자를 위하여 죽으셨도다"(롬 5:6)는 것입니다. 하나님이 경건하지 않은 자를 의롭다고 하실 수 있는 것은 그분의 아들이 경건하지 않은 자를 위해 죽으셨기 때문이니까요.

여기서 '경건하지 않다'라는 단어는 믿음이 우리의 의가 아니라는 사실을 강조합니다. 믿음은 경건하지 않은 자를 의롭다 하시는 그분을 믿는 것입니다. 우리의 영혼에 믿음이 생겨도 우리는 여전히 경건치 못합니다. 물론 믿음은 우리의 경건치 못함을 극복하기 시작할 것입니다. 그러나 그리스도인의 삶을 시작할 때 — 칭의가 일어날 때— 우리 모두는 경건치 못합니다. 우리가 의롭게 될 때까지는 경건한 행위가 우리의 삶에서 그 역할을 시작하지 못합니다. 우리가 여전히 경건치 못할 때 오직 믿음으로 의롭다고 선포됩니다.[17] 이것이 우리 모두가, 이제는 하나님이 우리 편이기에 우리가 경건하지 않음과 맞서 싸우며 전진할 수 있다는 소망을 갖는 유일한 방법입니다. " 누가 능히 하나님께서 택하신 자들을 고발하리요 의롭다 하신 이는 하나님이시니 누가 정죄하리요 죽으실 뿐 아니라 다시 살아나신 이는 그리스도 예수시니 그는 하나님 우편에 계신 자요 우리를 위하여 간구하시는 자시니라"(롬 8:33-34).

마지막으로, 이신칭의를 보여 주는 세 번째 신호는 로마서 4장 5절의 마지막 문장입니다. "그의 믿음을 의로 여기시나니." 그의 행위

---

[17] 의롭게 하다(justify, 헬. 디카이오토)라는 단어는 "도덕적으로 의롭게 하다"가 아니라 "의롭다고 선언하다"(declare righteous)라는 뜻이다. 우리는 이것을 특히 로마서 3장 4절에서 볼 수 있는데, 여기서 하나님은 의롭게 되시는 게 아니라 그분의 말씀에서 "의롭다함을 얻으신다"(justified, 헬. 디카이오데스). 다시 말해, 의롭다고 선포되신다.

나 사랑이나 믿음의 열매가 아니라 그의 믿음, 오직 그의 믿음만을 의로 여기신다는 말씀입니다.

"믿음을 의로 여기신다"는 말이 무슨 뜻입니까? 이 개념이 3절, 5절, 9절, 22절에서 반복적으로 나타나고 있는 것을 보면 바울에게 매우 중요한 게 분명합니다. "아브라함이 하나님을 믿으매 그것이[그의 믿음이] 그에게 의로 여겨진 바 되었느니라"(3절). "그의[경건하지 않은 자를 의롭다 하시는 이를 믿는 자의] 믿음을 의로 여기시나니"(5절). "아브라함에게는 그 믿음이 의로 여겨졌다 하노라"(9절). "그것[믿음]이 그[아브라함]에게 의로 여기셨느니라"(22절).

믿음을 의로 여긴다는 말은, 믿음 자체가 우리의 행위이며, 우리를 의롭게 하는 의라고 하나님이 인정하실 만큼 충분한 의라는 뜻일까요? 말하자면 칭의는, 가치가 50억 원 짜리인데 우리는 10억 원밖에(즉 믿음밖에) 지불할 수 없으며 따라서 하나님이 자비롭게도 우리의 십억 원을 50억 원으로 여기시고 나머지를 깎아 주신다는 뜻입니까? 만일 그렇다면 내 믿음이 나를 의롭게 할 것이 됩니다. 만일 그렇다면 칭의는 하나님께서 그분이 내 안에 두신 의를 발견하시고 그것을 인정하시며 의로 여기신다는 뜻입니까? 이것이 바울이 "믿음을 의로 여기신다"고 말할 때 의미하는 것일까요?

아니면 칭의란 다른 어떤 것, 다시 말해 하나님이 내 안에서 그 어떤 의를 발견하시는 게 아니라 믿음을 통해 그리스도 안에 있는 그분 자신의 의를 내게 돌리신다는 것일까요?

바울이 의미하는 것은, 믿음이란 우리와 그리스도를 연합시키는 그 무엇이며 하나님이 그리스도 안에서 우리에게 주시는 모든 것이라는 게 내 대답입니다. 하나님은 우리가 그리스도와 연합하는 것을 보실 때—그리스도 안에서 우리를 보실 때—그리스도의 의를 우리의 의로 보십니다. 그러므로 믿음은 우리를 우리의 의이신 그리스도와 연결시키며, 이런 의미에서 믿음이 의로 여겨집니다. 의롭게 하는 믿음의 역할은 하나님께서 그리스도 안에서 우리를 위하시는 모든 것, 특히 그분의 의를 알고 맛보게 하는(see and savor) 것입니다.

그렇다면 이러한 해석의 성경적 근거는 무엇입니까? 왜 "믿음을 의로 여기는 게" 믿음이 우리의 의라는 뜻이 아닌가에 대해, 존 오웬은 다섯 가지 논증을 제시하고[18] 존 머레이는 아홉 가지 논증을 제시합니다.[19] 다음은 내가 생각하기에 설득력 있어 보이는 몇 가지 이유입니다.

첫째, 로마서 4장 6절과 11절이 의의 '전가'(또는 의로 '여김')를 다르게 표현하는 방식에 주목하십시오. 6절은 "일한 것이 없이 하나님께 의로 여기심을 받는다"(영어성경에는 "하나님은 행위와 무관하게 의로 여기신다", God counts righteousness apart from works)고 말합니다. 11절은 "그들도 의로 여기심을 얻게 하려 하심이라"(영어성경에는 "의가 저희에게 돌려지게 하려 하심이라", that righteousness might be counted to them)고 말

---

18  John Owen, *The Doctrine of Justification by Faith*, in The Works of John Owen, vol. 5 (Edinburgh: The Banner of Truth Trust, 1965), 318-319.
19  John Murray, *The Epistle to the Romans*, vol. 1 (Grand Rapids, Mich.: Wm. B. Eerdmans Publishing Co., 1959, 353-359).

합니다. 주목하십시오. 양쪽 모두에서, 믿음이 의로 여겨지는 게 아니라 의가 우리에게 돌려집니다. 하나님은 "의를 우리에게로 돌리실" 뿐이지 "믿음을 의로 여기시는" 게 아닙니다. 이러한 사실은 우리로 하여금 "믿음을 의로 여기신다"는 바울의 말이 "그들에게 돌려진 의를 가지는 사람들"을 의미할 가능성이 높다는 데 주목하게 합니다. 여기서 우리에게 전가되는 것은 믿음이 아니라 의입니다. 이것은 믿음이 전가된다고 말하는 것은 믿음을 통해 의가 전가된다는 말의 축약적 표현이라는 것을 암시합니다.

둘째, 로마서 3장 21-22절을 보십시오. "이제는 율법 외에 하나님의 한 의가 나타났으니 율법과 선지자들에게 증거를 받은 것이라 곧 예수 그리스도를 믿음으로 말미암아 모든 믿는 자에게 미치는 하나님의 의니 차별이 없느니라." 믿음을 통해 우리에게 주어지는 것은 하나님의 의라는 데 주목하십시오. 믿음이란 우리를 그리스도의 의와 연합시키는 그 무엇입니다. 믿음은 우리와 그리스도의 연합에서 우리에게 전가되는 하나님의 의가 아닙니다.

셋째, 고린도후서 5장 21절을 보십시오. "하나님이 죄를 알지도 못하신 이를 우리를 대신하여 죄로 삼으신 것은 우리로 하여금 그 안에서 하나님의 의가 되게 하려 하심이라." 우리는 여기서 이중적 '전가'를 볼 수 있습니다. 하나님은 죄를 알지도 못하시는 그리스도에게 우리의 죄를 전가하셨습니다. 그리고 스스로 의가 전혀 없는 우리에게 그리스도의 의를 전가하셨습니다. 여기서 우리에게 중요한 어구는 '하나님의 의'와 '그 안에서'입니다. 우리가 그리스도 안에서 얻는 것은 우리의 의가 아닙니다. 하나님의 의입니다. 우리가 그 의를 얻는 것은 우리의 믿음이 의롭기 때문이 아니라 우리가 '그리스도 안에' 있기 때문입니다. 믿음은 우리를 그리스도와 연합시킵니다. 그리스도 안에서, 우리는 우리에게 낯선 의를 소유합니다. 그것은 그리스도 안에 있는 하나님의 의입니다. 또는 이것을 그리스도의 의라고도 말할 수 있는데, 로마서 5장 18절이 이런 식으로 말하고 있습니다("한 의로운 행위로 말미암아 많은 사람이 의롭다 하심을 받아 생명에 이르렀느니라"). 그리스도께서 우리의 죄를 지십니다. 우리는 그리스도의 의, 곧 우리에게 전가된 의를 갖습니다.[20]

---

[20] 그리스도의 의의 전가에 관한 교리가 우리 시대에 (또다시) 심한 공격을 받고 있다. 예를 들면, 다음을 보라. Robert H. Gundry, "Why I Didn't Endorse 'The Gospel of Jesus Christ: An Evangelical Celebration," in *Books and Culture*, January/February 2001, vol.7 no. 1, 6-9; Robert H. Gundry, "On Oden's Answer," in *Books and Culture*, March/April 2001, vol.7, no.2, 15-16, 39. 그러나 신약학회에서 나타나는 이러한 경향이 4세기에 걸친 본문 연구와 하나님의 의가 칭의와 관련이 있다는 개신교의 폭넓은 동의를 뒤집을 수는 없을 것이다. George Ladd처럼 이 시대의 주의 깊은 신약 주석가들은 Gundry가 검토한 것, 다시 말해 믿는 자들에게 그리스도의 의가 전가된다는 분명한 교리적 진술이 없다는 것을 인정했다. "바울은 그리스도의 의가 신자들에게 전가된다는 것을 결코 분명하게 말하지 않는다." 그러나 Ladd는 고린도후서에 근거해서 "바울은 '우리로 하여금 그 안에서 하나님의 의가 되게 하려 하심이라'고 말하면서 이 질문에 답한다"고 했다(고후 5:21). 그리스도께서 우리를 위하여 죄가 되셨다. 우리는 우리의 죄가 그리스도께로 돌려졌다고 말할 수 있을 것이다. 그분은 죄가 없음에도 불구하고 자신을 우리의 죄와 동일시하셨으며, 그 죄에 대한 형벌을 받고 죽으셨다. 그러므로 우리는 인격과 행위에서 여전히 죄인으로 남아 있음에도 불구하고 그리스도의 의를 우리에게로 돌렸다. 믿음의 사람들이 의롭게 되는 것은 그리스도의 의가 그들에게 전가되기 때문이라는 것은 피할 수 없는 논리적 결론이다." George Eldon Ladd, *A Theology of the New Testament*, revised edition, ed. by Donald A. Hagner (Grand Rapids, Mich.: Wm. B. Eerdmans, 1993), 『신약신학』, 대한기독교서회. 바꾸어 말하자면, 교리적인 명확성이나 체계화가 없다는 사실은 삼위일체 교리에서와 마찬가지로 그리스도의 전가 교리에서도 문제가 되지 않는다. Gundry에 대한

넷째, 고린도전서 1장 30절을 보십시오. 존 번연은 들판에서 그리스도의 의가 자신에게 전가되었다는 것을 너무나 강하게 체험한 후 집에 돌아와 성경적 근거를 찾아 보았습니다. 그는 고린도전서 1장 30절을 발견했습니다. "너희는 하나님으로부터 나서 그리스도 예수 안에 있고 예수는 하나님으로부터 나와서 우리에게 지혜와 의로움과 거룩함과 구원함이 되셨으니"(영어성경 ESV에는 "[하나님은] 그리스도 예수 안에 있는 너희 생명의 근원이신데, 하나님은 그분을 우리의 지혜와 우리의 의와 성화와 구속이 되게 하셨다"). 번연은 이렇게 말했습니다. "나는 이 구절에서 예수 그리스도가…하나님 앞에서 우리의 의요 성화(거룩함)라는 것을 깨달았다. 그러므로 나는 여기서 한동안 그리스도를 통해 하나님과 매우 달콤한 평화를 누리며 살았다."[21]

번연이 가리킨 본문(고전 1:30)은 그리스도께서 우리에게 '의'가 되셨다고 말합니다. 그리스도께서 이렇게 우리의 '의'가 되신 것은 우리가 '그리스도 예수 안에' 있기 때문입니다. "여러분은 우리에게 의가 되신 그리스도 예수 안에 있습니다." 믿음이 아니라 그리스도가 우리의 의입니다. 믿음은 우리를 그리스도와 연합시킬 뿐만 아니라 하나님이 그리스도 안에서 우리를 위하시는 모든 것에 연합시킵니다. 그

---

자세한 답변에 대해서는 다음을 보라. John Piper, *Counted Righteous in Christ: Should We Abandon the Imputation of Christ's Righteousness?* (Wheaton, Ill.: Crossway Books, 2002).『칭의 교리를 사수하라』, 부흥과개혁사.

21 Bunyan, *Grace Abounding to the Chief of Sinners*, 91.『죄인의 괴수에게 넘치는 은혜』, CH북스.

러나 하나님이 그리스도 안에서 우리를 위하시는 것은 의입니다.22

내가 이러한 관찰을 통해 얻은 결론은, 바울이 로마서 4장 3절, 5절, 9절, 22절에서 "믿음을 의로 여기신다"고 말할 때 '우리의 믿음은 우리의 의'라는 뜻이 아니라는 것입니다. 바울이 의미했던 것은 그리스도 안에 있는 하나님의 의가 우리에게 돌려질 수 있도록 우리의 믿음이 우리를 그리스도와 연합시킨다는 것입니다.

불완전하기는 하지만 도움이 되는 비유가 하나 있습니다. 내가 십대인 내 아들 바나바스에게 이렇게 말한다고 가정해 봅시다. "학교 가

---

22 그리스도의 의의 전가를 보여 주기 위해 고린도전서 1장 30절을 사용하는 것에 대해 근거 있는 반대를 제기하는 사람들이 있다. 어떤 사람들은 그리스도의 의의 전가를 증명하기 위해 이 구절을 사용하는 것은 지혜와 성화와 구속까지도 전이되는(impart) 게 아니라 '전가된다'는 것을 증명하는 것처럼 보이게 할 것이라고 말한다. 그러나 이들 각각은 단지 우리에 관해 선포되는 게 아니라 우리가 실제로 경험하는 것이다. 그러므로 본문이 "[그리스도께서] 우리에게 지혜와 의로움과 거룩함과 구원함이 되셨으니"고 말하는데 우리가 '의'만을 떼어내어 이것이 우리에게 전가되었다고 말하고 나머지 것들은 단순히 전가된 게 아니라 우리가 경험하도록 우리에게 적용되었다고 말할 수 있겠는가? 이에 대한 한 가지 대답은 바울은 우리와 그리스도의 연합이 주는 네 가지 분명한 은사 모두가 정확히 동일한 방법이 아니라 각각 독특한 방법으로 우리의 필요를 채우는 것으로 받아들여지게끔 의도했으리라는 것이다. 존 플라벨(John Flavel, 1630-1691)은 이런 방향으로 과정이 이루어지는 것을 보았다. 따라서 이러한 연합에서 그리스도는 우리에게 지혜가 되시고 그 지혜는 그리스도에 대한 우리의 전적인 무지를 몰아낸다(조명을 통해). 둘째, 이 연합에서 그리스도는 우리에게 의가 되시며, 그 의는 우리의 죄책과 정죄를 몰아낸다(전가를 통해). 셋째, 이 연합에서 그리스도는 우리에게 거룩(성별)이 되시며, 이 거룩함은 우리의 부패와 오염을 몰아낸다(점진적인 전달을 통해). 넷째, 이러한 연합에서, 그리스도는 우리에게 구속이 되시며, 이 구속은 마침내 죄와 죄책에서 오는 모든 비극과 고통과 무익을 몰아낸다(부활을 통해, "[우리는] 양자될 것 곧 우리 몸의 구속을 기다리느니라," 롬 8:23). John Flavel, *The Method of Grace* (Grand Rapids, Mich.: Baker Book House, 1977), 14를 보라. 『은혜의 방식』, 청교도신앙사. 여기에 관해서는 문자적으로 다음과 같이 번역되는 로마서 10장 4절도 제시할 수 있을 것이다. "율법의 목적[또는 마침]은 모든 믿는 자에게 의가 되시는 그리스도이시다." 바꾸어 말해, 율법은 우리의 의이신 그리스도를 향하고 있었다.

기 전에 네 방을 깨끗이 치워라. 꼭 치워야 한다. 안 그러면 오늘밤에 경기장에 못 갈 거다." 아들이 계획을 제대로 세우지 못해 방을 치우지 못한 채 학교에 갔다고 생각해 봅시다. 학교가 늦게 끝났기 때문에, 아들은 집에 돌아오자마자 곧바로 경기장으로 가야 했습니다. 그러나 자신이 한 일을 깨닫고는 걱정하기 시작합니다. 아들은 사과하고 결과를 겸허하게 받아들입니다. 경기장에 못 가는 것이죠.

이때 내가 이렇게 말합니다. "바나바스, 아빠가 네 사과와 순종을 방청소로 인정해 주겠다. 아빠는 이렇게 말했었다. '학교 가기 전에 네 방을 깨끗이 치워라. 꼭 치워야 한다. 안 그러면 오늘밤에 경기장에 못 갈 거다.' 이제 네 방은 깨끗하다. 그러니 경기장에 가도 좋다." 내가 "네 사과와 순종을 방청소로 인정해 주겠다"고 할 때, 사과가 방청소인 것은 아니며 아들이 실제로 자신의 방을 치운 것도 아닙니다. 내가 청소했습니다. 이것은 순전히 은혜였습니다. 내가 말하려는 것은 내 계산법에서는—내 은혜에서는—아들의 사과를 그의 방청소의 결과에 대한 약속과 연결시킨다는 것입니다. 청소된 방은 아들의 청소된 방입니다. 내가 그 방을 아들에게 돌렸습니다. 또는 나는 아들의 사과를 방청소로 돌렸습니다. 둘 중 어느 쪽으로 말해도 좋습니다. 바울은 양쪽 모두를 말합니다. "믿음을 의로 여기신다.", "하나님이 의를 우리에게 돌리신다."

그러므로 하나님은 그리스도를 믿는 자들에게 "내가 너희 믿음을 의로 여긴다"고 말씀하실 때 "너희의 믿음이 너희를 의롭게 하는 의다"라는 뜻으로 말씀하시는 게 아닙니다. 그분이 의미하시는 것은 "너희의 믿음은 너희를, 너희 의가 되는 그리스도—나의 의—와 연결시킨다"는 것입니다.

마르틴 루터와 존 번연에게 있어, 그리스도의 전가된 의에 대한 발견은 삶을 바꿔 놓는 가장 큰 경험이었습니다. 루터는 이것이 하나님과 함께 평화의 낙원에 들어가는 것과 같았다고 고백했습니다. 번연에게 있어, 이것은 오랫동안 계속된 영적 고통과 불확실의 날들이 끝났다는 것을 의미했습니다. 형제들이여, 여러분의 양 떼에게 자신들이 하나님 앞에서 받아들여지고 인정되는 것이 예수 그리스도가 하나님의 아들이라는 사실만큼이나 확실하다는 것을 알게 하는 데 무엇을 지불하시겠습니까?

사랑하는 양 떼에게 말하십시오. "그리스도께서 오늘 여러분에게 이것을 선물로 주겠다고 하십니다. 여러분이 그분을 참되고 소중한 분으로 인정한다면, 여러분이 각자의 삶에서 이 선물을 가장 큰 보화로 받고 신뢰한다면, 여러분은 모든 지각에 뛰어난 하나님의 평강을 누릴 것입니다. 여러분은 안전할 것입니다. 여러분은 사람들의 인정을 받을 필요도 없을 것입니다. 여러분은 스스로 부나 능력을 갖추려 하거나 스스로 복수하려 할 필요가 없을 것입니다. 여러분은 자유하게 될 것입니다. 여러분은 사랑으로 넘치게 될 것입니다. 여러분은 자신들 앞에 있는 기쁨을 위해 그리스도께 생명을 바칠 것입니다. 그리스도를 바라보며 여러분의 의가 되시는 그분을 신뢰하십시오."

성도들에게 기쁨과 열정과 능력으로 말하십시오. 그들이 이것을 위해 아무것도 지불할 수 없다고 말하십시오. 이것은 공짜입니다. 이것은 그리스도께서 오셔서 하신 일입니다. 그분은 의를 이루셨고, 우리의 모든 죄를 사하는 죽음을 맞으셨으며, 우리에게 완전한 의가 되셨습니다. 이러한 복음이 주는 강력한 기쁨과 자유 가운데 살아가십시오. 그리고 이것을 전파하십시오! 여러분의 양 떼에게 이것을 전하고 또 전하십시오.

우리가 하나님을 의지하면서 하는 모든 선행은

그분께 빚을 갚는 것과는 정반대로 작용한다.

우리의 선행은 그분의 은혜에 더 많은 빚을 지게 한다.

하나님은 우리가 다름 아닌 은혜에 영원히 머물기를 원하신다.

• 존 파이퍼 •


선행은 은혜를 갚지 못한다.

그것은 더 많은 은혜에 빚지게 할 뿐이다.

• 존 파이퍼 •

# 5
## 채무자의 윤리를 경계하십시오

그리스도인들에게 있어 '자신의 일을 왜 하느냐'는 그들이 '무엇을 하는가' 만큼이나 중요합니다. 동기가 나쁘면 좋은 행동을 그르치는 법입니다. "내 몸을 불사르게 내줄지라도 사랑이 없으면 내게 아무 유익이 없"습니다(고전 13:3). 최후의 심판 때, 주님은 "어둠에 감추인 것들을 드러내고 마음의 뜻을 나타내[실]"(고전 4:5) 것입니다.

그러므로 우리는 양 떼가 선한 일을 하고 있다는 데 만족해서는 안 됩니다. 하나님을 높이려는 것이 그들이 선한 일을 하는 동기인지 살펴야 합니다. 마지막에 가서야 자신의 희생이 아무것도 아니었음을 발견하지 않게 하기 위해서입니다.

채무자의 윤리는 미숙한 그리스도인들에게, 좋지 않은 의미에서, 강한 호소력이 있습니다. 채무자의 윤리는 감사의 윤리로 포장된 채

접근하면서 이렇게 말합니다. "하나님은 당신을 위해 너무나 많은 것을 하셨습니다. 이제 당신은 그분을 위해 무엇을 하시겠습니까?" "그분은 당신을 위해 생명을 버리셨습니다. 이제 당신은 그분께 얼마나 많은 것을 드리겠습니까?"

채무자의 윤리에서, 그리스도인의 삶은 우리가 하나님께 진 빚을 갚으려는 노력으로 그려집니다. 채무자 윤리는 우리가 결코 그 빚을 완전히 갚을 수 없다는 사실은 인정하지만 그럼에도 불구하고 이를 위해 노력하라고 요구합니다. 선행과 종교적 행위는 우리가 하나님께 진 무한한 빚을 갚기 위해 지불하는 할부금이 됩니다.

성경에서 하나님께 순종하는 분명한 동기로 감사를 꼽는 경우를 발견한 적이 있습니까? 죄 많은 여인의 이야기(눅 7:36-50)와 용서를 모르는 종의 이야기가 떠오를 것입니다(마 18:23-35).[1] 그러나 이 둘 모두 감사가 그 동기라고 명확히 밝히지는 않습니다.

우리 시대의 기독교에서 감사는 하나님께 대한 순종의 동기로 가장 일반적으로 사용되고 있을 것입니다. 그런데 왜 성경에서는 감사

---

[1] 또 하나 가능한 예외는 히브리서 12장 28-29절에 있다. "그러므로 우리가 흔들리지 않는 나라를 받았은즉 은혜를 받자 이로 말미암아 경건함과 두려움으로 하나님을 기쁘시게 섬길지니 우리 하나님은 소멸하는 불이심이라." 그러나 "은혜를 받자"(show gratitude, 감사를 표시하자, NIV)라는 번역은 문제가 있다. KJV은 이렇게 옮겼다. "그러므로 우리가 움직일 수 없는 왕국을 받을진대 은혜를 소유하자(let us have grace). 이 은혜를 힘입어 우리가 공경하는 마음과 경건한 두려움으로 하나님께서 받으시도록 섬길지니 이는 우리 하나님이 소멸시키는 불이시기 때문이라." 나는 감사의 기능이 장래의 은혜에 대한 믿음으로써 섬김을 힘있게 하는 것이라고 본다. 내가 이렇게 말하는 것은 히브리서가 신약의 다른 어떤 책보다 순종이 '믿음에서' 나온다는 것을 분명하게 주장하기 때문이다(히 11:1).

가 순종의 명확한 동기라고 말하는 경우를 전혀(거의) 찾아볼 수 없을까요?

감사의 윤리가 너무나 쉽게 채무자의 윤리로 전락하기 때문에 하나님은 순종의 명확한 동기에 감사를 포함시키지 않으심으로써 그분의 백성을 이러한 치명적인 동기로부터 보호하려 하신 것은 아닐까요?

대신에 하나님은 힘을 더하신다는 거부할 수 없을 만큼 좋은 약속과(렘 31:33, 겔 36:27, 마 19:26, 롬 6:14, 고전 1:8-9, 갈 5:22, 빌 2:13, 4:13, 살전 3:12, 히 13:21) 상급의 약속을 통해 우리를 순종으로 이끄십니다(눅 9:24, 10:28, 12:33, 16:9, 25, 10:35-36, 히 11:24-26, 12:2, 13:5-6).[2]

하나님은 믿음으로 자신을 따르는 자들을 위해 자신이 지금도 일하고 계시며 언제나 일하시리라는 것을 상기시켜 주심으로써 우리에게 동기를 부여하는 수고를 감당하십니다. 하나님은 결코 우리를 위해 일하길 그치지 않으실 뿐 아니라 우리가 '감사함으로' 그분을 위해 일하길 기다리지도 않으십니다. 하나님은 우리 그리스도인이 그분을 위해 하는 모든 수고조차 그분에게서 오는 선물이며 따라서 빚을 갚는 것으로 생각될 수 없음을 상기시켜 주심으로 우리를 채무자의 사고에 젖어들지 않게 지키십니다(롬 11:35-36, 15:18). 사실, 놀라운 것은 우리가 하나님을 의지하면서 '그분께 빚을 갚으려고' 하는 모든 선행이 사실은 정반대의 역할을 한다는 것입니다. 우리의 선행은 우리로

---

2  7장 "기독교 희락주의를 깊이 생각하십시오"를 보라.

그분의 은혜에 더 많은 빚을 지게 합니다. "내가 모든 사도보다 더 많이 수고하였으나 내가 한 것이 아니요 오직 나와 함께 하신 하나님의 은혜로라"(고전 15:10). 양 떼에게 가르치십시오. 하나님은 우리가 은혜의 빚을 점점 더 많이 지면서 다름 아닌 은혜에 영원히 머물길 원하신다고요.

그렇다면 우리는 더 이상 감사가 동기라고 가르치지 말아야 할까요? 그 대답은 여러분에게 맡기겠습니다. 그러나 양 떼에게 '감사함으로' 순종하라고 계속 촉구한다면 적어도 여기에 숨겨진 위험들을 보여 주어야 하며, 어떻게 하면 채무자의 윤리에 빠지지 않으면서 감사를 순종의 동기로 삼을 수 있는지 가르쳐 주어야 합니다.

감사의 의미를 함께 살펴보고, 어떻게 감사가 채무자의 윤리와는 달리 유익한 동기로 작용할 수 있는지 함께 생각해 봅시다.

먼저 우리는 감사가 무엇인지 정의할 필요가 있습니다. 도둑이 내 집에 들어오는 소리에 내가 잠을 깬다고 생각해 봅시다. 내가 불을 켜자 도둑은 도망칩니다. 옷을 입고 나가 보니 연기 냄새가 납니다. 아들이 자고 있는 옆방에서 불꽃이 피어오르고 있습니다. 나는 재빨리 불을 끕니다.

도둑이 나를 깨웠고 자신도 모르게 내 아들을 구했습니다. 그러나 나는 그에게 감사를 느끼지 않습니다. 나는 하나님께 감사를 느낍니다. 왜 그렇습니까? 도둑에게는 내게 대한 선한 의도가 없었지만 하나님에게는 있었기 때문입니다. 우리는 무심결에 우리를 이롭게 하는 사람에게 감사의 반응을 보이지는 않습니다.

또는 내가 외딴 정글 마을의 그리스도인 친구들을 방문중인데 생명이 위태로울 정도로 심한 병에 걸렸다고 해봅시다. 주민 하나가 페니실린이 필요하다는 것을 알고는 약을 구하러 16킬로미터 밖에 사는 의사에게 걸어갑니다. 그는 돌아오는 길에 독사에게 물렸으나 간신히 마을에 도착한 후 죽고 말았습니다. 그의 주머니에는 페니실린이 한 병 있었습니다. 그러나 그가 마지막에 쓰러지면서 병이 깨지고 말았습니다. 그는 나를 위해 자신의 생명을 버렸으나 나는 그가 죽으면서까지 가져다 준 유익을 얻지 못했습니다.

내가 그에게 감사를 느끼겠습니까? 물론입니다! 감사는 단지 자신이 받은 유익에 대한 반응이 아니라 우리를 향한 누군가의 선의에 대한 반응이기 때문입니다.

이러한 감사의 정의를 확인시켜 주는 또 다른 경험이 있습니다. 여러분이 파티에서 누군가에게 선물을 주었는데 그가 그 선물을 열어 보고 마음에 쏙 들어한다고 가정해 봅시다. 그는 저녁 내내 그 선물을 만지작거리고 자랑하며 그 선물에 대해 이야기하지만 정작 그 선물을 준 당신에게는 시선도 주지 않고 말도 건네지 않습니다. 그는 선물에 완전히 마음이 뺏겼습니다. 이런 사람을 뭐라고 합니까? 은혜를 모르는 사람이라고 합니다. 왜 그렇게 말합니까? 선물에 대한 그의 기쁨이 선물을 준 사람의 선의와 전혀 연결되지 않았기 때문입니다.

그러므로 나는 감사를 이렇게 정의합니다. 감사란 여러분에게 호의를 베풀거나 베풀려고 노력하는 사람의 선의에 대한 반응으로 여러분의 마음에서 일어나는 한 무리의 기쁨입니다.

마음에서 일어나는 이러한 자발적 반응은 또 다른 순종의 행위를 낳는 큰 잠재력이 있는데, 이는 순종에 그러한 기쁨이 있기 때문입니다. 우리가 기쁨을 경험하는 것은 그때마다 우리 마음이 가치 있게 여기는 어떤 것을 높이기 때문입니다. 기쁨의 원인은 언제나 인지된 가치입니다. 그 무엇이 우리에게 가치 있을수록 우리가 그것을 얻는 기쁨은 더 커집니다.

그뿐만이 아닙니다. 모든 기쁨은 집단성이 있습니다. 기쁨에는 표현하고 싶은 충동이 있습니다. 기쁨은 사람들을 모으고 가치를 함께 맛보고 싶어합니다. 어떤 좋은 것으로 인해 큰 기쁨을 느끼면서도 그 기쁨의 원인이 되는 가치를 사람들에게 드러내고 싶은 충동을 느끼지 않는 것은 심리학적으로 불가능하지 않을까요?

C. S. 루이스는 『시편 사색』(Reflections of the Psalms, 홍성사)에서 이것을 이렇게 표현했습니다.

사람들은 무엇이든 자신이 가치 있게 여기는 것을 자발적으로 칭송하고 또한 그것을 함께 칭찬하자고 우리에게 재촉한다. "그 여자 사랑스럽지 않아요? 이거 멋지지 않아요? 장엄하다고 생각지 않으세요?" 연인들 서로가 끊임없이 아름답다고 말하는 것은 아첨이 아니다. 기쁨은 표현되기 전까지는 불완전하다.
새로운 작가를 발견하고 그가 얼마나 좋은지를 아무에게도 말하지 않거나, 길모퉁이를 돌자 갑자기 생각지도 못했던 장엄한 계곡이 눈앞에 펼쳐지는데도 옆 사람이 그것을 도랑의 깡통 보듯 하기 때문에 침묵을 지

킨다는 것은 맥빠지는 일이다.³

어떻게 감사가 순종을 유발하는가에 대한 비밀은 기쁨의 본질에서 찾아볼 수 있습니다. 모든 기쁨에는 그 대상의 아름다움과 가치를 드러내고 싶은 충동이 있는 것입니다.

그러므로 우리는 이렇게 물어야 합니다. "하나님의 선물이신 예수 그리스도의 가치에 대한 우리의 기쁨이 어떻게 드러나야(드러나야만) 하는가?" 그에 대한 대답은, 하나님의 선의의 본질과 목적을 높이고 그것과 모순되지 않는 방식으로 드러나야 한다는 것입니다. (당신이 알콜 중독 치료를 받도록 재정적으로 후원해 준 사람에게 감사를 표할 때 맥주 파티를 여는 식으로 해서는 안된다는 말입니다. 이렇게 하는 것은 그 사람의 선의의 목적과 모순될 것입니다.)

하나님이 그분의 아들을 주실 때, 그분의 선의는 무조건적이며 과분한 것 ― 거저 주시는 은혜의 선물 ― 이었습니다. 하나님이 이렇게 하신 목적은 사람들을 그분의 영광을 비추는 자로 변화시키는, 용서와 갱신의 능력을 베푸시는 것이었습니다. 그러므로 우리는 하나님의 선의에 대해 그분께 감사할 때, 공짜라는 그분의 선의의 본질과, 하나님의 영광이라는 그분의 선의의 목적을 높이는 방식으로 표현해야 합니다.

이것은 채무자의 윤리를 즉시 배제시킵니다. 하나님께 빚을 갚음

---

3　C. S. Lewis, *Reflections on the Psalm* (New York: Harcourt, Brace and World, 1958), 93-95. 『시편 사색』 홍성사.

으로써 감사를 표현하려는 모든 시도는, 공짜이며 은혜라는 그분의 선물의 본질과는 모순됩니다. 하나님께 은혜 베푸는 자가 되려고 그 은혜의 수혜자가 되기를 그만두려는 모든 시도는 십자가의 거치는 것을 제거할 것입니다. 그 십자가에서 우리의 빚이 완전하게 청산되어 나를 주는 자가 아니라 받는 자의 신분으로 영원히 낮추었음에도 불구하고 말입니다. "누가 봉사하려면 하나님이 공급하시는 힘으로 하는 것 같이 하라"(벧전 4:11).

그 대신, 우리의 기쁨으로 값없는 은혜의 가치를 표현하는 방식은 우리가 그 은혜를 받을 자격이 없음을 인정하고, 소망을 그 은혜에 두며 더욱더 많은 은혜를 받는 자로서 우리가 할 수 있는 모든 것을 하는 것입니다. "하나님이 능히 모든 은혜를 너희에게 넘치게 하시나니 이는 너희로…모든 착한 일을 넘치게 하게 하려 하심이라"(고후 9:8). 선행으로 은혜의 빚을 갚는 게 아닙니다. 오히려 선행은 더 많은 은혜의 빚을 지게 할 뿐입니다.

감사가 과거의 은혜만 되돌아볼 뿐 장래의 은혜를 내다보지 못한다면 항상 채무자의 윤리로 전락할 것입니다. 우리는 하나님이 지금부터 우리를 위해 일하실 것을 신뢰함으로써 그분의 선의의 본질과 목적을 존중합니다. 이것은 감사는 믿음을 불러일으킬 때만 동기로서의 제 역할을 한다는 뜻입니다. 감사는 믿음에게 이렇게 말합니다. "네 아버지께서 더 많은 은혜를 주시리라는 것을 믿어라. 나는 그분이 공급하실 것을 알고 있어. 내가 그 은혜를 직접 경험했는데, 너무나 달콤했거든." 감사는 철저한 사랑의 순종을 불러일으키도록 돕지만, 장래의 은혜에 대한 믿음을 통해 간접적으로 그렇게 하는 것입니다.

"감사가 사랑을 통해 일한다"가 아니라 "믿음이 사랑을 통해 일한다"(faith works through love, 개역개정은 "사랑으로써 역사하는 믿음"—옮긴이)는 게 신약의 중심된 윤리적 선언인 것도 바로 이 때문일 것입니다(갈 5:6). 감사가 사랑을 통해 일하지 않는다는 게 아니라 여기에는 율법적인 위험이 가득하다는 것입니다. 그러므로 바울은 우리에게 채무자의 윤리를 경계하고, 항상 의지하는 기쁨에서 비롯되는 '삶을 변화시키는 능력' 가운데로 양 떼를 인도하라고 교훈하는 것입니다.[4]

---

4  내가 말한 "장래의 은혜에 대한 믿음으로 사는 것"과 채무자의 윤리에 반대되는 것이 무엇인지 자세히 알고 싶으면 나의 책 *The Purifying Power of Living by Faith in Future Grace* (Sisters, Preg.: Multnomach Publishers, 1995)를 보라. 『장래의 은혜』, 좋은씨앗.

[하나님은] 또 무엇이 부족한 것처럼

사람의 손으로 섬김을 받으시는 것이 아니니

이는 만민에게 생명과 호흡과 만물을 친히 주시는 이심이라.

• 사도행전 17:25 •

엉클 샘과 예수 그리스도의 다른 점은

엉클 샘은 당신이 건강해야만 군인으로 모집하는 반면에

예수님은 당신이 아파야만 모집하신다는 것이다.

하나님은 세상에서 무엇을 찾으시는가?

조력자들? 그렇지 않다.

복음은 '도와주세요' 하는 광고가 아니다.

복음은 도움을 주겠다는 광고다.

하나님은 그분을 위해 일할 사람들을 찾고 계시는 게 아니라

그분으로 하여금 자신 속에서 자신을 통해

능력으로 일하게 할 사람들을 찾고 계신다.

• 존 파이퍼 •

# 6
# 양 떼에게 하나님을 섬기지 말라고 말하십시오

우리 모두는 자신의 양 떼에게 하나님을 섬기라고 말해 왔습니다. 성경은 "기쁨으로 여호와를 섬기라"고 말합니다(시 100:2). 그러나 이제는 양 떼에게 하나님을 섬기지 말라고 할 때입니다. 성경은 "인자가 온 것은 섬김을 받으려 함이 아니라"고도 말하기 때문입니다(막 10:45).

성경은 우리가 우상 숭배에서 돌이켜 참되고 살아 계신 하나님을 섬기게 하는 데 관심이 있습니다(살전 1:9). 그러나 성경은 우리가 잘못된 방법으로 참된 하나님을 섬기지 않게 하는 데에도 관심이 있습니다. 하나님을 섬기는 방법 가운데는 그분의 품위를 떨어뜨리고 그분을 욕되게 하는 것도 있습니다. 그러므로 우리는 자신의 노력으로 도리어 전능하신 공급자의 영광을 가리는 종을 뽑지 않도록 주의해야 합니다. 예수님께서 섬김을 받기 위해서 오신 게 아니라고 하셨다면, 섬김이 거역하는 것이 될 수도 있습니다.

하나님은 섬김을 받으려 하지 않으십니다. "우주와 그 가운데 있는 만물을 지으신 하나님께서는…무엇이 부족한 것처럼 사람의 손으로 섬김을 받으시는 것이 아니니 이는 만민에게 생명과 호흡과 만물을 친히 주시는 이심이라"(행 17:24-25). 바울은 하나님에 대한 시각 가운데, 그분을 우리가 베푸는 은혜의 수혜자가 되게 하는 모든 시각을 경고합니다. 하나님은 우리가 그분의 필요를 충족시키고 있음을 암시하는 식으로 섬김을 받으실 수 없다고 바울은 말합니다. 이것은 마치 개울이 그 근원이 되는 샘을 채우려는 것과 같습니다. "이는 만민에게 생명과 호흡과 만물을 친히 주시는 자이심이라."

우리 하나님의 위대함은 무엇입니까? 세상에서 그분의 특별함은 무엇입니까? 이사야는 이렇게 말합니다. "주 외에는 자기를 앙망하는 자를 위하여 이런 일을 행한 신을 옛부터 들은 자도 없고 귀로 들은 자도 없고 눈으로 본 자도 없었나이다"(사 64:4). 소위 다른 모든 신들은 인간으로 하여금 자신들을 위해 일하게 합니다. 그렇지만 우리 하나님은 자신의 일을 인간에게 의존할 수밖에 없는 고용주가 아닙니다. 그분은 스스로 일하심으로써 아무것도 부족함 없이 자족하는 분이십니다. 인간은 이 부분에서 의존적인 파트너입니다. 인간의 일은 하나님을 기다리는 것입니다.

하나님이 세상에서 무엇을 찾으실까요? 조력자들? 그렇지 않습니다. 복음은 '도와주세요' 하는 광고가 아닙니다. 복음은 도움을 주겠다는 광고입니다. 그리스도인을 향한 섬김의 요구도 도움을 요청하는 광고가 아닙니다. 하나님은 그분을 위해 일할 사람들을 찾고 계시는 게 아니라 그분이 자신 속에서, 자신을 통해 능력으로 일하게 할 사람들을 찾고 계실 뿐입니다. "여호와의 눈은 온 땅을 두루 감찰하사 전심으로 자기에게 향하는 자들을 위하여 능력을 베푸시나니"(대하 16:9). 하나님은 그분의 팀이 이기는 데 도움이 될까 하여 1순위로 지명할 선수를 찾는 스카우터가 아닙니다. 하나님은 누구든지 경기에 이기려고 그분을 의지하는 자를 위해 직접 공을 들고 터치다운 할 준비가 되어 있는 무적의 풀백이십니다.

우리가 이런 것들을 가르칠 때 양 떼들은 이렇게 물을 것입니다. "하나님은 우리에게서 무엇을 원하십니까?" 이에 대한 답은 그들의 예상과는 다릅니다. 하나님은 너무 많은 희생을 드린다면서 이스라엘을 꾸짖으십니다. "내가 네 집에서 수소나 네 우리에서 숫염소를 가져가지 아니하리니 이는 삼림의 짐승들과 뭇 산의 가축이 다 내 것이며…내가 가령 주려도 네게 이르지 아니할 것은 세계와 거기에 충만한 것이 내 것임이로다"(시 50:9-10, 12).

그런데 하나님을 수혜자 신분으로 끌어내리지 않으면서 우리가 그분께 드리는 게 있지 않습니까? 바로 우리에게 있는 염려입니다. "너희 염려를 다 주께 맡기라"(벧전 5:7). 이것은 명령입니다. 하나님은 우리의 의지와 그분의 자족성을 보여 주는 것이라면 무엇이든지 우리에게서 기쁘게 받으실 것입니다.

엉클 샘(미국의 애칭—옮긴이)과 예수님이 다른 점은 엉클 샘은 여러분이 건강해야만 군인으로 모집하는 반면에 예수님은 여러분이 아파야만 모집하신다는 것입니다. "건강한 자에게는 의사가 쓸 데 없고 병든 자에게라야 쓸 데 있느니라 나는 의인을 부르러 온 것이 아니요 죄인을 부르러 왔노라 하시니라"(막 2:17). 기독교는 근본적으로 병원입니다. 환자들이 의사를 섬기는 게 아닙니다. 환자들은 의사들이 좋은 처방을 내릴 거라고 믿고 그들을 신뢰합니다. 산상설교는 우리의 고용주가 주는 작업 지시서가 아니라 우리의 의사가 주는 의학적 조언입니다.

그러나 이러한 비유조차도 의미를 아주 정확하게 전달하지는 못합니다. 우리는 어떻게 하는 것이 지혜롭고 치료에 도움이 되는지 의사가 말해 줄 거라고 믿더라도 의사의 말을 스스로의 힘으로 실천해야 합니다. 하나님은 처방하는 의사에 불과한 게 아닙니다. 그분은 힘없는 우리의 머리를 들어올리고 우리 입에 미음을 떠넣으시는(또는 링거액을 주입해 주는) 간호사이십니다.

우리의 생명은 하나님을 위해 일하지 않는 데 달려 있습니다. "일하는 자에게는 그 삯이 은혜로 여겨지지 아니하고 보수로 여겨지거니와 일을 아니할지라도 경건하지 아니한 자를 의롭다 하시는 이를 믿는 자에게는 그의 믿음을 의로 여기시나니"(롬 4:4-5). 일꾼이 받는 것은 선물이 아닙니다. 일꾼이 받는 것은 삯입니다. 칭의의 선물을 받으려면 일하지 말아야 합니다. 이 부분에서는 하나님이 일꾼이 되십니다. 그분이 얻으시는 것은 섬김을 받는 자의 영광이 아니라 은혜를 베푸는 자의 영광입니다.

뿐만 아니라 우리는 의롭다함을 받은 후에는 하나님을 위한 우리의 수고가 비로소 시작된다고 생각해서도 안됩니다. 우리가 성화를 위해 일해야 한다고 하는 사람들은 하나님의 영광을 저해할 뿐입니다. 예수 그리스도가 "우리의 의로움과 거룩함"이십니다(고전 1:30). "너희가 성령을 받은 것이 율법의 행위로냐 혹은 듣고 믿음으로냐 너희가 이같이 어리석으냐 성령으로 시작하였다가 이제는 육체로 마치겠느냐"(갈 3:2-3). 우리의 칭의를 위해 일하신 분은 하나님이셨으며, 우리의 성화를 위해 일하실 분도 하나님이십니다.

종교적인 '육체'는 항상 하나님을 위해 일하고 싶어합니다. 그러나 "육신대로 살면 반드시 죽을 것"입니다(롬 8:13). 우리의 생명이 하나님을 위해 일하는 데 달려 있는 게 아니라 칭의와 성화에 달려 있는 것도 바로 이 때문입니다.

그러나 우리는 그리스도를 섬겨야 하지 않을까요? 이것은 명령입니다. "주를 섬기라"(롬 12:11). 그리스도를 섬기지 않는 자들은 꾸짖음을 받습니다(롬 16:18, "이 같은 자들은 우리 주 그리스도를 섬기지 아니하고 다만 자기들의 배만 섬기나니"). 그렇습니다. 우리는 그분을 섬겨야 합니다. 그러나 그전에 그분을 섬길 때 피해야 하는 게 무엇인지 깊이 생각해 보아야 합니다. 하나님을 섬기는 것에 관한 모든 경고는 '섬김의 개념에는 피해야 할 게 있다'는 뜻을 분명히 담고 있습니다. 종과 주인과의 관계를 우리와 하나님과의 관계에 비유하는 것은 완전하지는 않습니다. 따라서 종으로서 섬기는 것과 관련된 몇몇 사실들은 우리와 하나님과의 관계에서 피해야 하고, 또 어떤 것들은 확실히 받아들여야 합니다.

그렇다면 우리는 어떻게 섬겨야 하고 어떻게 섬기지 말아야 할까요? 시편 123편 2절이 대답의 일부를 제시합니다. "상전의 손을 바라보는 종들의 눈 같이, 여주인의 손을 바라보는 여종의 눈 같이 우리의 눈이 여호와 우리 하나님을 바라보며 우리에게 은혜 베풀어 주시기를 기다리나이다." 하나님을 섬기는 좋은 방법은 주인의 손을 보며 자비를 구하는 여종처럼 하는 것입니다.

하나님이 주신 소명을 벗어던지고 하늘에 계신 주인의 동업자가 되려는 종이 있다면, 그는 창조자에게 반기를 드는 것입니다. 하나님은 장사꾼이 아닙니다. 그분은 자비를 구하는 종들에게 자비를 베푸시며, 구하지 않는 자들에게는 죽음을 주실 것입니다. 좋은 섬김은 언제나 근본적으로 자비를 받는 것이지 도움을 주는 게 아닙니다.

그러나 좋은 섬김이 전적으로 수동적인 것은 아닙니다. 마태복음 6장 24절은 좋은 섬김을 이해하는 또 하나의 실마리를 제공합니다. 돈을 섬기는 것과 하나님을 섬기는 것을 비교하고 있습니다. "한 사람이 두 주인을 섬기지 못할 것이니 혹 이를 미워하고 저를 사랑하거나 혹 이를 중히 여기고 저를 경히 여김이라 너희가 하나님과 재물을 겸하여 섬기지 못하느니라."

사람이 어떻게 돈을 섬깁니까? 사람이 돈을 돕지는 않습니다. 사람은 돈의 은인이 아닙니다. 그렇다면 우리는 어떻게 돈을 섬깁니까? 바로 돈이 우리를 다스립니다. 왜냐하면 돈은 우리에게 너무나 많은 행복을 약속하는 것처럼 보이기 때문입니다. 돈은 강력하게 속삭입니다. "내가 주는 유익을 누릴 수 있는 자리에 오르기 위해 생각하고 행동하라." 여기에는 도둑질이나 빌리기나 일하기도 포함될 것입니다.

돈은 행복을 약속합니다. 우리는 그 약속을 믿고 그 믿음에 따라 사는 것으로 돈을 섬기게 됩니다. 우리는 돈이 자신의 유익을 위해 우리의 힘을 자기 마음대로 사용하게 함으로써 돈을 섬기는 게 아닙니다. 우리는 우리의 유익을 위해 돈의 힘을 우리 마음대로 사용하는 데 필요한 것을 함으로써 돈을 섬깁니다.

마태복음 6장 24절이 말하는 하나님에 대한 섬김도 이와 같다고 생각합니다. 왜냐하면 예수님은 이 둘을 나란히 놓으셨기 때문입니다. "너희가 하나님과 재물을 겸하여 섬기지 못하느니라." 그러므로 우리가 하나님을 섬기고 돈을 섬기지 않으려면 하나님이 주시는 훨씬 더 높은 수준의 행복에 눈을 떠야 합니다. 그러면 돈보다는 하나님이 우리를 더 많이 다스리실 것입니다. 우리는 충만한 기쁨에 대한 그분의 약속을 믿고 그 믿음을 따라 행함으로써 섬길 수 있습니다. 우리는 하나님이 그분의 유익을 위해 우리의 힘을 그분 마음대로 사용하시게 함으로써가 아니라, 우리의 유익을 위해 하나님의 힘을 언제나 우리 마음대로 사용하는 데 필요한 것을 함으로써 섬길 수 있습니다.

물론, 이것은 순종을 의미합니다. 환자는 회복을 바라면서 의사에게 순종합니다. 요양소의 환자는 치료자의 고통스러운 지시를 신뢰하며 그 지시에 따릅니다. 또는 가장 정확하게 말하자면, 마비 환자는 간호사로 하여금 자신을 낫게 하고 건강하게 하는 약을 자신에게 투여하게 합니다. 이런 방법으로만 우리는 우리의 의사가 주시는 것에서 유익을 얻을 수 있는 자리에 머무를 수 있습니다. 이 모든 순종에서 우리는 수혜자입니다. 하나님은 언제나 주시는 분이십니다. 주는 자가 영광을 얻기 때문입니다.

아마도 이것이 가장 중요할 것입니다. 하나님을 섬기는 유일하게 옳은 방법은 모든 영광을 그분에게 돌리며 섬기는 것입니다. "누가 봉사하려면 하나님이 공급하시는 힘으로 하는 것 같이 하라 이는 범사에 예수 그리스도로 말미암아 하나님이 영광을 받으시게 하려 함이니"(벧전 4:11). 어떻게 하면 하나님이 영광을 받으시도록 섬길 수 있을까요? 그분이 주시는 힘으로 섬기는 것입니다. 우리가 하나님을 위해 가장 적극적으로 행동할 때라도 우리는 여전히 받는 자입니다. 하나님은 은혜를 베푸는 자의 영광을 영원히 포기하지 않으실 것입니다!

그러므로 더 열심히 일하되 우리가 일하는 게 아니라 우리와 함께 하시는 하나님의 은혜가 일한다는 것을 결코 잊지 맙시다(고전 15:10). 여느 때와 마찬가지로 순종합시다. 그러나 우리 안에서 뜻을 두고 일하시는 분은 하나님이시라는 것을 결코 잊지 맙시다(빌 2:13). 복음을 널리 전파하며 택한 자들을 위해 자신을 드리되 그리스도께서 우리 안에서 행하신 것 외에는 결코 아무것도 말하지 맙시다(롬 15:18). 우리의 모든 섬김에서, 하나님이 주시는 분이 되시고 영광을 받으소서.

형제들이여, 양 떼가 이것을 깨달을 때까지 그들에게 하나님을 섬기지 말라고 말하십시오.

여호와를 기뻐하라.

• 시편 37:4 •

주 안에서 항상 기뻐하라 내가 다시 말하노니 기뻐하라.

• 빌립보서 4:4 •

우리가 하나님 안에서 가장 만족할 때

하나님은 우리 안에서 가장 큰 영광을 받으신다.

• 존 파이퍼 •

행복해지려는 욕망은 모든 선행의 적절한 동기이며,

자신의 기쁨을 추구하길 포기한다면

사람을 사랑하거나 하나님을 기쁘시게 할 수 없다.

• 존 파이퍼 •

# 7
## 기독교 희락주의를 깊이 생각하십시오

위에 인용된 글들이 거슬린다면 나를 용서하기 바랍니다. 그러나 이 부분이 마음에 들지 않는다고 해서 진리를 놓치지는 마십시오. 내가 말하려는 바를 가장 짧게 요약하면 이렇습니다. 우리가 하나님 안에서 가장 만족할 때 하나님은 우리 안에서 가장 큰 영광을 받으십니다. 달리 표현하면 이렇습니다. 인간의 제일 되는 목적은 하나님을 영원히 기뻐함으로 그분을 영화롭게 하는 것입니다.

기독교 희락주의[1]는 쾌락을 신으로 삼는 것일까요? 아닙니다. 기

---

1 '기독교 희락주의'(Christian hedonism)에 대해 알고 싶다면 다음을 보라. John Piper, *Desiring God: Meditations of Christian Hedonist* (Sisters, Oreg.: Multnomah Publishers, 1996), 『하나님을 기뻐하라』 생명의말씀사, 또는 이 책의 축약본을 보라. John Piper, *The Dangerous Duty of Delight: The Glorified God and the Satisfied Soul* (Sisters, Oreg.: Multnomah Publishers, 2001), 『최고의 기쁨을 맛보라』, 좋은씨앗.

독교 희락주의에서, 인간은 누구나 자신이 가장 큰 즐거움을 얻는 대상을 신으로 삼는다고 말합니다. 나는 하나님 안에 있는 가장 큰 즐거움을 사람들에게 일깨워줌으로써 그들이 하나님을 자신의 하나님으로 삼게 하는 데 나의 생애를 드렸습니다.

예수님은 제자들에게 그들의 머리가 달아날 수도 있다고 경고하시면서도(눅 21:16) 머리털 하나라도 상하지 않으리라는 약속으로 그들을 위로하셨습니다(18절). 예수님은 제자들에게 제자의 삶이란 자기를 부인하고 십자가를 지는 것을 의미한다고 말씀하시면서도(막 8:34) "누구든지 나와 복음을 위하여 자기 목숨을 잃으면 구원하리라"(35절)는 약속으로 그들을 위로하셨습니다. 예수님은 제자들에게 모든 것을 버리고 자신을 따르라고 명령하시면서도 "현세에 있어…전토를 백 배나 받되 박해를 겸하여 받고 내세에 영생을 받지 못할 자가 없느니라"(막 10:30-31)고 분명하게 말씀하셨습니다.

예수님은 우리가 사려는 밭에 보화가 숨겨져 있으므로 모든 것을 팔아야 한다면 기쁨으로 팔아야 한다고 말씀하셨습니다(마 13:44).

기독교 희락주의에서 의미하는 것은 우리의 행복이 최고선이라는 게 아닙니다. 최고선을 추구할 때 우리에게 언제나 마지막에는 가장 큰 행복을 가져다 준다는 것입니다. 거의 모든 그리스도인들이 이것을 믿고 있습니다. 그리고 기독교 희락주의는 더 많은 것을 말하는데, 우리가 행복을 추구해야 하며, 그것도 온 힘을 다해 추구해야 한다고 말합니다. 행복해지려는 욕망은 모든 선행의 적절한 동기이며, 자신의 기쁨을 추구하길 포기한다면 사람을 사랑하거나 하나님을 기쁘시게 할 수 없습니다. 기독교 희락주의가 논쟁의 대상이 되는 것도 바로 이 때문입니다.

기독교 희락주의는 칸트주의적인 도덕성을 성경적 도덕성으로 대체하려는 목적을 갖습니다. 1804년에 죽은 독일 철학자 임마누엘 칸트는 어떤 행동에서 유익을 얻으려 하면 그 행동의 도덕적 가치가 떨어진다고 강력하게 주장했습니다. 행위자가 '사심이 없다면' 그의 행위는 선한 것입니다. 이에 따르면 기쁨이나 보상이라는 동기는 행동을 오염시킵니다. 소설가 아인 랜드는 칸트의 윤리에 담긴 정신을 냉소적으로 이렇게 파악했습니다.

> 칸트는 어떤 행동이 도덕적인 것은 그 행동을 취하려는 욕구가 없이 의무감에서 그 행동을 취하고 그 행동으로부터 물질적이든 영적이든 어떤 유익도 구하지 않을 때뿐이라고 했다. 유익이 행동의 도덕적 가치를 무너뜨린다. (따라서 악하게 되려는 욕구가 없다면 선할 수 없다. 악하게 되려는 욕구가 있어야 선할 수 있다.)[2]

우리는 너무나 오랫동안 기독교적인 것으로 통해온 이러한 칸트주의적 도덕성에 맞서서 뻔뻔스럽고 희락주의적이며 성경적인 도덕성을 선포해야만 합니다. 칸트가 서른세 살이던 해에 죽은 조나단 에드워즈는 그가 젊을 때 쓴 결심문에서 이 점을 이렇게 표현했습니다.

---

2  Ayn Rand, *Four the Intellectual* (New York: Signet, 1961), 32.

"나는 나 자신을 위해 내가 이용할 수 있는 모든 힘과 능력, 열정과 심지어 폭력을 동원해서라도, 또 내가 생각할 수 있는 모든 방법으로 다른 세상의 행복을 최대한 얻어내기로 결심했다."³

C. S. 루이스는 쉘던 베너컨에게 쓴 편지에서 이것을 이렇게 표현했습니다. "알다시피, 모든 사람이 자신이 행복할 수 있는 만큼 최대한 행복해야 하는 것은 그리스도인의 의무입니다."⁴

남부의 여류 소설가인 플래너리 오코너는 자기를 부인하는 것에 관해 이렇게 말합니다. "당신은 언제나 더 큰 선을 위해 더 작은 선을 포기한다. 그 반대는 죄다. 이를 악물고 기쁨을 추적하는 것이 바로 나의 모습이다. 이것은 매우 위험천만한 일이기 때문에 완전무장을 해야 한다."⁵

칸트주의적 개념은 당신의 행동에서 의도하지 않은 결과로 기쁨을 얻는 것은 괜찮다고 말합니다. 그러나 이 모든 사람들은(나를 포함해서) 기쁨을 목표로 삼고 있습니다. 우리는 사심 없는 도덕적 행위가 가능하지도 않으며 바람직하지도 않다고 봅니다. 이런 행위는 불가능합니다. 왜냐하면 의지는 자율적이지 않기 때문입니다. 의지는 항상 자신의 판단에 가장 큰 행복을 가져다 주리라고 생각되는 대상으로

---

3  *Resolution 22 in Edwards's Memoirs* in the Works of Jonathan Edwards, vol. 1 (Edinburgh: The Banner of Truth Trust, 1974), xxi.
4  Vanauken이 쓴 A Severe Mercy (New York: Harper and Row, 1977), 189에서 인용. 『잔인한 자비』, 복있는 사람.
5  *The Habit of Being*, ed. Sally Fitzgerald (New York: Farrar, Straus, Giroux, 1979), 126.

기웁니다(요 8:34, 롬 6:16, 벧후 2:19).

파스칼의 말이 옳습니다. "모든 인간은 예외 없이 행복을 추구한다. 행복을 얻기 위해 사용하는 수단이 아무리 다르더라도 모든 인간은 행복을 목표로 한다.…모든 인간은 가장 작은 일을 하더라도 이러한 목적에서 할 것이다. 이것이 모든 인간의 모든 행동의 동기이며, 심지어 자살을 생각하는 사람들의 동기이기도 하다."[6]

그러나 사심 없는 도덕성('선 자체를 위해' 선을 행하는 것)은 불가능합니다. 바람직하지도 않습니다. 다시 말해, 이것은 인간이 선해질수록 도덕적으로 행동하기가 힘들어진다는 것을 의미하기 때문에 비성경적입니다. 인간은 참된 선에 가까워질수록 자연적으로 행복하게 선을 행하게 되어 있습니다. 성경에서 선한 사람은 선을 행하길 싫어하는 사람이 아니라 의무를 위해 참고 행하는 사람입니다. 선한 사람은 인자(仁慈)를 사랑하고(미 6:8) 여호와의 율법을 기뻐하며(시 1:2) 주의 뜻을 행합니다(시 40:8). 그러나 어떻게 이러한 사람이 사심 없이 인자한 행동을 하겠습니까? 인간이 선해질수록 순종에는 더 많은 기쁨이 있습니다.

칸트는 사심 없이 주는 사람을 사랑합니다. 그렇지만 하나님은 즐거이 주는 자를 사랑하십니다(고후 9:7). 사심 없는 의무 수행은 하나님을 노하시게 하는 것이 됩니다. 하나님의 뜻은 우리가 선을 행하면서 기뻐하고, 우리의 순종이 하나님 안에 있는 우리의 기쁨을 안전하

---

6 Blaise Pascal, *Pascal's Pensees*, trans. W. F. Trotter (New York: E. P. Dutton, 1958), 113(thought 425).

게 하고 커지게 한다는 확신에서 선을 행하는 것입니다.

덕은 금욕주의적인 의무 수행을 요구한다는 생각과, 좋은 것들은 순종할 때의 동기가 아니라 결과로 약속되었을 뿐이라는 생각을 우리의 교회에서 몰아낼 수 있었으면 좋겠습니다. 성경은 동기가 아닌 결과로 주의 깊게 이해되는 약속이 아니라 분명히, 대담하게, 희락주의적으로 우리의 행동을 유발하려는 약속으로 가득합니다.

성경적 도덕성이 세상적 희락주의와 다른 점은 사심이 없다는 게 아니라 엄청나게 더 크고 더 순수한 것에 관심이 있다는 것입니다. 몇 가지 예를 들어 봅시다.

누가복음 6장 35절은 말씀합니다. "오직 너희는 원수를 사랑하고 선대하며 아무것도 바라지 말고 꾸어 주라 그리하면 너희 상이 클 것이요." 주목하십시오. 세상적인 기대가 결코 우리의 동기가 되어서는 안 됩니다("아무것도 바라지 말고"). 오히려 우리가 섬길 때 손해를 감수하는 힘을 주는 것은 미래의 상급에 대한 약속입니다.

누가복음 14장 12-14절에서 예수님은 이렇게 말씀하십니다. "네가 점심이나 저녁이나 베풀거든 벗이나 형제나 친척이나 부한 이웃을 청하지 말라 두렵건대 그 사람들이 너를 도로 청하여 네게 갚음이 될까 하노라 잔치를 베풀거든 차라리 가난한 자들과 몸 불편한 자들과 저는 자들과 맹인들을 청하라 그리하면 그들이 갚을 것이 없으므로 네게 복이 되리니 이는 의인들의 부활시에 네가 갚음을 받겠음이라." 주목하십시오. 세상적인 유익을 위해 선을 행하지 않도록 하십시오. 영적이며 하늘에 속한 유익을 위해 선을 행하십시오.

칸트주의 철학자는 이렇게 말할 것입니다. "아닙니다. 그렇지 않아요. 이들 본문은 당신이 사심 없이 행동하면 어떤 상급이 결과로 나타날 것인가를 말하고 있을 뿐입니다. 이들 본문은 우리에게 상급을 구하라고 가르치고 있는 게 아닙니다."

이에 대해서는 두 가지로 답할 수 있습니다. (1) 돈에 대한 욕심으로 약 먹는 습관을 망칠 것을 알면서도 "이 약 먹으면 한 푼 줄게"라고 말하는 것은 나쁜 교수법입니다. 그러나 예수님은 지혜로운 교사이셨습니다. (2) 훨씬 중요하게, 우리가 장래의 축복을 바라며 선을 행하라고 권할 뿐 아니라 명령하는 본문들이 있습니다.

누가복음 12장 33절은 이렇게 말합니다. "너희 소유를 팔아 구제하여 낡아지지 아니하는 배낭을 만들라 곧 하늘에 둔 바 다함이 없는 보물이니 거기는 도둑도 가까이 하는 일이 없고 좀도 먹는 일이 없느니라." 여기서 하늘에 영원한 보화를 쌓는 것은 단순히 구제의 결과가 아니라 목적입니다. "하늘에 보화를 쌓는 것을 여러분의 목적으로 삼으십시오. 그리고 그렇게 하는 방법은 여러분 소유를 팔아 구제하는 것입니다."

누가복음 16장 9절은 이렇게 말합니다. "불의의 재물로 친구를 사귀라 그리하면 그 재물이 없어질 때에 그들이 너희를 영주할 처소로 영접하리라." 누가는 재물을 적절히 사용한 결과가 영원한 처소로 영접을 받는 것이라고 말하는 게 아닙니다. 그는 이렇게 말하고 있습니다. "여러분 재물을 사용하는 방법을 통해 영원한 처소를 확보하는 것을 여러분 목적으로 삼으십시오."

그러므로 칸트주의적 도덕원칙에 대해 계속 '아니요'라고 말하십시오. 회중석에서 그리고 강단에서도 '아니요'라고 말하십시오. 예배가 단순히 하나의 의무로 드려진다는 생각은 마음이 예배에서 떠나게 만듭니다. 진정한 예배에는 두 가지 태도가 있습니다. 하나님을 기뻐하거나, 그 기쁨이 없는 것을 회개하는 것입니다.

주일 아침 11시면, 히브리서 11장 6절은 임마누엘 칸트와 전투를 시작합니다. "믿음이 없이는 하나님을 기쁘시게 하지 못하나니 하나님께 나아가는 자는 반드시 그가 계신 것과 또한 그가 자기를 찾는 자들에게 상 주시는 이심을 믿어야 할지니라." 여러분이 하나님께 나올 때 그분을 상주시는 분으로 알지 않는다면 하나님을 기쁘시게 할 수 없습니다. 그러므로 하나님을 기쁘시게 하는 예배는, 그 임재에는 기쁨이 충만하고 그 손에는 영원한 즐거움이 있는, 하나님에 대한 희락주의적 추구입니다(시 16:11).

형제들이여, 우리가 칸트주의적인 의무를 명하는 자가 아니라 기독교 희락주의자로 강단에 선다면 놀라운 변화가 일어날 것입니다! 위대한 설교자요 신학자인 조나단 에드워즈는 담대하게 말했습니다. "청중이 다름 아닌 진리에 감동되고, 그들을 감동시키는 대상의 본성과 모순되지 않는 것에 감동된다면, 그들을 가능한 한 크게 감동시키는 것이 내 의무라고 생각하지 않을 수 없습니다."[7] 에드워즈가 이렇

---

[7] Jonathan Edwards, *Some Thoughts Concerning the Revival*, in The Works of Jonathan Edwards, vol.4, ed. by C. Goen (New Haven, Conn.: Yale University Press, 1972), 87.

게 믿은 궁극적인 이유는 다음과 같은 것이 자신의 의무라는 심오하고도 성경적인 확신 때문이었습니다.

> 하나님은 피조물을 향해…다음 두 가지 방법으로 자신을 영화롭게 하신다. 1. 피조물의 이해에…[자신을] 나타내심으로써 그렇게 하신다. 2. 피조물의 가슴에 자신을 전달하시며, 피조물이 그분의 자기 계시를 기뻐하고 즐거워하며 누리게 하심으로써 또한 그렇게 하신다.…하나님은 그분의 영광이 나타나는 것으로 뿐만 아니라 그 영광이 기쁨이 되는 것을 통해서도 영광을 받으신다. 하나님의 영광을 보는 자들이 그 영광을 기뻐할 때, 하나님은 단지 그 영광이 나타날 때보다 더 큰 영광을 받으신다.…하나님의 영광에 대한 자신의 생각을 증거하는 사람은 그 영광을 시인하며 그 영광에 대한 기쁨을 증거하는 사람만큼 하나님을 영화롭게 하지 못한다.[8]

이것이 기독교 희락주의의 궁극적인 기초이며, 목회자의 강단 목회를 아름답게 빚어 줍니다.

기독교 희락주의자인 우리는 모든 청중이 행복을 갈망한다는 것

---

[8] Jonathan Edwards, The "Micellanies," a-500, ed. by Thomas Schafer, The Works of Jonathan Edwards, vol. 13 (New Haven, Conn.: Yale University Press, 1994), 495. Miscellany 448. 다음도 보라. 87; 251-252; 332, 410; # 697(New Haven판에는 없다.). 강조는 덧붙인 것이다. 이러한 글들은 에드워즈가 개인적으로 기록해 둔 것들이며, 그는 이런 글들을 모아 『하나님의 천지창조 목적』(The End for Which God Created the World)이라는 책을 썼다.

을 알고 있습니다. 그리고 우리는 청중에게 결코 이러한 욕망을 부인하거나 억누르지 말라고 해야 합니다. 이들의 문제는 만족하길 원한다는 게 아니라 너무 쉽게 만족한다는 것입니다. 우리는 이들에게 하나님의 은혜에 대한 영적인 굶주림을 어떻게 채우는지 가르쳐 주어야 합니다. 우리는 청중이 세상의 젖을 떼고 하나님의 은혜와 영광의 풍성한 음식을 먹게 하는 데에 수고를 아끼지 않아야 합니다.

우리는 성령을 힘입어 양 떼를 이해시키기 위해 모든 노력을 기울여야 합니다.

- "그리스도를 위하여 받는 수모를 애굽의 모든 보화보다 더 큰 재물"입니다(히 11:25-26).
- 받기보다는 줌으로써 더 행복할 수 있습니다(행 20:35).
- 그들의 주님이신 예수 그리스도를 아는 지식이 너무나 귀하기 때문에 모든 것을 해로 여겨야 합니다(빌 3:8).
- 예수님의 모든 계명의 목적은 그들의 기쁨이 충만하게 하는 것입니다(요 15:11).
- 그들이 주님 안에서 기뻐한다면 주님께서 그들의 마음의 소원을 이루어주실 것입니다(시 37:4).
- 만족할 줄 아는 것은 경건에 큰 유익이 됩니다(딤전 6:6).
- 하나님을 기뻐하는 것이 그들의 힘입니다(느 8:10).

우리는 의무에 대한 칸트주의적 호소를 통해 이들을 섬김으로 초

청하지는 말아야 합니다. 우리는 이들에게 하나님을 기뻐하는 것이 가장 고귀한 의무라는 것을 말해 주어야 합니다. 그러나 우리는 이들에게 예수님은 그분 앞에 놓인 기쁨을 위해 십자가를 참으셨으며(히 12:2), 허드슨 테일러는 고난과 시련으로 가득한 생애의 마지막 순간에 "나는 결코 희생하지 않았다"고 말했다는 것을 상기시켜 주어야 합니다.9

---

9 Howard and Geraldine Taylor, *Hudson Taylor's Spiritual Secret* (Chicago, Ill., Moody Press, n.d.), 30. 『허드슨 테일러의 생애』, 생명의말씀사.

기도는 제1원인과 제2원인을 결합하는 것이다.

기도는 우리의 가는 전선을 번갯불에 연결하는 것이다.

• 존 파이퍼 •


영원한 열매를 맺을 능력이 자신에게 있다고 느끼는 목회자는

하나님도 모르고 자신도 모르는 사람이다.

절망과 해방의 리듬을 알지 못하는 목회자는

인간이 이룰 수 있는 것에만 시선을 두는 게 분명하다.

• 존 파이퍼 •


조직을 의지할 때 우리는 조직이 할 수 있는 것을 얻으며,

교육을 의지할 때 우리는 교육이 할 수 있는 것을 얻으며,

인간을 의지할 때 우리는 인간이 할 수 있는 것을 얻으며,

기도를 의지할 때 우리는 하나님이 하실 수 있는 것을 얻는다.

• A. C. 딕슨 •

# 8
## 기도하십시오

기도는 제1원인과 제2원인을 결합하는 것입니다. 기도는 우리의 가는 전선을 번갯불에 연결하는 것입니다. 하나님이 사람을 통해 그분의 일을 하시려 한다는 게 놀랍지 않습니까? 배나 놀라운 사실은 하나님이 우리로부터 그렇게 하도록 요청 받으심으로써 그분의 계획을 성취하려 하신다는 것입니다. 하나님은 그분의 백성을 축복하길 좋아하십니다. 그러나 더 나아가 기도에 응답하심으로써 축복하길 좋아하십니다.

예를 들면, 하나님은 이스라엘의 수를 늘리는 것이 그분의 목적이라는 것을 알고 계셨습니다. 그러나 하나님은 이렇게 말씀하셨습니다. "그래도 이스라엘 족속이 이같이 자기들에게 이루어 주기를 내게 구하여야 할지라 내가 그들의 수효를 양 떼 같이 많아지게 하되"(겔

36:37). 하나님은 우리의 기도를 통해 우리에게 복을 주려 하십니다.

하나님은 아비멜렉 왕이 사라를 아브라함에게 돌려보내면 자신이 그의 생명을 보존하리라는 것을 알고 계셨습니다. 그러나 하나님은 아비멜렉에게 이렇게 말씀하셨습니다. "이제 그 사람의 아내를 돌려보내라 그는 선지자라 그가 너를 위하여 기도하리니 네가 살려니와"(창 20:7). 하나님은 아비멜렉을 구원할 뜻이 있으셨지만 아브라함의 기도를 통해 그렇게 하고자 하셨습니다.

하나님이 세상을 사랑하지 않으신다거나 추수를 주저하신다고 말하는 사람이 있습니까? 그러나 예수님은 이렇게 말씀하셨습니다. "그러므로 추수하는 주인에게 청하여 추수할 일꾼들을 보내 주소서 하라"(마 9:38). 왜 일꾼들이 더 많은 일꾼을 보내 달라고 주인에게 청해야 할까요? 하나님께는 세상을 축복하시는 것보다 더 하고 싶으신 일이 있기 때문입니다. 즉 그분은 기도에 대한 응답으로 세상을 축복하길 기뻐하십니다.

나는 어떤 사람이 신학교 졸업 후에 목회할 능력을 갖추게 되었다고 하는 말을 듣고 놀란 적이 있습니다. 아마도 그는 신학교를 칭찬하기 위해 그랬을 것입니다. 내가 놀랐던 것은 역사상 가장 위대한 신학자요 선교사이자 목회자였던 사람은 이렇게 외쳤기 때문이다. "누가 이 일을 감당하리요"(고후 2:16). 그가 이 일에 서툴렀다기보다는, 어떤 사람들에게는 영생의 향기를 어떤 사람들에게는 영원한 죽음의 냄새를 풍기는 이 두려운 소명은 그가 거의 감당할 수 없을 만큼 무거운 것이기 때문이었습니다.

영원한 열매—유일하게 중요한 것—를 맺을 능력이 자신에게 있다고 느끼는 목회자는 하나님도 모르고 자신도 모르는 사람입니다. 절망과 해방의 리듬을 알지 못하는 목회자는 인간이 이룰 수 있는 것에만 시선을 두는 게 분명합니다.

그러나 형제들이여, 목회자의 삶에 있어 적절한 목표들은 우리의 능력을 초월한다는 것에는 의심의 여지가 없습니다. 양 떼 가운데서 일어나길 갈망하는 변화는 오직 주권적인 은혜의 역사를 통해서만 일어날 수 있습니다.

구원은 하나님의 선물입니다(엡 2:8). 사랑은 하나님의 선물입니다(살전 3:12). 믿음은 하나님의 선물입니다(딤전 1:14). 지혜는 하나님의 선물입니다(엡 1:17). 기쁨은 하나님의 선물입니다(롬 15:13). 그러나 목회자인 우리는 "몇 사람이라도 구원하고자" 수고해야 합니다(고전 9:22). 우리는 양 떼에게 사랑하라고 독려해야 합니다(히 10:24). 우리는 양 떼의 믿음을 키워 주어야 합니다(빌 1:25). 우리는 지혜를 전해 주어야 합니다(고전 2:7). 우리는 그들의 기쁨을 위해 일해야 합니다(고후 1:24).

우리는 하나님만이 주시는 것을 위해 수고하라는 소명을 받았습니다. 기독교 사역의 본질은 그 성공이 우리의 손이 닿는 곳에 있지 않다는 것입니다.

우리는 섬기면서 기쁨을 얻지만 그분은 영광을 얻으시는 것이 하나님의 목적입니다. "누가 봉사하려면 하나님이 공급하시는 힘으로 하는 것 같이 하라 이는 범사에 예수 그리스도로 말미암아 하나님이 영광을 받으시게 하려 함이니"(벧전 4:11). "심는 이나 물 주는 이는 아무 것도 아니로되 오직 자라게 하시는 이는 하나님뿐이니라"(고전 3:7). 하나님은 모든 은혜로운 일을 하실 때 "아무 육체도 하나님 앞에서 자랑하지 못하게"(고전 1:29) 하는 방법으로 하시며, 대개 이것은 기도에 대한 응답으로 하신다는 것을 의미합니다.

목회자가 어린 아이 같은 마음으로 부르짖는, 도움을 구하는 외침이 하나님의 귀에는 감미로운 찬양으로 들립니다. 자신을 의지하길 포기하고 뜨겁게 기도하며 도움을 구하는 것보다 하나님을 더 높이는 것은 없습니다. "환난 날에 나를 부르라 내가 너를 건지리니 네가 나를 영화롭게 하리로다"(시 50:15). 기도는 "나를 떠나서는 너희가 아무것도 할 수 없음이라"(요 15:5)는 한 문장을 수많은 단어로 번역하는 것입니다.

우리는 '아무것도 아닌 것'에 시간을 허비할 때가 너무 많다는 것을 절실히 깨달아야 합니다. 기도를 제쳐 놓고 벌이는, 우리의 모든 허둥거림과 지껄임과 연구는 '아무것도 아닌 것'에 해당됩니다. 우리들 대부분에게 있어 자신이 잘 났다고 떠드는 소리가 기도 시간을 알리는 종소리보다 열 배는 큽니다. 그 소리는 이렇게 외칩니다. "메일을 열어 봐야 하잖아! 전화해야 하잖아! 설교 준비해야 하잖아! 당회 준비해야 하잖아! 병원에 심방 가야 하잖아!" 그러나 종소리는 부드럽게 울립니다. "나를 떠나서는 너희가 아무것도 할 수 없음이라."

우리의 육체와 문화는 서류가 잔뜩 쌓인 책상 곁에서 한 시간 동안 무릎 꿇는 것을 핏대를 올리면서 반대합니다. 하루에 두 시간씩 기도와 묵상에 자신을 드린다는 것은 비실제적이며 시대에도 뒤떨어진 것처럼 보입니다. 때로 나는 신학교들이 기도하고 성령을 의지하는 것은 그저 형식적으로 언급하면서, 수완과 술수를 일처리 방식으로 강조하는 이러한 치명적인 실용주의를 따르고 있는 게 아닌지 두렵습니다.

A. C. 딕슨은 이렇게 말했습니다.

> 조직을 의지할 때 우리는 조직이 할 수 있는 것을 얻는다. 교육을 의지할 때 우리는 교육이 할 수 있는 것을 얻는다. 인간을 의지할 때 우리는 인간이 할 수 있는 것을 얻는다. 기도를 의지할 때 우리는 하나님이 하실 수 있는 것을 얻는다.[1]

나는 교단이나 교회들이 성장이 없을 때 그저 새로운 프로그램을 추가하는 식으로 반응을 보이는 것에 별로 흥분되지 않습니다. 나는 내가 섬기는 교회에 회심자들이 아주 적은 것이 프로그램이나 인물이 없기 때문이 아님을 압니다. 이것은 우리가 길 잃은 자들을 당연한 방식으로 사랑하지 않고 그들의 구원을 갈망하지 않기 때문입니다. 우리가 마땅히 사랑해야 하는 방식으로 그들을 사랑하지 않는 것은 이러한 사랑이 우리의 이기적 성향을 초월하는 기적이기 때문입니다. 이러한 사랑은 수완이나 술수로 얻을 수 있는 게 아닙니다. 이러

---

[1] G. Michael Cocoris, *Evangelism: A Biblical Approach* (Chicago, Ill.: Moody Press, 1984), 108에서 인용.

한 사랑은 놀라운 기적입니다.

자신을 점검해 보십시오. 영적 멸망을 향해 가는 거리의 사람들을 보며 울 수 있는 능력이 지금 여러분에게는 있습니까? 이러한 눈물은 하나님의 심오한 역사를 통해서만 가능합니다. 우리가 각자의 삶과 교회에서 이러한 하나님의 역사를 원한다면 고뇌의 기도가 있어야 할 것입니다. "하나님, 내 마음을 깨뜨려 주십시오!" 나는 '고뇌하다'라는 단어를 조심스럽게 선택했습니다. 이것은 바울이 로마서 15장 30절에서 사용한 단어입니다. "형제들아, 이제 내가 주 예수 그리스도와 성령의 사랑으로 인하여 너희에게 간청하노니 너희는 나와 함께 고뇌하며(strive together, 순아고니자스다이[sunagonizasthai]) 나를 위해 하나님께 기도하여"(KJV 직역). 이처럼 '함께 고뇌할 때' 하나님은 눈물을 허락하실 것입니다. 이러한 눈물이 없다면, 우리가 먹이는 양 떼는 이 교회 저 교회로 떠돌 것이며 어둠에서 빛으로 나오는 사람도 거의 없을 것입니다.

하루 시간을 내어 혼자 한적한 곳에 가서 어떻게 기도해야 하는지를 놓고 기도하십시오. 바로 지금 자신에게 말하십시오. "하나님, 저의 기도에 본질적인 변화를 일으켜 주십시오!" 루터, 웨슬리, 버나드, 허드슨이 매일 기도하면서 보낸 시간이 지금과는 다른 시대에나 어울리는 이상적인 꿈이라고 생각하지 말아 주십시오.

영국 의회에서 노예 무역 폐지를 위해 용감하게 싸웠던 윌리엄 윌버포스는 '모든 선한 사람들의 경험'을 살피면서 자신의 영적 체온을 재어 보고는 이렇게 한탄했습니다.

사무와 사람 만나는 일로 항상 바쁜 생활은 내 몸은 아니라도 내 영혼을 망치고 있다. 보다 이른 아침에 혼자만의 시간을 더 가져야겠다! 내가 경건 훈련과 개인 기도와 묵상과 성경 읽기에 습관적으로 시간을 너무 적게 할애했던 것 같다. 그래서 나는 약하고 차가우며 강팍하다. 매일 두 시간이나 한 시간 반 정도를 할애하는 게 좋겠다. 나는 너무 늦게 자는 버릇이 있고, 따라서 아침에 허둥대며 30분의 시간을 갖는 게 고작이다. 모든 선한 사람들의 경험에 따르면 합당한 만큼의 개인 경건의 시간을 갖지 않고는 영혼이 약해질 수밖에 없다는 것을 확실히 보여준다. 그러나 모든 게 기도—감히 말하건대, 능력 있는 기도—를 통해 이루어져야 하는데 왜 그렇지 못할까? 능력 있는 기도는 사랑 넘치는 진리이신 하나님의 은혜로운 기름부음을 통해서만 가능하기 때문이다. 그러므로 기도하고, 기도하고, 기도하라![2]

우리의 빽빽한 일정표와 노트북 컴퓨터는, 우리가 먹이는 양 떼와 세상의 갈망은 차치하고라도 그리스도 안에 있는 생명에 대한 우리의 갈망조차 제대로 채워 주고 있습니까? 실제로 우리의 양 떼들은 하나님 곁에 거하는 사람 곁에 있길 갈망하고 있지 않습니까? 사라지지 않는 기도의 향기가 우리가 하는 모든 일에 영원한 의미를 주고 있습니까?

기도의 사람들에 관한 글을 읽어 보십시오. 그러면 기도에 주리게

---

2  E. M. bounds, *Power Through Prayer* (Grand Rapids, Mich.: Baker Book House, 1972), 116에서 인용. 『기도의 능력』, 좋은씨앗.

될 것입니다. 기도하는 성도들에 관한 이야기들이 나의 기도를 새롭게 해 주었습니다. 그 가운데 찰스 스펄전의 기도를 소개하면서 이 장을 마치도록 하겠습니다.

그것은 로마 교부 가운데 하나였던 제롬의 당당한 행동이었다. 그는 모든 긴급한 일을 제쳐 두고 하나님이 그에게 주신 소명, 즉 성경 번역에 전념했다. 그의 교회는 오늘날의 많은 대형 교회보다 더 컸다. 그러나 그는 교인들에게 이렇게 말했다. "성경 번역은 반드시 필요합니다. 다른 목회자를 찾아 보십시오. 저는 들판으로 가서 제게 주어진 소명을 마칠 때까지 돌아오지 않겠습니다." 그는 교회를 떠나 수고하고 기도하면서 라틴 벌게이트역을 완성했으며, 이 성경은 지금까지도 전해지고 있다. 그러므로 우리는 친구들에게 이렇게 말해야 한다. "난 어디론가 가서 홀로 기도하는 시간을 가져야 해." 그러면, 우리가 라틴 벌게이트역 성경을 쓰지 않았다 하더라도 우리 일은 영원히 하나님께 영광이 될 것이다.[3]

---

3 Charles Spurgeon, "The Christian Minister's Private Prayer," *The Sword and Trowel*, November 1868, 165.

목회 그 자체가 목회의 적이다.

목회를 넘어뜨리는 것은 세상의 크고 악한 늑대가 아니다.

목회가 스스로를 무너뜨린다.

• 존 파이퍼 •

쉴새 없이 들리는 노크 소리와

끝없이 이어지는 한가한 사람들의 방문은

우리의 경건한 열정에 수없이 찬물을 끼얹는다.

우리는 어떻게 해서든 방해받지 않는 묵상 시간을 가져야 하며

그렇지 않으면 능력을 잃고 말 것이다.

• 찰스 스펄전 •

우리가 기도하고 하나님의 말씀을 묵상하는 데

큰 위협이 되는 것은 훌륭한 목회 활동이다.

• 존 파이퍼 •

# 9
## 신성한 대체물을 조심하십시오

목회의 가장 큰 적은 목회 자신입니다. 목회를 무너뜨리는 것은 세상의 크고 악한 늑대가 아닙니다. 목회가 스스로를 무너뜨립니다. 목회자를 대상으로 한 설문에 이런 질문이 있었습니다. "당신의 영적 성장을 저해하는 가장 일반적인 장애물은 무엇입니까?" 가장 많은 대답은 분주함과(83퍼센트) 훈련 부족과(73퍼센트) 방해였습니다(47퍼센트). 이러한 방해와 분주함의 대부분은 우리의 사역과 관련이 있는 것이지 '세상적인' 게 아닙니다. 우리가 기도하고 말씀을 묵상하는 데 큰 위협이 되는 것은 훌륭한 목회 활동입니다. 찰스 스펄전은 이것을 이렇게 표현했습니다. "쉴 새 없이 들리는 노크 소리와 끝없이 이어지는 한가한 사람들의 방문은 우리의 경건한 열정에 수없이 찬물을 끼얹는다. 우리는 어떻게 해서든 방해받지 않는 묵상 시간을 가져야 하며 그렇지 않으면 능력을 잃고 말 것이다."[1]

이것이 사도행전 6장 2-4절의 요점입니다.

열두 사도가 모든 제자를 불러 이르되 우리가 하나님의 말씀을 제쳐 놓고 접대를 일삼는 것이 마땅하지 아니하니 형제들아 너희 가운데서 성령과 지혜가 충만하여 칭찬 받는 사람 일곱을 택하라 우리가 이 일을 그들에게 맡기고 우리는 오로지 기도하는 일과 말씀 사역에 힘쓰리라 하니.

집중적이며 구별된 기도가 없다면, 말씀 사역은 시들어버리고 열매를 맺지 못합니다. 120명이 기도에 전념할 때(행 1:14) 성령이 임했으며, 이들이 전할 때 3천 명이 회심했습니다(행 2:41). 이렇게 회심한 자들까지 기도에 전념할 때(행 2:42) 기사와 표적이 일어났으며 교인들의 수가 날마다 늘어났습니다(행 2:43, 47). 베드로와 그 친구들이 기도할 때 땅이 흔들렸으며, 이들은 성령이 충만하여 담대하게 말씀을 전했습니다(행 4:31). 바울은 입을 열어 복음의 비밀을 담대히 말하게 해달라고 기도했습니다(엡 6:19).

집중적이며 구별된 기도가 없다면, 말씀 사역은 시들어 버립니다. 말씀 사역이 쇠퇴할 때, 믿음과(롬 10:17, 갈 3:2, 5) 거룩함도 쇠퇴합니다(요 17:17). 활동은 계속되겠지만 생명과 능력과 열매는 사라집니다. 그러므로 무엇이든 간에 기도를 막는 것은 사역 전체를 막는 것입니다.

---

[1] Charles H. Spurgeon, *Lectures to My Students* (Grand Rapids, Mich.: Zondervan Publishing House, 1972), 309. 『목회자 후보생들에게』, CH북스.

그렇다면 목회자의 기도 생활을 저해하는 가장 큰 장애물은 무엇일까요? 바로 사역입니다. 매일 우리의 기도를 구석으로 급하게 몰아넣는 것은 쇼핑이나 자동차 수리나 질병이나 정원 가꾸기가 아닙니다. 예산 집행, 직원 회의, 심방, 상담, 메일 답장, 보고서 작성, 잡지 읽기, 전화 통화, 설교 준비 등입니다.

아이러니하게도, 이러한 필요를 충족시키려는 노력이 기도의 적일 때가 많습니다. 말 그대로 사도행전 6장 3절은 이렇게 말합니다. "형제들아 너희 가운데서 성령과 지혜가 충만하여 칭찬 받는 사람 일곱을 택하라 우리가 이 일을 그들에게 맡기고." 과부를 돌보는 것은 정말 필요한 일입니다. 그리고 사도들의 기도를 위협한 것은 다름 아닌 이러한 필요였습니다.

그러나 사도들은 유혹에 굴복하지 않았습니다. 이것은 이들이 기도하기 위해서는 방해받지 않는 시간이 많이 필요했다는 것을 의미하는 게 틀림없습니다. 사도들이 기도를 설거지를 하거나 요리를 하면서(또는 운전대를 잡고 이 병원에서 저 병원으로 가는 중에) 할 수 있는 것쯤으로 생각했다면 과부를 돌보는 것이 기도에 위협이 된다고 생각지 않았을 것입니다. 기도는 시간을 요하는 노동이며 기도하는 동안에는 다른 의무를 내려놓아야 합니다.

사도들은 야곱과 예수님에게서 밤을 새워 기도해야 한다는 것을 배웠습니다(창 32:24, 눅 6:12). 우리는 사역으로 지쳐 있을 때 "한적한 곳에서 기도"해야 합니다(눅 5:16). 목회에 중요한 만남을 갖기 전에 홀로 기도해야 합니다(눅 9:18). 예수님과 사도들에게 있어 기도는 상당한 고독을 요구하는 일이었습니다. "새벽 아직도 밝기 전에 예수께서 일어나 나가 한적한 곳으로 가사 거기서 기도하시더니"(막 1:35).

사도들은 "우리는 오로지 기도하는 일과 말씀 사역에 힘쓰리라" 고 했습니다(행 6:4). '힘쓰리라'로 번역된 단어(proskartereo, 프로스카르테레오)는 기도 시간을 지키려는 사도들의 확고한 결의를 강조합니다. 이 단어는 '고집하다' 또는 '유지하다'라는 뜻입니다. 사도행전 10장 7절에서 이 단어는 몇몇 군인이 고넬료를 섬기면서 보여 주는 충성을 가리키는 데 사용됩니다. 여기에는 자신이 맡은 일에서 확고한 자세를 보이고 흔들리지 않으며 그 일을 고집한다는 의미가 내포되어 있습니다.

그러므로 사도들은 이렇게 말한 것입니다. "우리의 시간을 선한 일을 하는 데 써야 한다는 압력이 아무리 강하더라도, 우리는 우리의 우선적인 일을 버리지 않을 것이다. 우리는 그 일을 고집할 것이다. 우리는 기도하는 일을 소홀히 하지 않을 것이다."

이 단어는 초대 교회에서 기도 사역과 긴밀하게 연결됩니다. 사도행전 1장 14절에서 제자들은 "오로지 기도에 힘쓰[고]" 사도행전 2장 42절에서도 "오로지 기도하기를 힘"썼습니다. 바울 서신서에서는 이러한 실천이 하나의 명령이 됩니다. "기도에 항상 힘쓰며"(롬 12:12). "기도를 계속하고"(골 4:2). "깨어 구하기를 항상 힘쓰며 여러 성도를 위하여 구하라"(엡 6:18). 어둠의 권세와 벌이는 싸움에 깊이 가담할수록 기도의 필요성을 더 크게 느낀 것입니다. 그러므로 사도들은 '기도'와 '말씀 사역'을 결합시키고 시간을 잡아 먹는 선행에서 손을 떼야만 했습니다.

기도의 중요성은 우리가 기도하기 위해 포기해야 하는 것들의 중요성에 비례합니다. 우리가 포기해야 하는 것이 큰 영적 깊이와 능력을 요구하는 일이라면, 기도야말로 얼마나 더 중요하고 많은 것을 요구하는 일이겠습니까? 사도행전 6장 3절이 바로 이와 같은 경우입니다.

사도행전 6장 3절은 "사도들이 기도라는 영적인 일을 하고 실천적인 몇 사람에게 섬기는 일을 맡겨야 한다"고 말하지 않습니다. 이 구절은 이렇게 말합니다. "형제들아 너희 가운데서 성령과 지혜가 충만하여 칭찬 받는 사람 일곱을 택하라." (집사들은 세상적인 재정가들이어서는 안 됩니다. 이들은 성령과 지혜가 충만해야 합니다.) 우리의 기도 생활을 위협하는 것은 목회 생활에서 일상적이고 반복되는 일만이 아닙니다. 성령과 지혜의 충만을 요구하는 사역의 기회들도 기도를 위협합니다. 기도에 전념하기 위해서는 이런 것까지도 포기해야 합니다.

언젠가 마르틴 루터의 이발사가 그에게 물었습니다. "루터 선생님, 선생님은 어떻게 기도하십니까?" 놀랍게도, 종교개혁 시대에 가장 바쁜 사람 가운데 하나였던 그는 자신의 이발사 피터 베스켄도르프를 위해 40쪽에 달하는 답변서를 썼습니다. 그의 답변은 우리에게 큰 영감을 주며 신성한 대체물을 경계해야 한다는 것을 보여 줍니다.

착하고 똑똑한 이발사라면 면도기와 수염에 생각과 마음과 눈을 집중하면서 어느 부분을 면도하고 있는지 잊어서는 안된다. 잡담을 하거나 한 눈을 팔거나 다른 생각을 하다가는 손님의 입이나 코를, 심지어 목을 벨 수도 있다. 그러므로 잘 완결되어야 하는 일은 그 일을 하는 사람의 기술과 지체를 포함하여 그의 전부를 요구한다. 많은 것을 생각하는 사람은 아무것도 생각하지 않는 사람이며 아무 유익도 이루지 못한다. 좋은 기도를 하려면 독점적이고 완전히 마음을 집중해야 한다는 것은 더더욱 당연하지 않겠는가?[2]

루터는 십여 가지 좋은 일이 우리의 시간을 요구할 때 기도하기 위해 무릎 꿇는 싸움이 어떤 것인지 잘 알고 있었습니다. 그러므로 그는 자신과 그의 이발사에게 이렇게 권고했습니다.

아침의 첫 시간과 저녁의 마지막 시간에 기도하는 것이 좋다. "잠깐만! 한 시간쯤 있다가 기도할 거야. 이 일을 먼저 끝내야 해." 이렇게 속삭이는 거짓되고 기만적인 생각으로부터 자신을 지켜라. 우리는 이런 생각을 할 때 기도에 멀어지며, 우리를 매는 다른 일들을 하게 되고 결국 하루 종일 전혀 기도할 수 없게 된다.[3]

우리는 형제들의 진실된 권고를 들을 필요가 있습니다. 이 부분에서 나는 자신에게 설교하고 있는 것입니다. 나는 기도 가운데서 지금보다 하나님을 더 잘 알길 갈망합니다. 나는 보나르(A. A. Bonar)의 호

---

2  Walter Trobisch, *Martin Luther's Quiet Time* (Downers Grove, Ill.: InterVarsity Press, 1975), 4에서 인용.
3  같은 책, 5.

소를 듣고 자리에서 번쩍 일어나 나의 기도 벤치로 가서 한참 동안 기도로 주님과 교제합니다.

오 형제여, 기도하라. 사탄의 방해에도 불구하고 기도하라. 몇 시간씩 기도하라. 기도를 소홀히 하느니 차라리 친구를 소홀히 하라. 기도를 잊느니 차라리 금식하고 아침과 점심과 차와 저녁을 잊으며 잠자는 것을 잊어라. 우리는 기도에 관해 많이 말하지 말아야 하며, 대신에 열심히 기도해야 한다. 주님이 가까우시다. 그분은 처녀들이 잠든 사이에 살며시 오신다.[4]

형제들이여, 신성한 대체물을 조심하십시오. 기도와 말씀 사역에 전념하십시오.

---

4 *Free Grace Broadcaster* (Pensacola, Fla.: Mount Zion Bible Church) Issue 153, Summer 1995, 25에서 인용.

영적 양식과 묵상이 빈약한 상태에서 빚어진 격앙된 행동이 낳는

메마름만큼 나를 강하게 위협하는 것은 거의 없다.

• 존 파이퍼 •

학생은 완전히 마스터한 한 권이

수박 겉핥기 식으로 대충 훑은 스무 권보다

자신의 정신 세계에 더 많은 영향을 미친다는 것을 알게 될 것이다.

• 찰스 스펄전 •

새로운 책을 한 권 읽은 후에는 오래된 책을 한 권 읽고

그 다음에 또 다른 새로운 책을 읽는 게 좋은 독서 습관이다.

• C. S. 루이스 •

# 10
# 여러분의 자유를 위해 싸우십시오

나는 책 읽을 시간을 내기 위한 싸움은 자신의 생명을 위한 싸움이라는 마틴 로이드 존스의 말에 동의합니다. "아내나 다른 사람이 당신 대신 메시지를 받게 하고, 전화 받는 사람에게 당신이 지금 전화를 받을 수 없다는 것을 미리 일러 두라. 이런 의미에서 우리는 말 그대로 자신의 생명을 위해 싸워야 한다!"[1]

대부분의 사람들은 우리가 매주 두세 편의 설교를 준비해야 하기 때문에 지적으로, 영적으로 소진된다는 것을 알지 못합니다. 가족의 고통, 교회의 결정, 헤아릴 수 없이 많은 신학적, 도덕적 딜레마로 인한 소진은 말할 것도 없습니다. 나는 저절로 채워지는 샘이 아닙니다. 나

---

1   D. Martyn Lloyd-Jones, *Preaching and Preachers* (Grand Rapids, Mich.: Zondervan Publishing House, 1971), 167. 『설교와 설교자』, 복있는 사람.

의 두레박은 새고 있고, 물을 퍼올리지 않을 때도 마찬가지입니다. 나의 영혼은 되살아나고 있지 않습니다. 내 영혼은 차근히 읽고 생각할 시간도 없고 설교 준비 때문에 늘 중압감에 시달리다가 위축되고, 목회적 죽음이라는 망령이 고개를 내밉니다. 영적 양식과 묵상이 빈약한 상태에서 빚어진 격앙된 행동이 낳는 메마름만큼 나를 강하게 위협하는 것은 없습니다.

지금 나를 짓누르는 것은 생산적인 관리자가 되라는 요구입니다. 그러나 교회가 필요로 하는 것은 많은 기도하는, 영적인 시인(詩人)입니다. 목회자가 (반드시) 시를 써야 한다는 게 아닙니다. 내 말은 목회자들이 업무를 위한 만남 중에라도 영원한 실체의 무게와 영광을 느껴야 한다는 것입니다. 다시 말해, 목회자들은 그 영혼이 하나님에 대한 의식으로 가득 차 있어서, 어느 자리에 있는 것만으로도 무한하신 하나님을 향한 지속적이고 생명력 있는 방향을 제시해야 한다는 것입니다. 여러분의 영혼과 섬기는 교회의 생명을 위해, 풍성한 독서로 여러분의 영혼을 먹일 시간을 내기 위해 싸우십시오. 우리 문화의 거의 모든 세력은 모든 것을 하찮게 만들고 있습니다. 여러분이 위대하고 영광스러우며 아름답고 영원한 것에 대해 살아 있길 원한다면 하나님과 사귐이 있었던 사람들의 눈을 통해 보는 시간을 내고자 싸워야 할 것입니다.

우리는 책 읽을 시간이 없다고 생각합니다. 분초를 다투며 살아가야 하기에 영적으로 풍성하고 가치 있는 뭔가를 읽는다는 게 여간 힘든 일이 아닙니다. 그렇지만 나는 하루 20분씩 집중하여 책 읽는 훈련을 하면 엄청나게 많은 책을 읽을 수 있다는 유익한 사실을 발견했습니다.

예를 들면, 여러분이 천천히 1분에 250단어를 읽는다고 해봅시다. 그렇다면 20분이면 5천 단어를 읽을 수 있습니다. 보통 책 한 쪽은 400단어 정도 되는데 20분이면 12.5쪽을 읽을 수 있다는 얘기입니다. 하루에 20분, 일주일에 엿새 동안 특정한 저자나 주제와 관련된 책을 읽는 훈련을 1년 동안 계속한다고 생각해 봅시다. 매일 12.5쪽을 312일 동안 읽으면 3,900쪽을 읽을 수 있습니다. 보통 책 한 권이 250쪽 정도라면 1년에 15권의 책을 읽을 수 있습니다.

또는 장 칼뱅의 『기독교 강요』(웨스트민스터판으로 1,500쪽)를 예로 들어 봅시다. 1분에 250단어씩, 하루에 20분씩, 일주일에 6일을 읽는다면, 25주만에 『기독교 강요』를 다 읽을 수 있습니다. 그런 후에 아우구스티누스의 『하나님의 도성』(The City of God)과 B. B. 워필드의 『성경의 영감과 권위』(Inspiration and Authority of the Bible)를 1년 내에 다 읽을 수 있습니다.

나는 이러한 놀라운 발견 덕분에 덩어리 시간이 많지 않아 지성을 닦아 주고 감성을 풍부하게 하는 대작을 읽을 수 없다는 생각에서 벗어날 수 있었습니다. 많은 시간을 들이지 않고도 1년에 대작 세 권은 읽을 수 있습니다! 한 주에 6일씩, 하루에 20분만 내면 됩니다.

내가 이 발견에서 더 흥분했던 것은 다음의 몇 가지 생각이 들었기 때문이었습니다. 이른 아침에 20분, 점심에 20분, 잠자리에 들기 전에 20분을 내어 자신의 영혼과 지성을 위해 다양한 분야의 책 읽는 훈련을 하는 게 상상할 수조차 없을 만큼 힘든 일일까요? 그렇지 않다면, 그러한 노력으로 당신이 얼마나 많은 책을 읽을 수 있을지 생각해 보십시오. 보통 두께의 책 36권을 읽을 수 있습니다! 존 스토트는 '가장 바쁜 목회자라도 연구를 위해 내야 하는 절대적인 최소한의 시간'이 한 시간이라고 했습니다.

> 많은 사람들이 더 많은 것을 성취할 것이다. 하루에 한 시간, 매주 하루 아침이나 점심이나 저녁, 매달 온전한 하루, 매년 온전한 일주일은 최소한의 시간이다. 이렇게 정해 보라. 보기에는 아무것도 아닌 것 같다. 사실, 너무나 적다. 그러나 이것을 실천에 옮기는 사람이라면, 이렇게 훈련된 틀을 적용할 때 얼마나 많은 책을 읽을 수 있는지를 알고 모두가 놀랄 것이다. 1년이면 거의 600시간이 된다.[2]

내 말을 오해하지 말길 바랍니다. 내 말은 책을 하루에 한두 번씩 짧은 시간에 걸쳐 읽어야 한다는 뜻이 아닙니다. 그러나 짧은 시간에 규칙적으로 책을 읽는 훈련을 한다면 자신이 생각하는 것보다 훨씬 더 위대한 마음을 품으며 살아갈 것입니다. 여러분이 연구나 설교 준비를 위해 따로 정해 둔 시간보다 훨씬 더 많은 시간을 그렇게 사용할 수 있습니다.

---

2 John Stott, *Between Two Worlds: The Art of Preaching in the Twentieth Century* (Grand Rapids, Mich.: Wm. B. Eerdmans Publishing Company, 1982), 204. 『현대교회와 설교』, 생명의샘.

그렇다고 책을 많이 읽는 게 무조건 좋다고 생각한다는 인상을 주고 싶지는 않습니다. 사실, 신학교에 다닐 때는 교수님들이 읽을 책을 너무 많이 정해 줌으로써 학생들이 피상적인 독서 습관을 갖게 만든다는 것이 나의 가장 큰 불만 가운데 하나였습니다. 나는 스펄전의 말에 동의합니다. "학생들은 완전히 마스터한 한 권이 수박 겉핥기 식으로 대충 훑은 스무 권보다 자신의 정신 세계에 더 많은 영향을 미친다는 것을 알게 될 것이다."[3] 수박 겉핥기 식의 독서를 통해 '존스 목사처럼 되고 싶은' 유혹에서 하나님은 우리를 구원하실 것입니다. 그런 유혹은 잊어버리십시오. 교만을 부추기고 영적 메마름을 초래할 뿐입니다. 대신에 구멍을 뚫고 더 깊이 들어가는 데 전념하십시오. 대작들은 우리의 영혼을 새롭게 하고, 마음의 깊이를 더해 주며, 지성을 확장시키는 진리들로 넘쳐납니다! 여러분의 양 떼는 여러분이 거장들과 함께 걷고 있는지(워렌 위어스비의 말처럼) 아니면 그저 텔레비전만 쳐다보고 있는지 알 것입니다.

이른 아침의 20분을 예로 들어 봅시다. 이 시간을 규칙적인 아침 기도 시간과 분리해서 생각하지 말고 그 시간의 유기적인 한 부분이요 그 시간에 도움이 되는 것으로 보아야 합니다. 로이드 존스는 다시 한 번 많은 사람들을 위해 이렇게 고백합니다.

아침에 기도한다는 게 어렵게 느껴질 때가 많았다.···기도할 수 있는 틀

---

[3] Charles H. Spurgeon, *Lectures to My Students* (Grand Rapids, Mich.: Zondervan Publishing House, 1972), 177. 『목회자 후보생들에게』, CH북스.

과 상황에 자신을 두는 법을 배우는 것이 다른 무엇보다 더 중요함을 발견했다.…일반적인 경건 서적을 읽는 것은 큰 유익이 있다. 내가 말하는 경건 서적은 감성적인 게 아니라 그 속에 진정한 예배의 요소가 있는 것을 의미한다.…당신의 영혼을 따뜻하게 해 줄 책을 읽기 시작하라.…당신은 자신의 영혼의 불꽃을 어떻게 지피는지 스스로 배워야 한다.…당신은 영적인 초크 밸브를 어떻게 사용하는지 배워야 한다.[4]

그에게 있어(그리고 내게 있어) 이것은 일차적으로 청교도와 관련된 책을 의미했습니다. 오늘날에는 지나치게 가볍고, 지나치게 얕으며, 지나치게 신학적이어서 별로 도움이 되지 않는 '경건' 서적이 너무나 많기 때문입니다. 이런 책에는 하나님의 위대하심에 대한 의식이 담겨 있지 않습니다. 우리의 영혼은 본래 창조된 목적을 더욱 갈망하는 법입니다. 다시 말해, 하나님이 예수 그리스도 안에서 우리에게 주시는 모든 것을 보길 갈망합니다(고후 3:18).

C. S. 루이스는 오래된 책에 대한 편견을 극복하도록 도와줍니다.

이상한 생각이 널리 퍼져 있다. 모든 주제에서 오래된 책은 전문가들이나 읽는 것이지 아마추어는 신간에나 만족해야 한다는 것이다.…신간에 대한 잘못된 편애와 고전에 대한 외면이 가장 심한 분야가 바로 신학이다.

---

4  Lloyd-Jones, *Preaching and Preachers*, 170. 『설교와 설교자』, 복있는 사람.

내가 보기에 이것은 뭔가 거꾸로 된 것 같다. 나 자신이 작가이기 때문에, 나는 독자들이 신간들도 살펴보기를 자연스레 바란다.…신간을 한 권 읽은 후에는 고전을 한 권 읽고 그 다음에 다시 신간을 읽는 게 좋은 습관이다. 이것이 힘들다면, 새 책을 세 권 읽을 때마다 옛 책을 적어도 한 권씩은 읽어야 한다.…우리 모두는…우리 시대의 특징적인 잘못을 바로잡아 줄 책이 필요하다. 이것은 고전을 의미한다.…확신컨대, 20세기의 특징적인 무지는…우리가 결코 생각하지 못했던 부분에서 나타나는 법이다.…우리 가운데 그 누구도 이러한 무지에서 완전히 벗어날 수 없다.…그것을 완화시키는 유일한 방법은 수백년 간 계속된 깨끗한 바다 바람이 우리 마음에 계속 불게 하는 것이며, 이것은 고전을 읽음으로써만 가능하다.[5]

내가 생각하기에 이른 아침 기도 시간을 시작하는 가장 좋은 방법은 성경을 읽은 후 15-20분 동안 조나단 에드워즈의 『신앙감정론』(Religious Affection, 부흥과개혁사), 번연의 『천로역정』, 십스의 『꺼져 가는 심지와 상한 갈대의 회복』(Bruised Reed and Smoking Flax, 지평서원), 백스터의 『성도의 영원한 안식』(Saints' Everlasting Rest, CH북스), 보스턴의 『인간 본성의 4중 상태』(Fourfold State, 부흥과개혁사), 버로우즈의

---

5　C. S. Lewis, "On the Reading of Old Books," in *God in the Dock* (Grand Rapids: Wm. B. Eerdman Publishing Co., 1970), 200-207. 이 에세이는 St. Augustine의 The Incarnation of the Word of God, trans. A Religious of C. S. M. V. (London, 1944), 200-201에서 서문으로 처음 출판되었다.

『그리스도인의 만족』(Christian Contentment), 라일의 『거룩』(Holiness, 복 있는 사람), 브릿지즈의 『기독교 사역』(Christian Ministry), 브룩스의 『사탄을 이기는 비결』(Precious Remedies), 플라벨의 『은혜의 방식』(Method of Grace, 청교도신앙사)을 읽는 것입니다. 교인 관리와 리더십, 교회 성장에 관해 얘기하는 이 시대의 책에 빠져 우리의 영혼을 위해 이러한 보화들이 있다는 사실조차 모르는 목회자가 놀라울 정도로 많습니다. 그러나 우리에게는 아주 유익하게도, 이런 책이 있을 뿐 아니라 〈배너 오브 트루스 트러스트〉(Banner of Truth Trust)와 〈솔리 데오 글로리아〉(Soli Deo Gloria)와 같은 출판사를 통해 청교도 서적이 거의 모두 출판되고 있습니다. J. I. 패커의 말은 지극히 옳습니다. "지금은 어디서나 쉽게 구할 수 있는 청교도 도서를 읽는 신자는 많지 않아 보인다. 나는 이러한 무관심이 우리를 심히 가난하게 한다고 믿으며, 이런 모습의 끝을 보고 싶다."[6]

로이드 존스의 말이 내 가슴에 울립니다.

[청교도들 가운데] 리처드 십스에 대해 나는 계속해서 감사할 것이다. 그는 내가 과로하고 너무 피곤하여 마귀의 공격에 이상한 방법으로 굴복하던 때 내 영혼에 부어진 향유였다. 그런 상태에서는 신학 서적을 읽는 게 도움이 되지 않으며, 사실 거의 불가능한 일이다. 이때 당신에게 필요한 것은 당신의 영혼을 부드럽게 어루만지는 것이다.…십스의 『꺼져 가

---

6 J. I. Packer, *A Quest for Godliness: The Puritan Vision of the Christian Life* (Wheaton, Ill.: Crossway Books, 1990), 50.

는 심지와 상한 갈대의 회복』과 『영혼의 투쟁』(The Soul's Conflict)은 나를 평온케 했고, 진정시켰으며, 위로와 용기를 주고, 치료해 주었다.[7]

말하고 싶은 핵심은 책을 많이 읽으라는 게 아닙니다. 당신의 영혼을 살아 있게 하며, 활력이 넘치게 하고, 월요일에 불길이 붙어 토요일 밤까지 타오르게 하는 그런 책을 읽으라는 것입니다.

형제들이여, 여러분의 생명을 위해 싸우십시오. 여러분의 아침을 위해 싸우십시오! 생명을 주는 시간들을 지켜 내십시오! 허비되는 순간들을 모아 시간을 내어 20분씩 고전을 읽는 훈련을 하십시오.

---

7   Lloyd-Jones, *Preaching and Preachers*, 175. 『설교와 설교자』, 복있는 사람.

내가 말하는 것을 생각해 보라.

주께서 범사에 네게 총명을 주시리라.

• 디모데후서 2:7 •

때로 우리는 무릎 꿇는 10분이 책 읽는 10시간보다

하나님에 관해 더 진실되고, 더 깊고,

더 효과적인 지식을 준다는 말을 듣습니다.

여기에 대한 적절한 반응은 이런 것입니다.

"뭐라고요! 그렇다면 무릎 꿇고 책을 읽는 10시간보다 더 낫단 말인가요?"

• 벤자민 워필드 •

결심 :

나 자신이 동일한 지식에서 자라는 게 분명히 느껴질 정도로

성경을 꾸준히, 지속적으로, 자주 연구할 것이다.

• 조나단 에드워즈 •

# 11
## 본문을 탐구하십시오

성경이 일관되고 모순이 없다면, 성경을 이해한다는 것은 모든 것이 서로 어떻게 어울리는지를 파악한다는 뜻입니다. 성경 신학자가 된다는 것은—목회자는 누구나 성경 신학자가 되어야 합니다—점점 더 많은 조각이 서로 어울려 하나님이 디자인하신 아름다운 모자이크로 나타남을 본다는 뜻입니다. 주석을 한다는 것은 어떻게 그 많은 본문의 진술이 저자의 생각 속에서 서로 일관되며, 이를 통해 하나님의 생각 속에서 서로 일관되는가를 놓고 본문을 탐구한다는 뜻입니다.

양 떼를 먹이려면 성경 진리에 관한 지식이 날마다 진보해야 합니다. 대학 시절 결심을 하고 그 결심을 평생 실천한 조나단 에드워즈처럼 말입니다. "결심 : 나 자신이 동일한 지식에서 자라는 게 분명히 느껴질 정도로 성경을 꾸준히, 지속적으로, 자주 연구할 것이다."[1] 목적은 성장하고, 진보하는 것입니다. 진보하기 위해서는 성경의 주장을 놓고 고민하지 않으면 안 됩니다.

야고보의 말과 바울의 말이 서로 어울리지 않는 것처럼 보인다는 사실은 우리를 괴롭히는 게 분명합니다. 우리는 괴롭고 고민될 때만 열심히 생각합니다. 바울은 젊은 목회자 디모데에게 열심히 생각하라고 교훈했습니다. "내가 말하는 것을 생각해 보라 주께서 범사에 네게 총명을 주시리라"(딤후 2:7). 우리는 성경의 주장이 서로 어떻게 어울리는가를 부지런히 생각해야 합니다. 그렇지 않고는 각 주장의 공통된 뿌리를 결코 찾아 들어가지 못하고 하나님의 통일된 진리의 아름다움—다윗이 '주의 율법에서 놀라운 것'이라고 말하는 것(시 119:18)—도 결코 발견할 수 없을 것입니다. 결국 우리의 성경 읽기는 무미 건조해지고, 우리는 흥미진진한 '2차 문헌'에 눈을 돌릴 것이며, 우리의 설교는 어디선가 '전해들은' 것을 전하는 나사빠진 일이 될 뿐 아니라, 양 떼는 굶주리게 될 것입니다.

존 듀이는 이렇게 말했습니다. "사람들은 문제에 직면할 때에만 제대로 생각한다. 생각을 자극하는 딜레마가 없다면 행동은 깊은 생각에서 나오는 게 아니라 그저 습관적으로 이루어진다." 그의 말이 옳습니다. 우리가 복잡한 성경의 진리를 파악하려다 실패하고 고민하기

---

[1] 젊은 에드워즈의 70가지 결심은 다음 책에서 찾아볼 수 있다. Sereno Dwight, *Memoirs of Jonathan Edwards*, in The Works of Jonathan Edwards, vol. 1 (Edinburgh: The Banner of Truth Trust, 1974), xx-xxi. 여기에 소개된 결심문은 28번이다.

전에는 절대로 성경의 진리를 열심히 생각하지 않는 것도 바로 이 때문입니다.

우리는 언뜻 보기에 이해되지 않는 것이 있으면 이에 대해 체계적으로 고민하는 습관을 길러야 합니다. 이를 다르게 표현하자면, 본문을 가차없이 탐구해야 한다는 말입니다. 내가 미네소타 주 세인트폴에 있는 벧엘 컬리지에서 성경 연구법을 가르치면서 받은 최고의 선물은 성경학과 조교들이 준 티셔츠였습니다. 티셔츠의 앞쪽에는 조나단 에드워즈의 머리글자가 찍혀 있었고 뒤쪽에는 "질문이 이해의 열쇠다"라고 적혀 있었습니다.

그러나 우리가 성경 본문을 가차없이, 체계적으로 탐구하는 것을 방해하는 강력한 세력들이 있습니다. 그 가운데 하나는 이런 식으로 성경을 탐구하면 작은 부분을 탐구하는 데도 많은 시간과 에너지가 들어간다는 생각입니다. 우리는 독서량과 통찰력의 크기는 직접적인 관련이 있다고 배웠습니다(그건 아주 잘못 배운 것입니다). 그러나 사실, 독서량과 통찰력의 질 사이에는 긍정적인 관계가 전혀 없습니다. 대부분 사람들의 경우, 오히려 그 반대입니다. 더 많이 읽으려 할수록 통찰력은 줄어 듭니다.

통찰력과 이해는 두세 진술과 그것들이 서로 어떻게 어울리는가를 집중적으로, 머리가 아플 정도로 고찰할 때 얻어집니다.[2] 이러한

---

[2] 성경을 해석하고 성경의 진술들을 서로 맞추는 데 내가 발견한 가장 도움이 되는 방법에 대해서는 다음을 보라. John Piper, "Biblical Exegesis: Discovering the Original Meaning of Scriptural Texts" (Minneapolis, Minn.: Desiring God Ministries, 1999).

사색과 묵상은 본문에 대해 질문하는 데서 시작됩니다. 서두르면 이러한 사색과 묵상은 불가능합니다. 그러므로 우리는 자신의 총잡이가 상대를 쓰러뜨릴 때마다 자신의 총에 눈금을 새기듯이 도서목록을 늘려 가라는 잘못된 권유를 뿌리쳐야 합니다. 두 시간을 내어 갈라디아서 2장 20절을 읽으면서 이 본문에 대해 10개의 질문을 던져보십시오. 30분간 신약성경이나 다른 어떤 책을 빠르게 읽을 때보다 백 배는 많은 통찰력을 얻을 것입니다. 질문하십시오. 생각하십시오. 곱씹으십시오.

일관성의 뿌리를 탐구하면서 몇 시간을 보내는 게 힘들게 느껴지는 또 다른 이유는 오늘날에는 체계화하고 조화와 통일성을 찾는 작업이 근본적으로 인기가 없기 때문입니다. 이러한 고상한 탐구는 어려운 시기를 만났습니다. 왜냐하면 조급하고 안달하는 성경 변호자들이 껍데기뿐인 조화를 너무나 많이 발견했기 때문입니다. 그러나 하나님의 마음이 정말로 일관되고 혼란이 없다면, 성경이 정말 하나님이 숨을 불어넣으시어 된 책이라면(딤후 3:16), 성경 계시의 일관성과 하나님의 진리의 심오한 통일성을 확인하는 게 성경 해석의 목적이어야 합니다. 우리가 평생 수박 겉핥기에 그치지 않으려면(단지 '긴장들'과 '난점들'을 발견하는 데 만족하지 않으려면) 우리 시대 신학의 원자론적(그리고 기본적으로 반지성적) 성향에 저항해야 합니다. 과거의 실패에

---

그리고 Thomas R. Schreiner, "Tracing the Arugument," in *Interpreting the Pauline Epistles* (Grand Rapids, Mich.: Baker Book House, 1990), 97-126. 『바울서신 석의 방법론』, CLC.

대한 말은 지나치게 많은 반면에 건설적이며 일관성을 찾으려는 사고는 너무나 적습니다.

성경에 관해 질문을 제기하려는 노력을 방해하는 세 번째 세력이 있습니다. 우리는 질문을 한다는 것은 문제를 제기하는 것과 같으며, 하나님의 거룩한 책에서 평생 문제를 '발견'하려 해서는 안 된다고 배웠습니다.

성경은 아무리 존중해도 지나침이 없지만, 잘못 존중하는 것은 얼마든지 가능합니다. 서로 다른 본문이 어떻게 어울리는지 진지하게 묻지 않는다면, 우리는 슈퍼맨이거나(그래서 모든 진리를 단숨에 보거나) 무관심한 사람들입니다(그래서 진리의 일관성을 확인하는 데 전혀 관심이 없는). 그러나 나는 무관심한 사람이나 슈퍼맨이 성경을 올바로 존중할 수 있다고 보지 않습니다. 그러므로 하나님의 말씀을 존중한다면 질문을 던지고 문제를 제기해야 하며, 우리의 수고에 새로운 보화와 옛 보화로 보답하는 해답과 해결책이 있다고 믿어야 합니다(마 13:52).

우리는 성경 본문에서 난해한 문제를 발견하고 그 문제가 어떻게 해결될 수 있을지를 열심히 생각하는 것은 불경스러운 게 아니라는 점을 양 떼에게 가르쳐야 합니다. 설교를 통해 매주 이러한 본을 보여야 합니다.

나는 여섯 살인 내 딸 탈리다가 어떤 성경 구절을 이해하지 못하고 그 구절에 관해 내게 질문했다고 해서 그 아이를 불손하다고 꾸짖지는 않습니다. 그 아이는 이제 겨우 읽기를 배우고 있을 뿐이니까요.

그러나 우리의 읽기 능력은 이제 완벽해졌습니까? 우리 목회자들 가운데 단락의 논리를 파악하고, 그 단락의 모든 부분이 서로 어떻게 연결되고 어우러져 통일된 핵심을 제시하는지, 한 번만 읽어도 아는 사람이 과연 있겠습니까? 그렇다면 서신서 한 권 전체나 신약성경 전체, 나아가 성경 전체에 대해서는 말해 뭣하겠습니까! 우리가 진리에 관심이 있다면 본문을 가차없이 탐구하고, 읽은 것을 놓고 겸손하게 고민하는 습관을 길러야 합니다.

이것은 불경스러운 게 아닙니다. 오히려 우리가 그리스도의 마음을 갈망할 때 나타나는 모습입니다. 성경에서 분명한 신학적 불일치를 보고, 그것이 통일된 진리로 다가올 때까지 밤낮으로 연구하는 것만큼 하나님의 지혜 속으로 우리를 깊이 인도하는 것은 없습니다. 예를 들면, 언젠가 나는 어떻게 바울이 한편으로는 "아무것도 염려하지 말라"고 말하면서(빌 4:6) 다른 한편으로는 "모든 교회를 위하여 염려하는" 일이 날마다 자신을 짓누른다고 (전혀 아무런 가책 없이) 말할 수 있는지를(고후 11:28) 두고 며칠 동안 씨름한 적이 있었습니다. 그는 어떻게 "항상 기뻐하라"(살전 5:16)고 말하는 동시에 "우는 자들과 함께 울라"(롬 12:15)고 말할 수 있었을까요? 어떻게 "범사에…항상" 감사하라(엡 5:20)고 말하면서, 자신에게 "큰 근심이 있는 것과 마음에 그치지 않는 고통이 있는 것"(롬 9:2)을 인정할 수 있었을까요?

최근에는 이렇게 물었습니다. "예수님이 마태복음 5장 39절에서는 '네 오른편 뺨을 치거든 왼편도 돌려 대라'고 하셨지만 마태복음 10장 23절에서는 '이 동네에서 너희를 핍박하거든 저 동네로 피하라'고 말씀하신 것은 무엇을 의미할까? 언제 피해야 하고, 언제 어려움을 견디면서 다른 쪽 뺨을 돌려대야 할까?" 나는 또한 어떤 의미에서 하나님이 "노하기를 더디하신다"(출 34:6)는 게 사실이며 어떤 의미에서 "그의 진노가 급하심이라"(시 2:12)는 말이 사실인가에 대해서도 깊이 생각했습니다.

성경에는 이처럼 분명한 불일치가 수백 개가 넘으며, 이런 것들을 보고 연구하면서 통일성의 뿌리를 찾는 것은 본문을 훼손하는 게 아닙니다. 하나님은 무질서의 하나님이 아닙니다. 그분은 한 입으로 두 말 하지 않으십니다. 모든 문제에는 심오하고 놀라운 해답이 있습니다. 우리가 이생에서 그 해답을 보든 보지 못하든 간에 말입니다. 하나님은 우리를 영원한 발견의 자리로 부르셨으며, 따라서 우리는 앞으로 아침마다 새로운 찬송을 부르며 눈을 뜰 것입니다.

앞에서 디모데후서 2장 7절은 이미 인용했습니다. 이제 이 구절의 전반부와 후반부 사이의 관계를 살펴보는 것으로 마무리하겠습니다. 바울은 "내가 말하는 것을 생각해 보라"고 명령했습니다. 그런 후에 "주께서 범사에 네게 총명을 주시리라"고 약속했습니다. 어떤 사람들은 인식과 조명 사이에는 긴장이 있다고 봅니다. 바울은 그렇게 보지 않습니다. 그는 인식을 명령합니다. 그리고 조명을 약속합니다. 어떻게 명령과 약속이 어울릴 수 있습니까? 한글 번역에는 없는 작은 접속사(for)가 그 해답을 제시합니다. "생각해 보라…왜냐하면(for) 주께서 범사에 네게 총명을 주시리라."

이러한 본문은 벤자민 워필드가 하나님의 조명을 얻는 방법으로,

기록된 하나님의 말씀을 엄밀히 관찰하고 그것이 말하는 바를 지적으로 진지하게 숙고하는 것보다 기도를 위에 두는 사람들에게 놀라움을 금치 못했던 이유를 설명해 줍니다. 워필드는 1921년에 죽을 때까지 프린스턴 신학교에서 34년을 가르쳤습니다. 1911년, 그는 학생들에게 이런 연설을 했습니다. "때로 우리는 무릎 꿇는 10분이 책 읽는 10시간보다 하나님에 관해 더 진실되고, 더 깊고, 더 효과적인 지식을 준다는 말을 듣습니다. 여기에 대한 적절한 반응은 이런 것입니다. 뭐라고요! 그렇다면 무릎 꿇고 책을 읽는 10시간보다 더 낫단 말인가요?"[3]

기록된 하나님의 말씀을 지성을 가지고 묵상할 뿐 아니라 하나님이 우리 마음에 계시의 일을 하시도록 기도하라고 그토록 촉구하는 것도 바로 이 때문입니다. "이 율법책을 네 입에서 떠나지 말게 하며 주야로 그것을 묵상하여 그 안에 기록된 대로 다 지켜 행하라 그리하면 네 길이 평탄하게 될 것이며 네가 형통하리라"(수 1:8). "오직 여호와의 율법을 즐거워하여 그의 율법을 주야로 묵상하는도다"(시 1:2). "내가 주의 법을 어찌 그리 사랑하는지요 내가 그것을 종일 작은 소리로 읊조리나이다"(시 119:97). "내가 주의 법도들을 작은 소리로 읊조리며 주의 길들에 주의하며"(시 119:15). "또 내가 사랑하는 주의 계명들을 향하여 내 손을 들고 주의 율례들을 작은 소리로 읊조리리이다"(시 119:48). "주의 말씀을 조용히 읊조리려고 내가 새벽녘에 눈을

---

[3] Benjamin Warfield, "The Religious Life of Theological Students," in Mark Noll, ed., *The Princeton Theology* (Grand Rapids, Mich.: Baker Hook House, 1983), 263.

떴나이다"(시 119:148). "내가 옛날을 기억하고 주의 모든 행하신 것을 읊조리며 주의 손이 행하는 일을 생각하고"(시 143:5). "육신을 따르는 자는 육신의 일을, 영을 따르는 자는 영의 일을 생각하나니"(롬 8:5). "위의 것을 생각하고 땅의 것을 생각하지 말라"(골 3:2).

하나님의 말씀을 묵상하고 생각하라는 모든 명령에 성경은 "주께서 범사에 네게 총명을 주시리라"고 덧붙입니다. 조명의 선물이 묵상을 대신하는 것은 아닙니다. 조명은 묵상을 통해 옵니다. 하나님의 조명에 대한 약속은 모두에게 주어지는 게 아닙니다. 이 약속은 생각하는 자들에게 주어집니다. "내 말하는 것을 생각하라 주께서 범사에 네게 총명을 주시리라." 우리는 문제에 직면할 때까지는 생각하지 않습니다. 그러므로 형제들이여, 본문을 탐구하십시오.

신학자가 성경의 기본적인

히브리어 본문과 헬라어 본문을 멀리할수록

진짜 신학의 근원으로부터 멀어진다!

진짜 신학이야말로 열매 맺고 복된 사역의 기초이다.

• 하인리히 비쳐 •

언어는 성령의 검을 보관하는 칼집이다.

언어는 값을 매길 수도 없는 오래된 생각의 보석을 담는 상자이다.

언어는 포도주를 담는 그릇이다.

복음이 말씀하듯, 언어는 무리를 먹이기 위한 떡과 물고기를 담는 바구니다 …

복음이 우리 모두에게 소중한 만큼, 복음의 언어와 씨름하자.

• 마르틴 루터 •

원어 성경은 당신에게 커다란 고통을 요구할 것이며

또한 그 고통에 풍성한 대가로 보답할 것이다.

• 존 뉴턴 •

# 12
## 원어 연구를 통해
## 성령의 검의 능력을 맛보십시오

1982년, 베이커 북하우스는 1969년에 처음 선보였고, 매일 히브리어와 헬라어로 성경을 읽도록 도와주던 『길을 비추는 빛』(Light on the Path)을 재출간했습니다. 하루 분량은 짧았으며, 히브리어 헬라어 본문과 함께 단어 설명이 곁들여졌습니다. 편집자가 이 책을 낸 목적은 목회자들이 원어 성경을 해석하는 능력을 유지하고 키우도록 돕는 것이었습니다.

그 편집자의 이름은 하인리히 비처였지요. 그는 은행가였습니다.

은행가! 형제들이여, 양이 오히려 목자인 우리의 책임을 일깨우는 게 놀랍지 않은가요? 분명히 놀랍습니다. 왜냐하면 우리 목회자들은 헬라어와 히브리어를 공부하라고 서로 권하거나 독려하지 않는 게 분명하기 때문입니다. 대부분의 신학교가—자유주의 신학교뿐 아니라 복음주의 신학교도—제시하는 커리큘럼을 보면, 헬라어와 히브리어를 배우는 것이 극소수의 사람들에게는 얼마간 가치가 있겠지만 목회에는 그저 선택 사항일 뿐이라고 강조하는 것 같습니다.

나는 하인리히 비처에게 빚을 졌으며, 이제 모든 목회자들에게 그의 말을 깊이 생각해 보라고 권함으로써 그 빚을 갚고 싶습니다. "신학자가 성경의 기본적인 히브리어 본문과 헬라어 본문을 멀리할수록 진짜 신학의 근원으로부터 멀어집니다! 진짜 신학이야말로 열매 맺고 복된 사역의 기초입니다."[1]

교단이 헬라어와 히브리어에 대한 유용한 지식을 소중히 여기지 않고 목회자들에게 장려하지도 않을 때 그 교단에 어떤 일이 일어날까요? 내 말은 단순히 제안하고 감탄하라는 게 아닙니다. 그것을 소중히 여기고 장려하며 적극 찾으라는 것입니다.

목회자들이 원어를 사용하지 않을 때 몇 가지 일이 발생합니다. 첫째, 목회자들은 성경 본문의 정확한 의미에 대해 확신을 갖지 못합니다. 확신 있는 해석은 능력 있는 설교를 낳습니다. 복음의 기초를 넘어서는 것을 전하려 할 때 확신이 없다면 하나님의 계시 전체를 깊이 있고 힘있게 설교하기는 어려운 법입니다.

둘째, 확신도 없이 그저 서로 다른 번역에 의존해야 한다면—번역 성경들은 언제나 많은 해석을 담고 있습니다—설교를 준비할 때 본문을 세밀하게 분석할 수 없습니다. 시제, 접속사, 어휘 반복과 같은

---

1 Heinrich Bitzer, ed., *Light on the Path: Daily Scripture Readings in Hebrew and Greek* (Grand Rapids, Mich.: Baker Book House, 1982), 10.

중요하고 세세한 부분에 들어가자마자 이러한 분석의 확실한 기초를 얻기에는 번역이 너무 다양하다는 것을 깨닫습니다. 예를 들면 대부분의 현대 영어 번역본(RSV, NIV, NASB, NLT)을 보고, 로마서 6장 22절의 '열매를 얻다'(have fruit)가 다섯 절 뒤에 나오는 '열매를 맺다'(bear fruit, 7:4)와 연결된다는 것을 알 수 없습니다.[2] 이들 번역에서는 로마서 6장 22절에 열매라는 단어가 없기 때문입니다.

그러므로 설교자는 본문의 일반적인 초점이나 맛에 만족할 때가 많으며, 그의 해석에는 하나님의 말씀으로 회중을 흥분시키는 정밀함과 명료함이 부족합니다. 불행하게도, 우리는 많은 강단에서 따분하고 일반화된 설교밖에 들을 수 없습니다.

그러므로 강해 설교는 찾아볼 수도 없고 인기도 없습니다. 내가 인기 없다고 한 의미는, 우리가 어려운 과제의 중요성을 축소하거나 무시함으로써 거기로부터 자신을 보호하려는 경향을 많이 보이기 때문입니다. 그러므로 우리가 헬라어와 히브리어를 소중히 여기지 않고 찾지도 않으며 장려하지 않는 곳에서는 강해 설교가 별로 인기가 없거나 신학교에서도 그다지 가르치지 않습니다. 강해설교는 설교의 상당 부분을 본문의 의미를 설명하는 데 할애하기 때문입니다.

때로 이러한 경향은 강해(해석)를 현학적이거나 학문적인 것이라며 노골적으로 배척하는 데서 분명히 나타납니다. 은근히 무시하는 경우는 더 많습니다. 세밀한 본문 해석보다는 어순, 어법, 예화, 청중

---

2 현대의 번역들 가운데 ESV가 이러한 연결을 정확히 보여 주는 극소수 번역 가운데 하나이다.

과 같은 설교의 요소가 더 강조됩니다.

목회자들이 성경을 헬라어와 히브리어로 연구하지 않을 때 일어나는 또 다른 결과는 목회자와 이들의 교회가 2차 자료에 의존하게 된다는 것입니다. 우리는 성경의 본래 의미를 아는 게 어려워질수록 2차 자료에 의존하게 됩니다. 2차 자료는 읽기 쉽고 우리가 '뒤쳐지지 않고 있다'는 인상을 줍니다. 게다가 우리가 원 자료에서 힘들여 캐낼 수 없는 아이디어와 통찰을 제공합니다.

우리는 최근에 읽은 책의 저자를 들먹임으로써 서로에게 잠시 감명을 줄 수는 있겠지만 그러한 2차적인 음식은 양 떼의 믿음과 거룩을 유지하지도, 깊게 해주지도 못합니다.

또한 헬라어와 히브리어에 취약하면 부정확하고 부주의한 해석이 나옵니다. 부정확한 해석은 자유주의 신학의 어머니입니다.

목회자들은 더 이상 성경 본문의 본래 의미에 합리적이고 세밀하게 호소함으로써 교리를 명확히 하고 수호할 수 없을 때, 물려받은 사상에 집착하는 폐쇄적인 전통주의자가 되거나 교리의 체계화에 그다지 관심이 없는 개방적인 다원주의자가 되는 경향이 있습니다. 두 경우 모두, 이를 통해 후세대들은 신학적으로 가난해지고 오류에 빠지기 쉽습니다.

더 나아가, 목회자들이 헬라어와 히브리어를 사용하는 것이 얼마나 가치 있는지 강조하지 않을 때 전문 학자들을 장로로 대하기까지 합니다. 교회의 장로요 감독자로서 우리의 책임 가운데 본질적인 부분을 신학교와 대학교에 넘겨 주는 것입니다. 나는 신학교와, 하나님 중심적이고 그분을 높이는 성경을 믿는 학자들에게 깊이 감사드립니다. 그러나 교회의 말씀 사역에서 한 발 물러서 있는 사람들이 성경을 가장 세밀하게 해석하는 게 하나님의 진짜 의도일까요?

사도행전 20장 27절은 '하나님의 뜻을 다' 선포하는 책임이 우리에게 있다고 말합니다. 그러나 우리는 학자들이 계시의 조각들을 모아 통일된 전체를 이루는 책을 내 줄 것을 점점 더 많이 기대합니다. 사도행전 20장 28절은 교회 안에서 일어나 사악한 것을 말하는 늑대로부터 양 떼를 지키는 책임이 우리에게 있다고 말합니다. 그러나 우리는 언어 전문가들과 역사 전문가들이 책과 논문에서 우리를 대신해서 그 싸움을 싸워 주길 점점 더 바랍니다. 우리는 목회자가 성경에 강하고 가르치길 잘하며 반대자를 논박하는 데 능하고 하나님의 뜻의 전체적인 통일성까지 꿰뚫어보는 사람이라는 성경적인 시각을 거의 잃어버렸습니다.

오늘날의 교회에서 나타나는 가장 큰 비극 가운데 하나는 목회적 직무의 가치가 낮아졌다는 것입니다. 신학교에서 교단 본부에 이르기까지, 지배적인 분위기와 주제는 바로 관리와 조직 그리고 심리에 관한 것입니다. 그러므로 우리는 전문가로서 자신의 자존심을 높이려 합니다. 수백 명의 선생들과 리더들이 입술로는 말씀을 제대로 아는 게 가장 중요하다고 말하지만 정작 커리큘럼이나 세미나 신학교, 혹은 목회 현장을 보면 그렇지 않습니다.

한 가지 좋은 예를 들자면, 미국 전역에서 이루어지고 있는 목회학 박사 과정을 들 수 있습니다.

'지속적인 교육은 더 나은 목회자를 만든다.' 이론은 흠잡을 데 없습니다. 그러나 히브리어와 성경 해석을 가르치는 목회학 박사 과정이 있습니까? 하나님의 보화를 파 내는 도구인 헬라어와 히브리어에서 진보를 이루는 것만큼 목회자의 직무에 중요하고 더 실제적인 게 있습니까?

그렇다면 왜 수많은 젊은 목회자와 중년 목회자들이 계속 교육을 받을 때 다른 온갖 것에는 몇 년씩을 투자하면서도 정작 언어에는 전혀 시간을 들이지 않을까요? 왜 신학교는 목회자들이 가장 중요한 목회 기술, 즉 성경의 본래 의미를 해석해 내는 기술을 유지하도록 돕는 과정을 두지 않을까요?

우리가 성경의 무오에 대해 뭐라고 말하든 간에, 우리의 행동을 보면 우리가 성경의 중심성과 능력에 대해 정말 어떤 확신을 갖고 있는지를 알 수 있습니다.

목회자의 직무에 대한 비전을 회복할 필요가 있습니다. 여기에는 무엇보다도 하나님의 원 계시를 이해하려는 열정과 능력이 포함됩니다. 우리는 목회자들이 재미있는 말로 인사하는 데 그치지 않고 헬라어 성경을 들고 컨퍼런스와 세미나에 참여할 수 있는 날이 오기를 기도해야 합니다. 하나님의 말씀과 그 말씀에 대한 세밀한 해석이 목회자들 가운데 아주 높아져서 그런 기술을 갖지 못한 목회자들은 가진 이들을 겸손하게 축복하며 젊은이들에게는 자신이 갖지 못한 기술을 갖도록 독려하는 날이 오기를 기도해야 합니다. 기도와 문법이 만나 큰 영적 불길이 일어날 날이 오기를 기도해야 합니다!

1829년, 믿음과 기도와 고아원으로 유명한 24살의 조지 뮬러는 이렇게 썼습니다.

> 나는 이제 많이, 하루에 12시간 정도 공부하며, 주로 히브리어를 공부한다.…히브리어 구약성경을 암송한다. 그리고 이를 기도와 더불어, 무릎을 꿇고 할 때가 많다.…나는 히브리어 사전을 넘길 때조차도 주님을 바라본다.[3]

맨체스터에 있는 감리교 문서 보관소에 가면 말 그대로 메모지로 가득한 전도자 조지 횟필드의 두 권 짜리 헬라어 신약성경을 볼 수 있습니다. 그는 자신의 옥스퍼드 시절에 대해 이렇게 썼습니다. "비록 몸이 약했지만 건강이 허락할 때마다 저녁에 두 시간씩 혼자만의 시간을 가지면서 나의 헬라어 성경과 홀 감독의 가장 뛰어난 저서인 『묵상』(Contemplations)을 보면서 기도할 때가 많았다."[4]

루터는 이렇게 말했습니다. "성경 단어의 진정한 의미를 적극적으로 탐구하지 않았다면, 나는 아직도 사슬에 매인 수도사로 남아 있을 것이며, 어두컴컴한 수도원에서 가톨릭의 오류들을 조용히 가르치고 있을 것이다. 그리고 교황, 소피스트 철학자들, 이들의 반기독교 제국

---

3 George Muller, *Autobiography of George Muller* (London: J. Nisbet and Co., 1906), 31. 『주님과 조지 뮬러의 동행 일지』, 생명의말씀사.
4 Arnold Dallimore, *Goerge Whitefield*, vol.1 (Edinburgh: The Banner of Truth Trust, 1970), 77.

이 여전히 흔들리지 않은 채 그대로 남아 있을 것이다."⁵ 바꾸어 말하자면, 그는 종교개혁의 돌파구를 원어를 관통하는 능력에 돌립니다.

루터가 "언어가 남아 있지 않으면 복음은 틀림없이 사라진다"고 담대하게 말했을 때, 이는 천 년 동안 말씀없이 어둠에 빠져 있던 교회를 향해 한 말이었습니다.⁶ 그는 이렇게 묻습니다. "당신은 언어를 배우는 게 무슨 유익이 있는가를 묻는가? 당신은 '우리는 독일어로 성경을 아주 잘 읽을 수 있다'고 말하는가?" 그리고 이렇게 답합니다.

언어가 없으면, 우리는 복음을 받아들일 수 없었을 것이다. 언어는 성령의 검을 보관하는 칼집이다. 언어는 값을 매길 수도 없는 오래된 생각의 보석을 담는 상자이다. 언어는 포도주를 담는 그릇이다. 복음이 말하듯이, 언어는 무리를 먹이기 위한 떡과 물고기를 담는 바구니다.

우리가 학문을 소홀히 하면 마침내 복음을 잃어버릴 것이다.…사람이 언어 연구를 그치자마자 기독교 세계는 쇠퇴했으며, 의심할 여지없이 교황의 지배 하에 떨어지기에까지 이르렀다. 그러나 언어의 횃불을 다시 밝히자마자 교황의 올빼미는 비명을 지르면서 어둠 속으로 달아나 버렸다.…이전에는 교부들도 줄곧 실수를 했었다. 그들은 언어를 몰랐기 때문이었다. 또한 우리 시대에는 언어가 아무런 유익이 없다고 생각하는

---

5   W. Carlos Martyn, *The Life and Times of Martin Luther* (New York: American Tract Society, 1866), 474.
6   Hugh T. Kerr, *A Compend of Luther's Theology* (Philadelphia, Pa.: The Westerminster Press, 1943), 17.

왈도파와 같은 이들이 있기 때문이다. 그러나 이들의 교리가 좋다 하더라도, 이들은 거룩한 본문의 진정한 의미에 있어 오류를 범할 때가 많았다. 이들은 오류를 대적할 무기가 없으며, 나는 이들의 믿음이 순수함을 유지하지 못할 것 같아 매우 두렵다.[7]

형제들이여, 여러분의 도움으로 말씀을 보는 시야가 커질 수 있을 것입니다. 언어를 배우는 데 너무 늦었다는 말은 있을 수 없습니다. 은퇴 후에 시작한 사람들도 있습니다! 이것은 시간의 문제가 아니라 가치의 문제입니다. "나 같은 죄인 살리신"의 작사자이자 전직 노예선 선장이었던 존 뉴턴은 쾌활하고 사람들을 부드럽게 사랑하는 목회자들의 목회자였지만, 또한 언어를 배우는 게 중요하다고 생각했던 사람이었습니다. 그는 언젠가 젊은 목회자에게 이렇게 조언했습니다. "원어 성경은 자네에게 커다란 고통을 요구할 거고, 또 그 고통에 풍성한 대가로 보답할 걸세."[8] 그는 젊은 시절에 언어를 공부하는 것에 관해 이렇게 말했습니다.

> 자네는 내가 이 가운데 어느 것에 대해서도 결정적인 기술을 익혔다거나 목표에 도달했다고 여겨서는 안 되네.···나는 히브리어로 역사서와 시편은 그런 대로 쉽게 읽을 수 있다네. 하지만 예언서와 여타 어려운 부분

---

7 Martyn, *The Life and Times of Martin Luther*, 474-475.
8 John Newton, *The Works of the Rev. John Newton*, vol.1 (Edinburgh: The Banner of Truth Trust, 1985), 143.

들을 대할 때는 사전을 자주 찾아보지 않을 수 없다네. 그러나 이러한 약간의 도움만 있으면 어떤 구절이든 그 의미를 스스로 판단할 수 있을 만큼 알고 있다네.9

계속되는 교육은 어디서나 이루어지고 있습니다. 마르틴 루터의 말에 주목하십시오. "복음이 우리 모두에게 소중한 만큼, 이 복음의 언어와 씨름하자." 비처는 그렇게 했습니다. 그리고 비처는 은행가였습니다!

---

9　Richard Cecil, *Memoirs of the Rev. John Newton*, in The Works of the Rev. John Newton, vol. 1, 49-50. 뉴턴의 삶과 사역에 대한 이야기를 알고 싶다면 다음을 보라. John Piper, *The Roots Endurance: Invincible Perseverance in the Lives of John Newton, Charles Simeon, and William Wilberforce* (Wheaton, Ill.: Crossway Books, 2002). 『인내의 영웅들』, 부흥과개혁사.

신앙 전기는 교회라는 생명체가

수백 년의 시간을 뛰어넘는 수단이다.

• 존 파이퍼 •


전기는 내 삶에서 평범하게 살려는 타성을 물리치는 데

다른 어떤 인간적인 힘보다 큰 역할을 했다.

전기를 읽지 않으면 나는,

오직 하나님을 위한 끝없는 수고와 그분을 향한 끝없는 열망에

어떤 기쁨이 있는지 잊어버리는 경향이 있다.

• 존 파이퍼 •

# 13
## 신앙 전기를 읽으십시오

히브리서 11장은 신앙 전기를 읽으라는 하나님의 명령입니다. 히브리서 11장은 우리가 우리 선조들의 믿음을 들을 때 "모든 무거운 것과 얽매이기 쉬운 죄를 벗어 버리고 인내로써 우리 앞에 당한 경주를" 할 수 있다는 의미를 내포하고 있는 게 분명합니다(히 12:1). 히브리서 저자에게 어떻게 우리가 "서로 돌아보아 사랑과 선행을 격려"(10:24)해야 하느냐고 묻는다면 그는 "살아 있는 사람들과(10:25) 죽은 사람들의 격려를 통해서(11:1-4)"라고 답할 것입니다. 신앙인의 전기는 교회라는 생명체가 수백 년의 시간을 뛰어넘는 수단입니다.

살아 있는 이들, 그리고 죽은 사람들과 나누는 이러한 교제는 특히 목회자들에게 중요합니다. 우리는 교회 지도자로서 미래에 대한 비전이 있어야 합니다. 우리는 선지자와 같은 자세로 교회가 어디로

가야 하는지를 선포해야 합니다. 우리는 큰 가능성을 통해 양 떼에게 영감을 주어야 합니다.

하나님이 그렇게 하실 수 없어서가 아닙니다. 하나님은 그분의 백성을 뒤흔드실 때마다 인간 대리자를 사용하시기 때문입니다. 그러므로 우리 목회자들이 해야 할 질문은 이것입니다. "하나님은 어떤 인간 대리자를 통해 그 일을 하시는가?" 내게 있어 가장 중요한 대답 중에 하나는, 죽었지만 지금도 말하고 있는 신앙 위인들을 통해서였습니다(히 11:4).

잘 선택한 신앙 전기는, 목회자에게 필요한 것이지만 시간이 없어 찾지 못한 것들을 모두 담고 있습니다. 즉 좋은 전기에는 역사가 담겨 있고, 따라서 우리가 역사적 가식(chronological snobbery, 우리 시대의 지적 조류에 맞는 것은 무비판적으로 수용하면서도 옛것이라면 무조건 배척하는 태도를 말한다—옮긴이)에 빠지지 않도록 지켜 줍니다. 좋은 전기는 신학이기도 하거니와, 그것도 가장 강력한 종류의 신학입니다. 왜냐하면 좋은 전기는 삶에서 나온 것이기 때문입니다. 좋은 전기는 모험이요 짜릿함이기도 합니다. 우리는 본래 이런 것들에 주려 있습니다. 좋은 전기는 인간의 본성(특히 우리 자신)을 깊이 이해하게 해 주는 심리학이요 개인적인 경험입니다. 위대한 그리스도인들의 좋은 전기는 정말 훌륭한 읽을 거리입니다.

전기는 그 자체가 훌륭한 증인이기 때문에, 나 자신이 전기와 어떻게 만났는지 간략하게 소개하겠습니다. 전기는 내 삶에서 평범하게 살려는 타성을 물리치는 데 다른 어떤 인간적인 힘보다 큰 역할을 했습니다. 나는 전기를 읽지 않으면 오직 하나님을 위한 끝없는 수고와 그분을 향한 끝없는 열망에 어떤 기쁨이 있는지 잊어버리는 경향이 있습니다. 내가 성경 밖의 인물 가운데 가장 심취한 대상은 바로 조나단 에드워즈였습니다(아인 머레이의 위대한 전기를 통해).[1] 조나단 에드워즈는 20살이 되기 전에 70개의 결심을 했는데 나는 여러 해 동안 이것들로부터 영감을 얻어 글을 썼습니다. 그의 여섯 번째 결심은 이런 것이었습니다. "사는 동안 온 힘을 다해 살 것이다." 열한 번째 결심은 이랬습니다. "내가 신성에 관한 어떤 공리를 생각할 때는 환경이 방해하지 않는다면 내가 그것을 풀기 위해 할 수 있는 것을 즉시 할 것이다." 스물 여덟 번째 결심은 다음과 같았습니다. "나 자신이 동일한 지식에서 자라는 게 분명히 느껴질 정도로 성경을 꾸준히, 지속적으로, 자주 연구할 것이다."[2]

나는 1980년 베들레헴교회 목사가 되었을 때 목회의 배터리를 충전해 주고 나 자신을 인도하며 격려해 줄 전기를 간절히 찾기 시작했습니다. 나는 목회자는 곧 신학자여야 한다는 것을 매우 강하게 믿었기 때문에 조나단 에드워즈뿐 아니라 장 칼뱅도 생각했습니다. (T. H. L. 파커는 칼뱅의 작은 초상과 그에 관한 두꺼운 전기를 내 놓았습니다.)[3]

---

1 Ian Murray, *Jonathan Edwards: A New Biography* (Edinburgh: The Banner of Truth Trust, 1987).『조나단 에드워즈의 삶과 신앙』, 이레서원.
2 에드워즈의 결심문들은 다음에서 확인할 수 있다. Sereno Dwight, *Memoirs of Jonathan Edwards*, in The Works of Jonathan Edwards, vol.1 (Edinburgh: The Banner of Truth Trust, 1974), xx-xxi.
3 T. H. Paker, *Portrait of Calvin* (Philadelphia, Pa.: Westerminster Press, 1954); *John Calvin: A Biography* (Philadelphia, Pa.: Westerminster Press, 1975).『존 칼빈』, 생명

칼뱅은 얼마나 바빴는지 모릅니다. 1549년 이후, 그는 제네바에서 주일에 두 번, 한 주 건너 매일 한 번씩 설교해야 하는 특별한 책임이 있었습니다. 칼뱅은 1549년 9월 25일 주일부터 매주일 사도행전을 설교하기 시작해 1554년 3월까지 계속했습니다. 이 기간에, 주중에는 다니엘, 예레미야애가, 에스겔을 비롯해서 8개의 소선지서를 설교했습니다. 또한 나를 놀라게 한 것은 그가 1550년부터 1559년까지 무려 270회의 결혼식을 주례했다는 사실이었습니다. 두 주에 한 번 꼴이었습니다! 그는 또한 세례를 베풀었으며(한 달에 한 번 정도), 병자를 심방했고, 다양한 편지에 답했으며, 여러 기관의 중책을 맡기도 했습니다.

칼뱅과 에드워즈 그리고 이들의 작품을 볼 때면 내게 맡겨진 작은 짐에 불평하기 어렵다는 것을 느낍니다. 이들은 내게 평범함에서 벗어나라고 요구합니다.

파커는(그는 40여 년의 목회 기간 대부분을 시골에서 보냈습니다) 1970년에 칼 바르트의 짧은 전기도 출판했는데, 나는 신학교 2학년 때 이 책을 단숨에 읽었습니다. 바르트의 전기는 그가 펜을 들기 전에 모차르트를 즐겼다는 작은 에피소드 때문에 재미있기도 했지만[4] 그의 전기가 내게 엄청난 영향을 미친 것은 짧은 두 문장 때문이었습니다. 첫 번째 문장은 이랬습니다. "그 날 저녁 바르트는 작은 논문을 [쓰기]

---

의말씀사.

4 T. H. L. Parker, *Karl Barth* (Grand Rapids, Mich.: Wm. B. Eerdmans Publishing Company, 1970), 110. "그는 『교회 교의학』을 쓰기 위한 준비 단계로 모차르트의 음악을 즐겼다. 가령 펜을 들기 전에 는 항상 측음기로 모차르트의 음악을 듣는 것이 일상화되었다."

시작했으며 이튿날인 주일에 끝냈다(하루에 13,000단어를!)."⁵ 나는 이렇게 중얼거렸습니다. "신정통주의에 이처럼 경이로운 수고를 들일 만하다면 복음적 정통주의에는 얼마나 더 하겠는가!"

두 번째 문장은 이것이었습니다. "바르트는 1962년 바젤에서 은퇴했으며 강의하면서 느끼는 부담감이 사라진 탓에 활력도 잃어버리고 말았다."⁶ 나는 책의 여백에 이렇게 적었습니다. "중압감이 없었더라면 위대함이 드러날 수 있었을까? 우리도 마찬가지다. 우리가 어떤 권위나 요구에 시달리거나, 재촉 받거나 압박을 받지 않는다면 우리에게서 위대함은 존재하지 않게 될 것이다."

나는 목회를 하면서 워렌 위어스비의 『위대한 발자취를 남긴 사람들』(Walking with the Giants, 엠마오)과 『영적 거장들의 외침』(Listening to the Giants)을 통해 큰 힘을 얻은 적이 있었습니다.⁷ 이러한 전기 모음집이 유익했던 것은 하나님이 복 주기로 선택하신 다양한 목회 스타일을 보여 주기 때문이었습니다. 이 속에는 우리 모두가 용기를 가질 만큼 설교 패턴과 심방 습관과 성격이 너무나 달랐지만, 위대하고 열매가 풍성한 목회자들이 있었습니다.

한 가지 재미있는 예를 들어 보겠습니다. 조나단 에드워즈는 최적

---

5  같은 책, 87.
6  같은 책, 124.
7  Warren Wiersbe, *Walking with the Giants: A Minister's Guide to Good Reading and Great Preaching* (Grand Rapids, Mich.: Baker Book House, 1976); *Listening to the Giants: A Guide to Good Reading and Great Preaching* (Grand Rapids, Mich.: Baker Book House, 1980). 『위대한 발자취를 남긴 사람들』(엠마오, 1991).

의 상태로 연구에 임하려고 음식 양을 재서 먹었다고 합니다. 반면에 스펄전은 체중이 130킬로그램이 넘었으며 시가를 피웠습니다. 그러나 두 사람 모두 우리들 대부분의 경우보다 더 많은 사람을 그리스도께로 인도했습니다.

스펄전은 자신을 비판하는 감리교 신자에게 이렇게 말했습니다. "제 스스로 흡연이 과하다고 생각되면 완전히 끊겠습니다." "과하다는 게 무슨 뜻입니까?" 감리교 신자가 물었습니다. "한 번에 두 대의 시가를 피는 것이지요!"[8]

조지 뮬러는 내게 기도의 모범을 일러 준 사람이었습니다. 그의 삶과 철학에 대해 자세히 적어 놓은 『주님과 조지 뮬러의 동행 일지』(Autobiography, 생명의말씀사)는 믿음을 세워 주는 열매가 풍성한 과수원입니다.

이 책 어느 단락에서 그는 40년 간 시련을 겪은 후 이렇게 말했습니다. "항상 하나님 안에 있는 게 얼마나 행복한지 모른다. 내가 매일 잊지 말고 가장 먼저 해야 할 크고 중요한 일은 내 영혼이 주님 안에서 행복해지는 것이라는 사실을 어느 때보다 분명하게 깨달았다."[9] 그는 자신이 이 점에서 10년 동안 거꾸로 해왔다고 했습니다. "전에는 아침에 눈을 뜨면 가능한 한 곧바로 기도하고 대개 아침 식사 때까지 기도에 몰두했었다." 그 결과는 이랬습니다. "처음 10분, 15분, 심지어

---

[8] Wiersbe, *Walking with the Giants*, 74.
[9] George Muller, Autobiography of George Muller (London: J. NibsbetandCo., 1906), 152. 『주님과 조지 뮬러의 동행 일지』, 생명의말씀사.

30분 동안은 마음이 흐트러져서 고생했으며, 그 후에야 기도를 시작할 때가 많았다."

그래서 뮬러는 이러한 패턴을 바꿨으며, 40년 동안 자신을 지탱시켜 준 한 가지 발견을 하게 됩니다.

이른 아침 첫 시간부터 신약성경을 묵상하기 시작했으며…내 영혼의 양식을 얻기 위해 한 구절 한 구절을 읽어 나갔다. 그 결과 항상 발견한 사실은, 불과 몇 분 후 내 영혼은 고백이나 감사, 중보와 간구로 인도된다는 것이었다. 이전과는 달리 기도를 먼저 한 게 아니라 묵상을 먼저 했다. 그리고 묵상은 거의 즉시 기도로 이어졌다.[10]

나는 뮬러의 방법이 내 자신의 삶에도 절대적으로 중요하다는 것을 발견했습니다. 그것은 다른 누군가와 함께 하기 전에 먼저 주님과 함께 하면서 그분이 가장 먼저 내게 말씀하시도록 하는 것이었습니다.

뮬러의 삶에서 나를 놀라게 하고 내게 영감을 주었던 것은 이것만이 아니었습니다. 그는 하나님께서 고아들을 먹이시리라 절대적으로 확신하면서 기도하는 사람이었습니다. 그러나 아내가 류머티스열로 병석에 누웠을 때는 이렇게 기도했습니다.

아버지, 사랑하는 아내의 시간이 당신의 손에 있습니다. 삶이든 죽음이

---

10 같은 책, 153.

든, 아내와 저에게 가장 좋은 대로 해주십시오. 소중한 아내를 다시 일으키시는 게 저와 아내에게 가장 좋은 것이라면 아내가 아무리 아파도 주님은 그렇게 하실 수 있습니다. 그러나 내가 당신의 거룩한 뜻에 변함 없이 온전히 만족할 수 있도록 나를 도와주십시오.[11]

그의 아내는 죽고 말았습니다. 그리고 뮬러는 아내의 장례식에서 시편 119장 68절을 읽고 설교를 했습니다. "주는 선하사 선을 행하시오니."[12]

하나님에 대한 이러한 조지 뮬러의 시각은 윌리암 바클레이의 『영적 자서전』(Spiritual Autobiography)을 읽으면서 발견한 시각과는 너무나 달랐습니다. 바클레이는 오랫동안 스코틀랜드의 글래스고우 대학에서 신학과 교수로 있었으며 인기 있는 주석가였습니다. 그는 바다에서 딸을 잃었으나 그의 반응은 "여호와여 내가 알거니와…주께서 나를 괴롭게 하심은 성성실하심 때문이니이다"(시 119:75)라고 했던 조지 뮬러의 반응과는 달랐습니다. 대신에 바클레이는 이렇게 말했습니다. "나는 아픔과 고통이 결코 그분의 자녀들을 향한 하나님의 뜻이라고 믿지 않는다." 그는 그분의 자녀들에게 일어난 치명적인 사고를 '하나님의 행위'라고 말하는 것은 신성 모독이라고 했습니다.[13]

---

11  같은 책, 44.
12  같은 책, 431.
13  William Barclay, *A Spiritual Autobiography* (Grand Rapids, Mich.: Wm. B. Eerdmans Publishing Co., 1975), 44.

얼마나 많은 복음주의 목회자들이 거의 모든 설교 때마다 바클레이의 주석을 참조했을 생각을 하니 바클레이의 『자서전』이 더욱 침울하게 느껴집니다. 그는 그리스도의 죽음이 하나님의 진노를 가라앉혔다는 대속의 교리를 비웃었습니다.[14] 그리고 이렇게 썼습니다. "나는 내가 만인구원론자라고 확신한다. 나는 마지막에는 모든 사람이 하나님의 사랑에 모여들 것이라고 믿는다."[15] 나는 오늘날 많은 강단이 신학적으로 약한 게 바클레이와 같은 무기력하고 비성경적인 주석 신학에 손쉽게 의존하기 때문이라고 생각하지 않을 수 없습니다.

나라면 차라리 사라 에드워즈의 신학에 내 삶을 맡기겠습니다. 그녀는 남편인 조나단이 54세에 천연두 예방 접종 부작용으로 자신과 열 명의 자녀를 남겨둔 채 죽었다는 소식을 들었을 때 딸에게 이렇게 편지했습니다.

내가 무슨 말을 하겠니? 거룩하고 선하신 하나님께서 검은 구름으로 우리를 덮으셨구나! 순순히 벌을 받고 입을 막자꾸나! 주님께서 하신 일이란다. 그분이 나로 하여금 그분의 선하심을 찬송하게 하셨으며, 그분이 아주 오랫동안 우리와 함께 하셨음을 찬송하게 하셨단다. 그러나 나의 하나님은 살아 계신단다. 내 마음이 그분에게 있단다. 나의 남편이요 네 아버지가 우리에게 정말 큰 유산을 남겼구나! 우리 모두는 하나님께 드

---

14  같은 책, 52.
15  같은 책, 58.

려졌단다. 나는 하나님 품에 있고 그곳이 좋단다.[16]

신앙인의 전기를 읽을 때 얻을 수 있는 부수적인 유익 가운데 하나를 보여 주기 위해 벧엘대학과 신학교 총장이었던 칼 룬드퀴스트에 대한 감사의 말로 끝을 맺겠습니다. 그가 28년 간의 총장 생활을 마칠 때, 나는 그에게 편지를 써서 그에 대한 나의 사랑과 감사를 표하고 싶었습니다. 내가 그곳에서 6년 간 교수로 재직하던 시절, 총장으로 있던 그가 나를 아주 친절하게 대해 주었기 때문입니다.

나는 우연히 로체스터신학교의 총장이었던 A. H. 스트롱의 전기를 읽게 되었습니다. 여기서 내 감사 편지에 덧붙이고 싶은 진실이 담긴 말을 발견했습니다. 스토롱은 이렇게 썼습니다. "날마다 똑같은 일상을 살아가는 이들이 있다. 수로의 문을 여닫는 재갈 물린 말들과 빨랫감에 파묻혀 살아가는 세탁부들 그리고 대학 총장들이다. 그들을 위해 반드시 다른 삶이 있어야 한다. 왜냐하면 지금의 삶에서 이들은 결코 디저트를 먹을 수 없기 때문이다. 하나님의 방법이 옳다는 것을 증명하기 위해서라도 이들에게는 또 다른 삶이 있어야만 한다."[17]

살아 있는 신학. 흠이 있지만 힘을 주는 성도. 은혜의 이야기. 깊은 영감. 최고의 여흥. 형제들이여, 당신의 소중한 시간을 투자할 만합니

---

16  Murray, *Jonathan Edwards*, 442에서 인용.
17  Augustus Hopkins Strong, *Autobiography of Augustus Hopkins Strong* (Valley Forge, Pa.: Judson Press, 1981), 22.

다. 히브리서 11장을 기억하십시오. 그리고 신앙인들의 전기를 읽으십시오.[18]

---

18 내가 받은 가장 유익한 훈련 가운데 하나는 매년 한 차례 열리는 베들레헴 목회자 컨퍼런스(Bethlehem Conference for Pastors)에 전기 연구를 제출하는 것이었다. 이 때문에 나는 더 많은 책을 읽지 않을 수 없었다. 이렇게 이루어진 연구가 이제 The Swans Are Not Silent 시리즈로 출판되고 있다. 다음을 보라. John Piper, *The Legacy of Sovereign Joy: God's Triumphant Grace in the Lives of Augustine, Luther, and Calvin* (Wheaton, Ill.: Crossway Books, 2000). *The Hidden Smile of God: The Fruit of Affliction in the Lives of John Bunyan*, William Cowper, and David Brainerd (Wheaton, Ill.: Crossway Books, 2001); *The Roots of Endurance: Invincible Perseverance in the Lives of John Newton*, Charles Simeon, and William Wilberforce (Wheaton, Ill.: Crossway Books, 2002). 존 파이퍼의 영적 거장 시리즈로 출간됨(부흥과개혁사). 목회자들에게 독려하건대 적어도 일 년에 한 번은 신앙 위인들의 전기를 영감 있게 연구하여 양 떼에게 내어놓을 것을 실천해 보기 바란다.

우리가 사랑하는 형제 바울도 그 받은 지혜대로 너희에게 이같이 썼고

또 그 모든 편지에도 이런 일에 관하여 말하였으되

그중에 알기 어려운 것이 더러 있으니 무식한 자들과 굳세지 못한 자들이

다른 성경과 같이 그것도 억지로 풀다가 스스로 멸망에 이르느니라

• 베드로후서 3:15-16 •

하나님은 다른 어떤 게으름뱅이보다 지적인 게으름뱅이를 좋아하지 않으신다.

당신이 그리스도인이 되려고 생각하고 있다면,

경고하건대 이제 자신의 전부를,

당신의 두뇌와 모든 것을 요구하는 일에 발을 들여놓는 것이다.

그러나 다행스럽게도 이것은 반대로 작용한다.

즉 누구든지 그리스도인이 되려고 정직하게 노력하는 사람이라면

자신이 지적으로 예리해지고 있음을 발견할 것이다.

그리스도인이 되기 위해 어떤 특별한 교육도 필요치 않은

이유 가운데 하나는 기독교 자체가 교육이기 때문이다.

• C. S. 루이스 •

# 14
## 하나님이 어려운 본문에 영감을 주신 이유를 말하십시오

하나님께서 구원을 주는 진리의 보전과 선포에 있어 한 권의 책을 그토록 중요하게 하셨다는 사실에는 큰 의미가 있습니다. 그리고 이 한 권의 책이 정말 이해하기 어려운 부분들을 포함하고 있기 때문에 더 주목할 만합니다. 하나님이 기독교에 정말 어려운 몇몇 본문을 주시고 그 위에 교회를 세우신 사실이 우리의 삶과 문화와 역사와 예배에 어떤 의미가 있을까요?

이런 생각이 든 것은 로마서를 설교하면서 3장 1-8절에 이르렀을 때였습니다. 이 복잡한 단락을 이해하느라 머리가 깨질 것 같았습니다. 그래서 한 걸음 물러나 이렇게 물었습니다. "기독교가 예수님을 믿는 믿음을 통한 구원을 선포할 뿐 아니라 성경에서, 그리고 로마서와 같은 서신에서, 또한 로마서 3장 1-8절과 같은 단락에서 그 메시지를 논증하고 확언한다는 사실이 세상에 어떤 의미를 주는가?"

어떤 사람은 이렇게 말할지도 모르겠습니다. "문제는 우리에게 있다. 성경 저자들이 난해한 게 아니다. 우리가 우둔한 것이다. 우리가 보다 영적이며, 보다 유순하다면, 하나님의 말씀은 그렇게 어렵지 않을 것이다."

반쯤은 맞는 말입니다. 나는 우둔합니다. 그러나 문제는 이것만이 아닙니다. 베드로 사도는 두 번째 편지에서 이렇게 말했습니다. "우리가 사랑하는 형제 바울도 그 받은 지혜대로 너희에게 이같이 썼고 또 그 모든 편지에도 이런 일에 관하여 말하였으되 그중에 알기 어려운 것이 더러 있으니 무식한 자들과 굳세지 못한 자들이 다른 성경과 같이 그것도 억지로 풀다가 스스로 멸망에 이르느니라"(벧후 3:15-16).

네 가지 간단하지만 분명한 것에 주목하십시오. (1) 바울은 '그 받은 지혜대로' 썼으며, 여기서 베드로가 의미하는 것은 하나님이 주신 지혜입니다(고전 2장 13절이 말하듯이). (2) 그러므로 베드로는 바울의 글들이 '다른 성경'의 범주에 속한다고 말합니다. 사도들의 글은 영감된 구약성경과 동일한 범주에 속합니다. (3) 그럼에도 불구하고, 그의 글 가운데 어떤 부분은 '알기 어려운 것'입니다. 완벽한 전달자이신 하나님은 (그분은 모든 것에서 완벽하시기 때문에) 무엇을 쓸 것인가를 놓고 성경 저자를 인도하실 때 모든 것을 쉽게 쓰게 하지는 않으셨습니다. (4) 이것은 존 파이퍼의 말이 아니라 사도의 말입니다. 그러므로 바울 서신 가운데 이해하기 어려운 단락이 있다고 말할 때 이런 사람이 나 외에도 많다고 여겨집니다.

두어 가지 더 물어보겠습니다. "하나님이 그분의 책에서 이렇게 어려운 단락들을 두셔야 했다는 것은 무엇을 의미할까요? 하나님은 그분의 교회를 이러한 저작들 위에 세우심으로써 세상에 무엇을 주셨을까요?" 여기서 나는 네 가지를 언급하면서 이것들을 복음에서 보다 덜 복잡한 부분과 비교해 보겠습니다. 네 가지란 절망, 간구, 인식, 교육입니다.

**1. 절망**(하나님이 힘주시길 절대적으로 의지한다는 의미에서)

나는 이것을 고린도전서 2장 14절에서 봅니다. "육에 속한 사람은 하나님의 성령의 일을 받지 아니하나니 저희에게는 미련하게 보임이요 또 깨닫지도 못하나니 이런 일은 영적으로라야 분변함이니라." 육에 속한 사람(그 속에 성령이 역사하지 않는 모든 사람)은 하나님의 계시 앞에서 절망을 느껴야 합니다. 그에게는 하나님의 도우심이 필요합니다. 나와 같은 영적인 사람들이 — 그러나 유한하며 잘못을 범할 수 있고 죄로 가득한 사람들이 — 하나님의 말씀 중에서 어려운 부분을 접할 때도 마찬가지입니다. 나는 절망을 느껴야 하며, 하나님의 도우심을 필사적으로 의지해야 합니다. 이것이 하나님이 우리가 느끼길 원하시는 것입니다. 이것이 하나님이 어려운 본문을 두심으로써 우리에게 주시는 것입니다.

**2. 간구**(하나님의 도우심을 구하는 기도)

절망 뒤에는 간구가 따릅니다. 어떤 본문의 의미를 알기 위해 하나님을 의지해야 한다고 여러분이 느낀다면 그분에게 도와 달라고 외칠 것입니다. 나는 이것을 시편 119편 18절에서 봅니다. "내 눈을 열어서 주의 율법에서 놀라운 것을 보게 하소서." 동일한 시편에서, 시편 기자는 무려 일곱 번이나 "주의 율례들을 내게 가르치소서"라고 기도합니다(119:12, 26, 64, 124, 135, 171). 또는 시편 25편 5절에서처럼 "주의 진리로 나를 지도하시고 교훈하소서"라고 기도합니다. 하나님은 이해하기 어려운 부분들을 성경에 두심으로써, 우리의 절망이 간구로, 하나님의 도우심을 구하는 외침으로 이어지게 하셨습니다.

**3. 인식**(성경 본문에 대해 부지런히 생각하기)

여러분은 이렇게 생각할지 모르겠습니다. "파이퍼 목사님, 아니에요. 그게 아니에요. 목사님은 방금 하나님께서는 우리가 스스로 생각하여 해결책을 찾기를 원하시는 게 아니라 이해를 위해 그분의 도우심을 구하며 기도하길 원하신다고 했잖아요?" 무슨 뜻인지 알겠습니다. 그 질문에 대한 답변은 이렇습니다. "우리는 기도와 생각 중에 하나를 선택할 수 있는 게 아닙니다." 우리는 이것을 전장에서 살펴본 디모데후서 2장 7절에서 보았습니다. 여기서 바울은 디모데에게 "내가 말하는 것을 생각해 보라 주께서 범사에 네게 총명을 주시리라"고 말합니다. 그렇습니다. 총명(이해력)을 주시는 것은 주님이십니다. 그러나 그분은 하나님이 우리에게 주신 생각의 능력과, 기도하면서 성경이 말하는 것을 열심히 생각하려는 노력을 통해 주십니다. 그러므로 하나님이 로마서 3장 1-8절과 같은 어려운 본문을 두신 것은 우리가 부지런히 생각하게 하기 위해서입니다.

그러므로 절망과 간구와 함께 인식이 있습니다. 마지막으로 인식은 교육으로 이어집니다.

**4. 교육**(양 떼가 열심히 기도하고, 잘 읽고, 부지런히 생각하게 훈련시키기)

하나님이 한 권의 책을 기독교 신앙의 기초로 두셨다면 그 책을 읽는 법을 세상 사람들에게 가르치고 싶은 큰 충동을 느끼는 것은 당연한 일입니다. 하나님이 이렇게 귀중하고 신성하며 그분의 감동으로 된 책에 이해하기 어려운 부분을 두셨다면, 그 부분을 어떻게 읽을 것인가 뿐 아니라 읽은 것을 어떻게 생각할 것인가―어려운 부분을 어떻게 읽고 이해하며, 어떻게 지성을 사용할 것인가―까지도 가르치고 싶은 충동을 세상에 주신 게 분명합니다.

바울은 디모데후서 2장 2절에서 이렇게 말합니다. "또 네가 많은 증인 앞에서 내게 들은 바를 충성된 사람들에게 부탁하라 그들이 또 다른 사람들을 가르칠 수 있으리라." 디모데야, 다른 사람들이 또 다른 사람들을 가르칠 수 있는 방식으로 그들에게 이해력을 심어 주어라. 바꾸어 말하자면, 사도들의 저작들은―특히 어려운 저작들은―세대를 이어가면서 교육을 낳습니다. 교육은 사람들이 기존에 이해하지 못하는 것을 이해하도록 도와주는 것입니다. 또는 보다 정확히 말하자면, 교육은 사람들이(젊든 늙었든 간에) 아직 갖지 못한 이해력을 얻는 법을 배우도록 도와줍니다. 교육은 진정한 이해력을 키울 수 있도록 지성에 활력을 불어넣는 것입니다. 하나님의 영감으

된 책의 복잡하고 어려운 부분이 이러한 욕구를 불러 일으켰습니다.

지난 2천 년 동안 이러한 욕구가 끼친 개인적, 문화적, 역사적 영향은 실로 엄청납니다.

- 기독교가 전파되는 곳마다 성경이 퍼져 나갔으며, 그와 더불어 성경을 다른 언어로 번역하려는 욕구도 퍼져 나갔습니다. 효과적인 번역에 필요한 모든 지적인 훈련도 함께 확산되었습니다.
- 이와 함께 새로운 번역을 읽을 수 있도록 문자 교육을 시키려는 욕구도 일어납니다. 새로운 세대마다 어린 아이들이 하나님의 말씀을 직접 접할 수 있도록 읽는 법을 가르치려는 욕구가 일어납니다.
- 그와 함께 교회뿐 아니라 학교를 세우려는 욕구가 생겨납니다.
- 시간이 지나면서 성경 번역과 읽기는 많은 문제에 대한 깊은 생각을 포함하기 때문에 보다 높은 차원의 교육에 대한 욕구가 생겨났습니다. 한 권의 책에 기록된 그분의 말씀을 통해 이루어지는 하나님과의 만남이 기초가 되어 문화가 형성되고 대학들이 생겨납니다.
- 이 모든 것에서 더 어려운 것들에 대한 통찰을 글로 남기려는 욕구가 있으며, 따라서 학문에 대한 헌신이 생겨납니다.
- 시간이 지나면서 이러한 통찰의 보화를 보존하려는 욕구가 생겨나며, 따라서 도서관과 다양한 복사 및 인쇄 수단이 생겨납니다.
- 신성한 본문을 다루고 귀중한 통찰을 전하는 데는 정확도가 아주 중요하기 때문에 이러한 일에 정확성을 기하고 주의를 집중하기 위한 훈련이 수백 년 간 계속되었으며 앞으로도 계속될 것입니다.

이것이 하나님이 로마서 3장 1-8절과 같은 어려운 단락을 성경에 두심으로써 세상에 하신 몇 가지 일입니다. 앞에서 나는 이러한 욕구와 복음의 보다 덜 복잡한 부분에서 나오는 성경의 또 다른 욕구가 조화를 이루게 하고 싶다고 했었습니다. 어떻게 그렇게 할 수 있을까요? 아마도 이렇게 하는 게 도움이 될 것입니다. 하나님은 사랑이시라는 것과(요일 4:8, 16) 하나님은 하나님이시라는 것을 생각해 보십시오(사 45:22, 46:9). 하나님은 하나님이시라는 진리는 하나님은 모든 영광스러운 속성을 갖고 계시며 스스로 전혀 부족함이 없는 분이라는 것을 암시합니다. 그러나 하나님은 사랑이시라는 진리는 이 모든 영광이 우리를 영원한 즐거움으로 인도하고 있다는 것을 암시합니다.

성경이 말하는 두 진리는 세상에서 서로 다른 욕구를 일으켰습니다. 여기서 우리는 기독교를 엘리트주의로 만들지 않기 위해 둘 사이의 조화가 제시된다는 것을 살펴보아야 합니다. 기독교는 절대로 엘리트주의가 아닙니다.

- 하나님은 사랑이시라는 사실은 단순함에 대한 욕구를 일으키며, 하나님은 하나님이시라는 사실은 복잡함에 대한 욕구를 일으킵니다.
- 하나님은 사랑이시라는 사실은 접근 가능성에 대한 욕구를 일으키며, 하나님은 하나님이시라는 사실은 심오함에 대한 욕구를 일으킵니다.
- 하나님은 사랑이시라는 사실은 기본에 집중하라고 독려하며, 하나님은 하나님이시라는 사실은 이해에 집중하라고 독려합니다. 전자는 "주 예수를 믿으라 그리하면 너와 네 집이 구원을 받으리라"(행 16:31)

고 말합니다. 후자는 "내가 꺼리지 않고 하나님의 뜻을 다 너희에게 전하였음이라"고 말합니다(행 20:27).

- 하나님은 사랑이시라는 사실은 진리를 모든 사람에게 전하라고 촉구하며, 하나님은 하나님이시라는 사실은 모든 사람에게 반드시 진리를 전하라고 촉구합니다.
- 하나님은 사랑이시라는 사실은 교제에 대한 욕구를 일으키며, 하나님은 하나님이시라는 사실은 학문에 대한 욕구를 일으킵니다.
- 하나님은 사랑이시라는 사실은 외향적인 사람과 전도자를 만들어 내는 경향이 있으며, 하나님은 하나님이시라는 사실은 사색적인 사람과 시인을 만들어 내는 경향이 있습니다.
- 하나님은 사랑이시라는 사실은 대중적 정서(folk ethos)를 불러일으키는 데 도움이 되며, 하나님은 하나님이시라는 사실은 초월적 정서(fine ethos)를 불러일으키는 데 도움이 됩니다. 대중적 정서는 하나님과의 친밀감을 기뻐하며 부드럽게 노래합니다.

은보다 더 귀하신 주
금보다 더 귀하신 주
금강석보다 더 아름다운
내 주님 같은 분 없도다
("가장 귀하신 주," Lynn DeShazo)

초월적 정서는 하나님의 초월적 위엄을 기뻐하며 깊은 환희에 싸여 노래합니다.

> 그분의 지혜는
> 너의 생각보다 높고 높게 나타나리라.
> 네가 쓸 데 없이 걱정하는 그 일을
> 그분이 온전히 이루실 때,
> 그분의 주권적인 뜻에 맡겨라.
> 그분이 선택하고 명하시게 하라.
> 그러면 그분의 지혜와 강한 손에
> 놀라고 또 놀라게 되리라.
> ("Give to the Winds Thy Fears," Paul Gerhardt)

아마도 어떤 사람은 이 시점에서 이렇게 말할 것입니다. "나는 하나님은 사랑이시라는 사실과 하나님은 하나님이시라는 사실, 대중적인 것과 초월적인 것, 전도자와 신비주의자, 교제와 학문, 접근 가능성과 심오함, 단순함과 복잡함을 분리하는 것을 좋아하지 않습니다." 나는 여기에 대해 "좋습니다!"라고 대답합니다. 왜냐하면 내 생각에는 이 모든 것이 귀중하며, 양쪽 모두 세상에서 그리스도의 사역과 사명을 감당하는 데 없어서는 안 되기 때문입니다.

내가 나의 양 떼와 이 책을 읽는 목회자들과 나 자신을 위해 기도하는 것은 우리가 기독교에서 이처럼 서로 다른 욕구를 볼 때 양쪽 모두를 포용했으면 하는 것입니다. 우리가 한 쪽으로 치우치더라도(우리 모두가 그렇듯이) 반대쪽 사람들을 존중하고 인정해 주길 바랍니다. 반대쪽이 편하다고 느끼는 사람들을 존중할 뿐 아니라 그분의 교회와 세상에 나타나는 더욱 충만한 하나님의 계시 때문에 반대쪽에 대해서도 기뻐할 수 있기를 바랍니다.

우리가 기독교 안에서 이러한 서로 다른 욕구를 분명히 할 때 전도와 선교의 진보가 이루어지는 기쁨도 맛보길 바랍니다. 이것은 고정 관념을 제거하고 사람들로 하여금 하나님이 그리스도 안에서 그들에게 주시는 모든 것을 보고 그분을 신뢰하는 데 도움이 되기 때문입니다.

형제들이여, 어려운 본문은 그만한 가치가 있습니다. 하나님이 어려운 본문을 두신 이유를 여러분의 양 떼에게 설명하십시오.

네가 네 자신과 가르침을 살펴 이 일을 계속하라

이것을 행함으로 네 자신과 네게 듣는 자를 구원하리라

• 디모데전서 4:16 •


그러므로 내가 택함 받은 자들을 위하여

모든 것을 참음은 그들도 그리스도 예수 안에 있는

구원을 영원한 영광과 함께 받게 하려 함이라.

• 디모데후서 2:10 •


단지 교회를 세우는 것만이 아니라

교회의 영원한 구원이 주일 아침에 달려 있다.

• 존 파이퍼 •

# 15
## 성도들을 구하십시오

목회자요 선생으로서 나의 목적은 죄인들을 구원으로 인도하고 그리스도의 몸을 세움으로써, 다시 말해 잃은 자들을 찾고 성도들을 가르침으로써 하나님을 영화롭게 하는 것이라고 했었습니다. 그러나 이러한 목적 뒤에는 나의 잘못된 생각이 숨어 있었습니다. 그것은 사람들을 구원하는 일에서 나의 유일한 역할은 잃은 자들에게 복음을 전하고 그들을 위해 기도하는 것이라는 생각이었습니다. 그들이 회심하고 교회에 등록하면 나의 역할은 끝이었습니다. 그리고 나는 그들에게 필요한 교육이나 성화를 돕는 하나님의 대행자일 뿐이었습니다.

나의 잘못은 나의 가르침이 잃은 자들의 구원과만 관계될 뿐 교회의 구원과는 무관하다고 생각한 것이었습니다.

그러므로 한동안 청교도 목회자들이 마치 자신들의 양 떼의 영원한 생명이 자신들의 가르침에 달려 있는 것처럼 설교했다는 사실이 내게는 이상하게 들렸습니다. 1635년에 죽었으며 '달콤함을 떨어뜨려 주는 사람'(the sweet dropper)으로 불린 리처드 십스는 왜 성도들에게 "은혜가 계속하여 움직이게 하라"고 그렇게 뜨겁게 촉구했을까요? 그는 "우리를 견인하는 것은 활기 없는 습관이 아니라 움직이는 은혜이기" 때문이라고 대답합니다.[1]

청교도들은 끈질긴 믿음의 순종이 없다면 그 결과는 보다 낮은 수준의 성화가 아니라 영원한 멸망일 거라고 믿었습니다. 그러므로 설교와 목회 전체가 성도들의 견인을 위한 중요한 수단이며 따라서 목회자의 목적은 단순히 성도들을 교육하는 게 아니라 그들을 구원하는 것입니다. 단지 교회를 세우는 것만이 아니라 교회의 영원한 구원이 주일 아침에 달려 있습니다. 왜 청교도들이 그렇게도 진지했는지 아는 것은 그렇게 어렵지 않습니다.

그러나 내가 목적을 바꾼 것은 십스나 백스터나 보스턴이나 에드워즈나 스펄전 때문이 아니었습니다. 사도 바울 때문이었습니다. 그는 디모데에게 이렇게 썼습니다. "네가 네 자신과 가르침을 살펴 이 일을 계속하라 이것을 행함으로 네 자신과 네게 듣는 자를 구원하리라"(딤전 4:16). 바울이 염두에 두고 있는 '청중'은 교회 밖의 사람들이 아니었습니다(12절이 보여 주듯이, "믿는 자에게 본이 되어"). 우리의 구원과 매주 우리의 설교를 듣는 사람들의 구원이 우리가 개인적인 거룩함과

---

1 Richard Sibbes, *The Bruised Reed* (Edinburgh: The Banner of Truth Trust, 1998; original, 1630), 104 .『꺼져 가는 심지와 상한 갈대의 회복』, 지평서원.

견고한 가르침에 충실하느냐에 크게 좌우됩니다. 성화의 정도, 그 이상의 많은 것들이 우리의 사역에 달려 있습니다. 이미 믿고 있는 우리 청중의 구원이 달려 있습니다.

디모데후서 2장 10절에서, 바울은 자신이 복음을 위해 받은 고난을 되새기면서 이렇게 말합니다. "그러므로 내가 택함 받은 자들을 위하여 모든 것을 참음은 그들도 그리스도 예수 안에 있는 구원을 영원한 영광과 함께 받게 하려 함이라." 하나님이 택하신 자들의 구원은 저절로 이루어지는 게 아닙니다. 하나님이 정하신 방법을 통해 이루어집니다. "내가…참음은 그들도…구원을…받게 하려 함이로라." "하나님이 정하신" 방법이란 반드시 필요한 방법이란 뜻입니다. 더욱이 자신이 택하신 자들의 구원을 위해 고난을 받는다고 바울이 말할 때 그는 아직 회심하지 않은 자들만 말한 게 아닙니다. 그는 골로새서 1장 24절에서 이렇게 말했기 때문입니다. "나는 이제 너희를 위하여 받는 괴로움을 기뻐하고 그리스도의 남은 고난을 그의 몸된 교회를 위하여 내 육체에 채우노라." 그뿐 아니라 조금 뒤에 가서는 이렇게 말합니다. "참으면 또한 함께 왕 노릇 할 것이요 우리가 주를 부인하면 주도 우리를 부인하실 것이라"(딤후 2:12). 여기서 '우리'란 바울 자신을 포함하는 것입니다. 바울이 그리스도를 부인하면, 그리스도께서도 그를 부인하실 것입니다. 택하신 자들의 구원은 그들이 그리스도를 부인하지 않고 믿음과 순종으로 참느냐에 달려 있습니다.

바울이 담당한 수고는 택하신 자들이 인내하도록 돕는 수단이었습니다. 그러므로 바울은 자신의 모든 수고가 이들의 구원을 위한 도구라고 보았습니다. 바울이 "모든 교회를 위하여 염려하는 것" 때문에 "날마다 내 속에 눌리는 일"로 인해 신음한 게 이상한 것일까요?(고후 11:28)

방금 인용한 고린도후서의 아름다운 구절에서, 바울은 하나님이 우리를 위로하시는 것은 우리가 다른 사람들을 위로하게 하기 위해서라고 가르칠 뿐 아니라 이렇게도 말합니다. "우리가 환난 당하는 것도 너희가 위로와 구원을 받게 하려는 것이요"(고후 1:6). 다시 한 번, 바울의 고난과 수고는 교인들의 구원을 위한 것이라고 합니다.

바울이 목회자로서 했던 수고가 택하신 자들의 구원으로 이어지는 예를 고린도후서 7장에서 볼 수 있습니다. 고린도의 신자들은 죄에 빠졌습니다. 바울은 이들이 깊은 슬픔에 젖도록 했던 편지를 썼습니다. 그러나 바울은 이들의 슬픔이 회개를 낳았기 때문에 기뻐합니다. "하나님의 뜻대로 하는 근심은 후회할 것이 없는 구원에 이르게 하는 회개를 이루는 것이요"(10절).

그렇다면 바울은 어떤 목적에서 이처럼 거친 목회 서신을 성도들에게 썼을까요? 구원에 이르는 회개를 위해서였습니다. 바울의 훈계는 흔들리는 신자들로 하여금 정신을 차리고 "두렵고 떨림으로 너희 [자신의] 구원을" 이루게 했습니다(빌 2:12). 그는 방황하는 죄인으로 하여금 각자의 잘못된 길에서 돌이켜 "그의 영혼을 사망에서 구원"하게 했습니다(약 5:19-20). 택하신 자들의 영원한 생명은 목회자가 얼마나 효과적으로 수고하느냐에 달려 있습니다. 그렇다면 우리는 자기 자신과, 자신의 가르침을 견고하고 유익하게 하는 데 집중해야 할 것입니다.

형제 자매가 하나라도 멸망하지 않도록 수고하는 게 목회자의 일입니다. 바울이 로마 교회에서 사랑을 따라 살지 못하는 모습을 보았을 때 목회자로서 마음이 찢어질 듯 아팠을 것입니다(롬 14:15). 강한 자들은 자신들의 자유를 자랑하면서 약한 자들에게는 죄가 될 수 있는 음식을 먹고 있었습니다(14절). 바울이 여기서 위험에 처했다고 본 대상은 참으로 놀랍습니다. "그리스도께서 대신하여 죽으신 형제를 네 음식으로 망하게 하지 말라"(15절). "음식으로 말미암아 하나님의 사업을 무너지게 하지 말라"(20절).

바울은 또한 자신들은 우상의 제물이었던 고기를 전혀 개의치 않는다고 자랑하는 고린도 신자들에게도 동일하게 훈계했습니다. "그런즉 너희의 자유가 믿음이 약한 자들에게 걸려 넘어지게 하는 것이 되지 않도록 조심하라…그러면 네 지식으로 그 믿음이 약한 자가 멸망하나니 그는 그리스도께서 위하여 죽으신 형제라"(고전 8:9, 11).

우리는 '멸망하다/무너지다'(아폴루미, apolumi)라는 단어를 가볍게 여겨서는 안 됩니다. 고린도전서 1장 18절과 고린도후서 2장 15절이 분명히 보여 주듯이 이 단어의 반대말은 구원입니다. 형제가 멸망한다는 것은 우리가 그를 잃는다는 뜻입니다. 이것은 죽음 너머의 멸망을 말합니다. 왜냐하면 바울은 동일한 단어를 사용하여 이렇게 말하기 때문입니다. "그리스도께서 다시 살아나신 일이 없으면…또한 그리스도 안에서 잠자는 자도 [지옥에서] 망하였으리니"(고전 15:17-18).

겉으로 보는 것과는 달리, 이것은 진정한 성도들이 구원을 잃을 수 있음을 암시하지는 않습니다. 뿐만 아니라 이것은 그리스도께서 택하신 자들을 위해 죽으실 때 그들의 영원한 구원을 영원히 보장하는 방식으로 죽으신 게 아님을 암시하지도 않습니다. 이것은 겉모습 때문에 '형제'라 불릴 수 있는 자도 믿음으로 인내하는 데 실패했기 때문에 마지막에는 형제가 아닌 것으로 드러날 수 있음을 암시합니다. 요한일서 2장 19절이 이런 사람들을 묘사합니다. "그들이 우리에게서 나갔으나 우리에게 속하지 아니하였나니 만일 우리에게 속하였더라면 우리와 함께 거하였으려니와 그들이 나간 것은 다 우리에게 속하지 아니함을 나타내려 함이니라." 이러한 사람들은 우리에게서 나가기 전에는 "그리스도께서 위하여 죽으신 형제"라고 관대하게 불렸을 것입니다. 그러나 마지막에 이들은 "그리스도께서 위하여 죽으신 형제"가 아닌 것으로 드러났습니다.

교회의 성화만이 아니라 최종적인 구원에 이르는 견인까지도 목회자의 훈계와 가르침에 달려 있습니다.

그러나 "그렇다면 매주 단순한 구원의 계획을 보여 주는 메시지만 전하자"고 결론 내린다면 크게 실수하는 것입니다. 이것은 결코 "성령이 그들 가운데 여러분을 감독자로 삼[으신]" 양 떼를 돌보는 방법이 아닙니다(행 20:28).

베드로가 "갓난 아기들 같이 순전하고 신령한 젖을 사모하라 이는 그로 말미암아 너희로 구원에 이르도록 자라게 하려 함이라"(벧전 2:2)고 했을 때 '젖'이라는 단어가 의미한 것은 히브리서 5장 12절에서 '단단한 음식'(고기)과 대비하여 사용된 '젖'과는 다른 것이었습니다다. 베드로가 의미한 것은 아기가 젖에 굶주린 만큼 성도들이 하나님의 은혜의 말씀에 주려야 한다는 것이었습니다(벧전 1:25). 오직 말씀을 먹음으로써 자랄 수 있으며, 오직 자람으로써 인내하며 최종적인 구원을 얻을 수 있습니다. 성도들이 복음의 메시지를 꾸준히 먹으면서도 유아기를 벗어나 자라지 않는다면, 인격이 자라지 않을 뿐 아니라 그들의 최종적인 구원도 위험에 처하게 됩니다.

우리가 반드시 기억해야 할 것은, 그리스도인의 삶에서 그저 제자리 걸음이란 없다는 사실입니다. 구원을 향해 나아가고 있거나 멸망을 향해 표류하고 있거나 둘 중 하나입니다. "그러므로 우리는 들은 것에 더욱 유념함으로 우리가 흘러 떠내려가지 않도록 함이 마땅하니라"(히 2:1). 우리는 그리스도 안에 있는 무한한 부요함을 양 떼에게 가르쳐 줌으로써 그들이 하나님께 더 가까이 나아가도록 하고 '하나님의 뜻을 다' 전해야 합니다(행 20:27). 그렇지 않는다면 우리는 양 떼의 믿음을 파선시킬 급류를 조장하고 있는 것입니다(딤전 1:19).

히브리서 2장 1-3절은 두 가지 가능성에 대해 말합니다. 우리가 주님의 말씀에 주목하거나(1, 3절) 아니면 그 말씀으로부터 멀어지거나(흘러 떠내려간다) 말입니다. 무관심의 강에 가만히 떠 있는 것은 불가능합니다. 강물이 폭포를 향해 거세게 달립니다. 그러므로 3절은 이렇게 묻습니다. "우리가 이같이 큰 구원을 등한히 여기면 어찌 [하나님의 공변된] 보응을 어찌 피하리요?" 우리의 큰 구원을 등한히 여긴다는 것은 아들을 통해 계시된 것에 주목하지 않으며(히 1:2), 예수님께 주의를 집중하지 않는다는 뜻입니다(히 3:1, 12:2). 그 결과 말씀으로부터 표류하며 따라서 구원으로부터 멀어집니다. "형제들아 너희는 삼가 혹 너희 중에 누가 믿지 아니하는 악한 마음을 품고 살아 계신 하나님에게서 떨어질까 조심할 것이요"(히 3:12). "우리가 시작할 때에 확신한 것을 끝까지 견고히 잡고 있으면 그리스도와 함께 참여한 자가 되리라"(히 3:14). "[아들이] 온전하게 되셨은즉 자기에게 순종하는 모든 자에게 영원한 구원의 근원이 되시고"(히 5:9).

어떤 독자들은 그리스도께 대한 순종에서 변화가 필요함을 이처럼 강조하는 것은 '이행득의'(以行得義)를 말하는 게 아니냐고 물을지도 모르겠습니다. 그러나 이것은 내가 말하는 바를 잘못 해석한 것입니다. 내가 4장—"형제들이여, 이신칭의를 삶으로 실천하고 가르치십시오"—을 쓰고 이 책의 앞부분에 둔 것도 바로 이 때문입니다. 순종은 유일하게 우리와 그리스도를 연합시키는 믿음, 곧 우리와 우리를 의롭게 하는 우리의 의를 연합시키는 믿음을 보여 주는 증거입니다. 내가 여기서 말한 것 가운데 이러한 믿음과 충돌하는 것은 전혀 없습니다.

그러므로 다시 말하겠습니다. 당신과 당신의 청중을 구원하는 길은(딤전 4:16) 단단한 식물이 빠진 '구원의 메시지'만을 제공하면서 당신의 양 떼가 영적인 답보상태에 있도록 해서는 발견될 수 없습니다. 바로 이런 것이 '히브리인들을' 멸망에 이르도록 퇴보시켰습니다(히 5:11-14). 성도들을 구원하는 방법은 그들에게 모든 성경을 다 먹이는 것입니다. 왜냐하면 성경은 "능히…구원에 이르는 지혜가 있게" 하기 때문입니다(딤후 3:15).

마지막으로 영원한 안전에 관해 한 가지만 말하겠습니다. 이것은 공동체 프로젝트입니다. 목회 사역이 그렇게도 중요한 것도 바로 이 때문이며, 우리의 설교가 유쾌한 것보다는 진지한 게 되어야 하는 것도 바로 이 때문입니다. 우리가 설교하는 것은 성도들이 믿음으로 인내하여 영광에 이르게 하기 위해서입니다. 우리가 설교하는 것은 성도들의 성장을 위해서일 뿐 아니라 그들이 자라지 않으면 멸망하기 때문이기도 합니다. 당신이 구원에서 하나님의 주권을 기뻐한다면 그리스도의 확실한 말씀을 믿고 안심하십시오. "내 양은 내 음성을 들으며 나는 그들을 알며 그들은 나를 따르느니라 내가 그들에게 영생을 주노니 영원히 멸망하지 아니할 것이요"(요 10:27-28).

택하신 자들은 하나님의 말씀을 사랑할 것이며, 택하신 자들은 성장할 것이며, 택하신 자들은 회개할 것이며, 택하신 자들은 틀림없이 구원받을 것입니다(롬 8:29-30). 그러나 이들이 충실한 가르침과는 무관하게 구원받지는 않을 것입니다. 하나님이 목회자요 교사들을 두신 것은 교훈을 위해서일 뿐만 아니라 구원을 위해서이기도 합니다.[2] 우리의 가르침에서 영원의 향기가 풍겨나길 바랍니다. 매주 영원이 걸려 있기 때문입니다.

---

2  이 장에서 제시된 주장을 좀더 자세히 알고 싶다면 다음을 보라. Thomas R. Schreiner and Ardel B. Caneday, *The Race Set Before Us: A Biblical Theology of Perseverance and Assurance* (Downers Grove, Ill.: InterVarsity Press, 2001).

그 때에 너희는 그리스도 밖에 있었고

이스라엘 나라 밖의 사람이라 약속의 언약들에 대하여는 외인이요

세상에서 소망이 없고 하나님도 없는 자이더니

• 에베소서 2:12 •

우리는 자신이 구조된 아슬아슬한 순간을 생생히 기억할수록

자신과 비슷한 처지에서 고통당하는 사람들을 불쌍히 여기는 게

더욱 자연스러워질 것이다. 우리가 얼마나 자격이 없었으며,

우리를 불에서 구해 낸 은혜가 공짜였는가를 깊이 느낄수록

죄인들에게 베푸는 우리의 자비도 더욱 공짜가 될 것이다.

• 존 파이퍼 •

마음이 더 이상 지옥의 진리를 느끼지 못할 때,

복음은 좋은 소식에서 단순히 그저그런 소식에 불과해진다.

기쁨의 강도는 떨어지고 가슴에서 넘쳐나는 사랑도 말라버린다.

• 존 파이퍼 •

# 16
## 우리는 지옥의 진리를 느껴야 합니다

우리의 목회 사역에서 가장 고통스러운 실패라면 주변의 불신자들과 육적인 교인들을 놓고 울지 못하는 게 아닐까요? 우리의 사역을 가로막는 큰 장애물 가운데 하나는 성경을 이해하기는 하지만 거기에 상응하는 뜨거운 마음이 없다는 것입니다. 성경에서는 천둥처럼 울리는 영광스럽고 섬뜩한 진리가 우리 마음에서는 기껏해야 미미한 두려움과 황홀감을 불러일으킬 뿐입니다. 우리는 메가톤급 진리를 단지 그램급 열정으로 말할 뿐입니다. 우리는 자신이 선포하는 진리를 마음으로 믿기는 하는 걸까요?

나는 삯군 목자가 아니라 진정한 목자가 되며, 곁길로 가는 어린 양을 보고 슬퍼하며, 눈물로 염소들을 불러모으기 위해서는 나 자신이 몇 가지 무섭고 놀라운 것을 마음으로 믿어야만 한다는 것을 알고 있습니다. 내가 온유하고 겸손하며 부드럽고 자신을 드러내지 않는 그리스도의 마음으로 사랑하려면 성경의 무섭고 영광스러운 진리를 반드시 느껴야 합니다. 구체적으로 말하면 이것입니다.

- 나는 지옥의 진리를 반드시 느껴야 합니다. 지옥은 존재하며 상상할 수 없을 정도로 무섭고 끔찍하며 영원히 계속되는 곳이라는 것을 반드시 느껴야 합니다. "그들은 영벌에…들어가리라"(마 25:46). 내가 '불못'과(계 20:15) '풀무 불'(마 13:42)을 상징으로 보려고 애쓴다 하더라도 이러한 상징이 실체에 대한 과장이 아니라 오히려 축소라는 무서운 생각이 듭니다. 지옥이 그다지 힘든 곳은 아님을 말씀하기 위해 예수님이 이러한 그림들을 선택하신 것은 아니었습니다.[1]

- 나는 예전에 나와 지옥이 지금 앉아 있는 의자만큼—그보다 더—이

---

[1] 모든 목회자는 우리 시대에 너무나 많은 학자들과 지도자들이 멸절설(annihilationism) 즉, 지옥은 우리에게 의식되는 영원한 비극이 아니라 존재의 그침을 의미한다는 믿음을 공개적으로, 그것도 거룩한 지식으로 받아들이고 있는 것을 걱정해야 한다. 나는 다음 책에서 멸절설을 지지하는 논증에 답해 보았다. John Piper, *Let the Nations Be Glad: The Supremacy of God in Mission* (Grand Rapids, Mich.: Baker Book House, 2003), 4장. 『열방을 향해 가라』, 좋은씨앗. 다음도 보라. Ajith Fernando, *Crucial Questions about Hell* (Wheaton, Ill.: Crossway Books, 1991); Larry Dixon, *The Other Side of the Good News: Confronting the Contemporary Challenges to Jesus's Teaching on Hell* (Scotland: Christian Focus, 2003); Edward William Fudge and Robert A. Peterson, *Two Views of Hell: A Biblical & Theological Dialogue* (Downers Grove, Ill.: InterVarsity Press, 2000); Robert A. Peterson, *Hell on Trial: The Case for Eternal Punishment* (Phillisburg, N. J.: Presbyterian and Reformed Publishing Co., 1995). 이 주제에 관한 Sinclair Ferguson의 탁월한 메시지를 직접 듣고 싶다면 www.desiringGod.org에 들어가 "Universalism and the Reality of Eternal Punishment"라는 제목의 카세트 테이프를 찾아보라.

나 가까웠다는 진리를 반드시 느껴야 합니다. 지옥의 어둠이 증기처럼 내 영혼에 밀려들어와 나를 유혹하여 넘어뜨리고 있었습니다. 지옥의 열기가 이미 내 양심의 피부를 태워버렸습니다. 지옥의 시각이 나의 시각이었습니다. 나는 지옥의 자식이자(마 23:15) 마귀의 자식이요(요 8:44) 진노의 자녀였습니다(엡 2:3). 또한 독사의 자식이었으며(마 3:7), 내게는 소망도 없고 하나님도 없었습니다(엡 2:12). 나는 암벽을 오르다 미끄러져 까마득한 절벽에 손끝으로 간신히 매달려 있는 사람처럼 지옥 위에 대롱대롱 매달린 채 영원한 고통으로부터 한 순간의 거리에 있었던 게 틀림없습니다. 나는 이것을 천천히 말하겠습니다. 영원한 고통이라고!

- 나는 하나님의 진노가 내 머리 위에 있었으며(요 3:36), 그분의 얼굴이 나를 노려보고 있었으며(시 34:16), 그분이 나의 죄 때문에 나를 미워하셨으며(시 5:5), 그분의 저주와 불 같은 진노가 나의 몫이었다는 것을(갈 3:10) 반드시 느껴야 합니다. 지옥은 사탄이 하나님께 강요한 게 아니었습니다. 지옥은 나 같은 사람들을 위한 하나님의 계획이요 약속이었습니다(마 25:41).

- 나는 우주의 모든 의가 하나님 편이고 나를 거스르고 있었다는 것을 마음으로 반드시 느껴야 합니다. 공의의 저울에 달아볼 때, 나는 공기보다 가벼웠습니다. 나는 내게 내려진 정죄의 판결에 항소할 권리가 전혀 없었습니다. 나의 입은 막혔습니다(롬 3:19). 나는 철저히 타락했고 유죄였으며, 하나님의 판결은 완전히 의로웠습니다(시 51:4, 롬 3:4).

형제들이여, 여러분은 들어 보았을 것입니다. "그런 부정적인 생각 일랑은 하지도 말라. 그리고 그런 것들은 가르치지도 말라. 뒤돌아보지 말며, 하나님의 복된 사랑을 말하고 새로운 창조를 보라." 그러나 나는 성경의 권위에 의지하여 감히 말하겠습니다. 그리스도로부터 분리된 채 소망도 없이 하나님도 없이 지옥 문턱에 있었던 소름끼치는 상황을 기억하고, 기억하고 또 기억하십시오. "그때에 너희는 그리스도 밖에 있었고 이스라엘 나라 밖의 사람이라 약속의 언약들에 대하여는 외인이요 세상에서 소망이 없고 하나님도 없는 자이더니"(엡 2:12). 내가 이러한 무서운 진리를 마음으로 믿지 않는다면 — 이 진리가 생생하게 느껴지도록 믿지 않는다면 — 그리스도 안에 있는 하나님의 복된 사랑이 거의 빛을 발하지 못할 것입니다. 구속의 따뜻한 온기를 거의 느끼지 못할 것입니다. 놀랍기 그지없는 나의 새로운 삶도 평범한 게 되어 버릴 것입니다. 지옥의 자식이었던 내게 모든 게 기업으로 주어졌다는 놀라운 사실에도 불구하고, 나는 전율하는 겸손과 겸허한 감사에 말을 잊게 되지도 않을 것입니다. 구원 사건 전체가 시시해 보일 것이며, 내가 낙원에 들어가는 것도 당연해 보일 것입니다. 마음이 더 이상 지옥의 진리를 느끼지 못할 때, 복음은 좋은 소식에서 단순히 그저 그런 소식에 불과해집니다. 기쁨의 강도는 떨어지고 가슴에서 넘쳐나는 사랑도 말라 버립니다.

그러나 내가 이러한 무서운 것들을 기억하고 마음으로 믿는다면, 내게 남아 있는 모든 죄와 영적인 것들에 무관심한 모든 순간이 내 타락의 찌끼가 뿜어 대는 지옥의 냄새를 상기시키게 한다면, 내 운명의 절벽에서 비틀거리던 날처럼 내 무릎을 약하게 한다면, 절대적으로 거저 주시는 은혜가 없었다면 내가 가장 강퍅한 죄인일 것이며 지금쯤 지옥의 고통 가운데 있으리라는 것을 기억한다면…내가 이 모든 것을 기억하고 마음으로 믿는다면, 내 마음에 얼마나 큰 회한과 겸손과 온유함이 있겠습니까?

그러면 성경에 대한 나의 이해와 마음의 열정을 갈라 놓는 골이 사라지고 사랑이 넘칠 것입니다.

위대한 의사께서 나를 우주의 화장터에서 그분의 중환자실로 옮겨 살리시고, 살리시고, 살리셨는데 내가 누구에게 악을 악으로 갚을 수 있겠습니까? 내가 어떤 질병을 보고 비웃을 수 있겠습니까? 내가 백만 배는 우월하다고 느낄 수 있는 가장 천한 죄인이 어디 있겠습니까? 나의 모든 악 때문에 눈물이 흐릅니다(나는 산뜻한 중산층의 괜찮은 남자지만 내 속에는 교만과 불신앙과 무관심과 배은망덕과 더러운 것과 세상적인 목적으로 가득합니다). 그러나 나는 거저 주시며 다함이 없는 하나님의 자비 때문에 기뻐 춤춥니다.

우리는 조나단 에드워즈를 "진노하신 하나님의 손에 잡힌 죄인들"이라는 설교를 한 사람으로 기억하고 있겠지만 지옥에 대한 에드워즈의 시각이 끼친 강력하고 실제적인 영향을 기억하지는 못할 것입니다. 지옥을 보고 예수님의 팔에 피하는 사람은 어떻게 되겠습니까? 에드워즈는 이렇게 대답합니다.

대상이 하나님이든 사람이든 간에, 진정한 그리스도인의 사랑은 겸손하고 가슴이 찢어지는 사랑이다. 성도들의 바람은 아무리 진지하더라도 겸손한 바람이다. 성도들의 소망은 겸손한 소망이며, 그들의 기쁨은 말할 수 없을 정도이며 영광으로 가득할 때라도 겸손하고 가슴이 찢어지는 기쁨이며, 그리스도인으로 하여금 마음이 더 가난하게 하고, 더욱 어린 아이 같게 하며, 모든 행동에 더욱 겸손하게 한다.[2]

찢어지지만 기뻐하는 마음을 가진 사람이라면 예수님처럼 사랑할 것입니다. 사랑의 능력은 우리와 멸망이 얼마나 가까운지를 알고 느끼는 두려움에 비례할 것입니다. 우리는 자신이 구조된 아슬아슬한 순간을 생생히 기억할수록 자신과 비슷한 처지에서 고통당하는 사람들을 불쌍히 여기는 게 더욱 자연스러워질 것입니다. 우리가 얼마나 자격이 없었으며, 우리를 불에서 구해 낸 은혜가 공짜였다는 것을 깊이 느낄수록 죄인들에게 베푸는 우리의 자비도 더욱 공짜가 될 것입니다.

우리가 기대만큼 뜨겁게 사랑하지 못하는 것은 이러한 것들에 대한 우리의 믿음이 실재적이지 못하기 때문입니다. 그러므로 우리의 교만은 깨지지 않으며 우리의 행실은 겸손하지 못합니다. 우리는 공항에서 마주치는 사람들과 우리의 양 떼 중에서 길을 잃고 방황하는 자들을 아픔과 간절함으로 바라보지 못합니다. "나 같은 죄인 살리

---

2 Jonathan Edwards, *Treatise Concerning the Religious Affections*, in The Works of Jonathan Edwards, vol.2, ed. John E. Smith (New Heaven, Conn,: Yale University Press, 1959), 339-340.

신"의 작사자인 존 뉴턴은 이러한 연민의 본보기입니다.

> 누구든지…그리스도의 사랑을 맛보았으며, 구속의 필요와 가치를 직접 경험해서 알고 있는 사람이라면 동료 피조물을 사랑할 수 있다. 아니, 사랑하지 않을 수 없다. 그는 첫 눈에 그들을 사랑한다. 하나님의 섭리가 복음의 시대를 도래시키고 그에게 영혼을 보살피게 한다면, 그는 하나님의 부드러운 자비를 통해 그들에게 간청하는 동안에도, 심지어 자신이 느낀 공포로 그들을 경고하는 동안에도 가장 따뜻한 우애와 온유의 감정을 느낄 것이다.[3]

형제들이여, 우리는 지옥의 진리와 구사일생으로 이루어진 우리의 탈출을 피부로 느낄 필요가 있습니다. 그렇지 않으면, 복음이 무미해지고, 오직 겸손한 마음으로 다른 사람들을 자신보다 낫게 여길 수 없을 것입니다(빌 2:3). 그렇다면 누가 우리의 양 떼에게 이것들을 말해 주겠습니까? 그들의 삶에서 온유함과 눈물로 그들을 경고해 줄 만큼 그들을 사랑하는 사람이 또 어디 있겠습니까?

---

3  John Newton, *The Works of the Rev. John Newton*, vol.5 (Edinburgh: The Banner of Truth Trust, 1985), 132.

죄에 대한 뉘우침으로 시작되는

철저한 순종의 가장 강력하고 고통스러운 행동은

하나님 안에 있는 즐거움을 깨닫고 맛보는 데서 유발되어야 한다.

• 존 파이퍼 •


후회의 고통은

반드시 즐거움의 토양에서 자라나야 한다.

• 존 파이퍼 •


자신이 거룩하지 못한 것 때문에 울 수 있으려면

먼저 하나님과 그분의 거룩의 길이 당신의 기쁨이 되어야 한다.

우리는 죄를 후회하면서 느끼는 고통,

곧 하나님을 높이는 고통을 경험하기 전에

먼저 하나님을 아는 즐거움을 맛보아야 한다.

• 존 파이퍼 •

# 17
## 즐거움을 통해
## 회개로 인도하십시오

예수님께 대한 철저한 순종의 언덕길을 오르는 첫걸음은 회개입니다. 회개는 내적 타락과 죄에 대한 후회를 포함합니다. 회개는 단지 후회에 그치지 않습니다. 회개는 죄와 의와 그리스도에 관해 머리(지성)와 가슴에서 변화가 일어나는 것을 말합니다. 회개는 세상의 부셔진 물통을 버리고 생명의 샘으로 돌이키는 것입니다. 그러나 지성의 변화 가운데 한 부분은 자신이 하나님을 사랑하지 못한 것과 거룩하지 못한 것을 후회하는 것입니다.

목회 사역의 큰 목적 가운데 하나는 양 떼를 예수님께 대한 철저한 순종의 갈보리 언덕길로 인도하는 것입니다. 이것이 그렇게까지 중요한 것은, 사람들이 우리의 착한 행실을 보고 하늘에 계신 아버지께 영광을 돌리리라고 예수님이 말씀하셨기 때문입니다(마 5:16). 우리의 설교에서 하나님의 영광이 가장 중요하다면, 예수님께 삶을 드리는 철저한 순종의 목적은 분명합니다. 이러한 순종은 하나님이 그리스도 안에서 우리에게 주시는 모든 것의 가치와 아름다움을 생생히 드러냅니다.

우리는 양 떼로 하여금 순종하면서 하나님을 높이도록 하는 일에 헌신한 사람들입니다. 하나님이 우리를 의의 길로 인도하시는 것은 바로 이 때문이라고 다윗은 말합니다. "내 영혼을 소생시키시고 자기 이름을 위하여 의의 길로 인도하시는도다"(시 23:3). "주의 이름을 생각하셔서 나를 인도하시고 지도하소서"(시 31:3). 하나님은 우리를 순종의 길로 인도하심으로써 그분의 영광을 지키십니다. 그러므로 우리는 설교와 사역에서, 이처럼 하나님을 높이려는 목적에서 그분과 함께 해야 합니다. 우리의 양 떼가 두려움을 바람에 날려 버리고 하나님의 진리를 위해, 다른 사람들에 대한 사랑을 위해 목숨을 걸 때 하나님이 정말 어떤 분인지가 드러납니다. 그분은 한없이 귀하고 한없이 큰 만족을 주시는 분이십니다. 그래서 그분의 백성은 만족을 위한 덧없는 죄의 즐거움이 필요하지 않습니다.

그러므로 우리가 철저한 순종을 외치는 것은 다름이 아니라 양 떼와 세상에서 하나님의 지고하심을 드러내려는 열정 때문입니다. 이러한 순종이 없다면, 교회는 세상에서 하나님의 영광을 거의 드러내지 못할 것입니다.

죄에 대한 후회가 하나님을 높이는 순종과 사랑의 길에서 내디디는 영적 첫 걸음이라면 목회자들에게 주어지는 긴급한 질문은 이것입니다. "어떻게 하면 삶을 바꾸고 하나님을 높이는 회개의 자리로 사람들을 인도할 수 있는가? 어떻게 하면 사람들이 자신의 죄를 슬퍼하게 할 수 있는가?"

내가 주장하고 싶은 것은 죄에 대한 뉘우침으로 시작되는 철저한 순종의 강력하고 고통스러운 행동은 하나님 안에 있는 즐거움을 깨닫고 맛보는 데서 유발되어야 하며, 이러한 행동에 불을 지피는 설교는 지속적으로 하나님을 지존하며 영원히 만족을 주시는 분으로 묘사해야 한다는 것입니다. 내가 몇 년 전에 우리 교회의 철야 기도회에서 말했던 것을 살펴보면 내가 의미하는 바가 좀더 뚜렷해질 것입니다.

이 기도회에서 내가 맡은 일은 회개에 초점을 맞추면서 그 한 시간을 인도하는 것이었습니다. 나는 이를 준비하면서 데이비드 브레이너드의 일기 중 몇 부분을 다시 읽었으며 거기서 놀라운 것을 발견했습니다. 브레이너드는 18세기에 아메리카 인디언 부족들에게 복음을 전한 젊은 선교사였습니다. 그는 29세에 죽었으며, 그의 삶은 그의 일기와 일지를 정리한 조나단 에드워즈를 통해 우리에게 전해졌습니다.

그는 자신이 설교할 때 인디언들 사이에 큰 회개가 일어나는 것을 여러 차례 보았다고 했습니다. 1745년 8월 9일, 그는 뉴저지 크로스윅성의 인디언들에게 설교하면서 이런 광경을 목격했습니다.

내가 공개적으로, 그러나 심하지는 않은 말로 울지 말라고 했는데도 많은 사람들이 눈물을 흘리고 있었다. 나는 무서운 말은 한 마디도 하지 않았고 오히려 그리스도의 충만하고 부족함이 없는 공로를 그들에게 제시하고 그분이 자신에게 오는 모든 자를 기꺼이 구원하신다고 말했으며, 그럼으로써 그들에게 기쁨으로 나오라고 했을 뿐인데도 어떤 사람들은 강하게 선포된 몇 마디에 많은 영향을 받았으며, 그로 인해 사람들이 영혼의 아픔을 느끼며 울기 시작했다.[1]

그는 이보다 앞서 8월 6일에는 이렇게 말했습니다.

그들에게 무서운 말을 한 마디도 안했는데도, 그들이 부드럽고 따뜻한 복음의 초대에 마음이 찔리는 모습은 정말 놀라웠다.[2]

그리고 그가 11월 30일에 누가복음 16장 19-26절에 나오는 부자와 나사로에 관해 설교할 때는 이런 일이 있었습니다.

말씀은 모여 있는 많은 사람들에게 큰 감동을 주었으며, 내가 '아브라함의 품에' 안긴 나사로 이야기를 할 때 특히 그러했다(눅 16:22). 나는 이것이 부자의 비극과 고통에 관해 이야기한 것보다 이들에게 더 큰 영향

---

1 Jonathan Edwards, *The Life of David Brainerd*, ed. by Norman Pettit, *The Works of Jonathan Edwards*, vol. 7 (New Haven, Conn.: Yale University Press, 1985), 310. 브레이너드의 일기 가운데 보다 쉽게 나온 것을 보고 싶다면 다음을 보라. *The Life and Diary of David Brainerd*, ed. by Jonathan Edwards with a Biographical Sketch of the Life and Work of Jonathan Edwards by Philip E. Howard Jr. (Grand Rapids, Mich.: Baker Book House, 1989). 『데이비드 브레이너드 생애와 일기』, 좋은씨앗.
2 Edwards, *The Life of David Brainard*, 307. 『데이비드 브레이너드 생애와 일기』, 좋은씨앗

을 미쳤다는 것을 알 수 있었다. 이들은 거의 항상 이러했다.…이들은 거의 언제나 하나님의 말씀에 담긴 무서운 진리보다 편안한 진리에 더 많은 영향을 받았다. 죄를 깨닫고 있는 이들 가운데 많은 사람들을 낙담시킨 것은 이들이 경건한 자의 행복을 원하기는 하지만 얻을 수 없다는 것이었다.[3]

이것은 모든 철저한 순종의 시작, 곧 진정한 복음적 회개의 영적 원인에 관해 주목할 만한 사실을 말해 줍니다. 그러나 이러한 영적 원인을 분석하기 전에 브레이너드가 인디언들 가운데 거하며 있었던 경험과 비슷한 예를 성경에서 살펴보기로 합시다.

똑같은 일이 누가복음 5장 1-10절에서도 일어난 것 같습니다. 예수님은 게네사렛 호수에서 배를 육지로부터 조금 떼기를 청하신 후에 배 위에서 무리를 가르치셨습니다. 그후에 어부들에게 깊은 곳에 그물을 던져 고기를 잡으라고 말씀하셨습니다(4절). 시몬이 항변했습니다. "선생님 우리들이 밤이 새도록 수고하였으되 잡은 것이 없지마는 말씀에 의지하여 내가 그물을 내리리이다." 그물을 내리자 그물이 찢어질 만큼 많은 고기가 잡혔습니다. 배가 가라앉을 정도로 고기가 두 배에 가득 찼습니다.

베드로의 반응은 주목할 만합니다. 그의 반응은 자존심 강한 현대인들이 은혜에 보이는 반응과는 달랐습니다. 8-9절을 보십시오.

---

[3] 같은 책, 342.

"시몬 베드로가 이를 보고 예수의 무릎 아래에 엎드려 이르되 주여 나를 떠나소서 나는 죄인이로소이다 하니 이는 자기 및 자기와 함께 있는 모든 사람이 고기 잡힌 것으로 말미암아 놀라고." 여기서 주목할 만한 사실은 베드로의 마음을 찢어 놓았고 그로 깊이 회개하게 만든 것은 심판의 말이 아니라 은혜의 기적이라는 것입니다. 이 점에서 크로스윅성의 인디언들과 갈릴리의 어부들은 다를 게 없었습니다.

왜 그럴까요? 진정한 복음적인 회개는 단순히 위협에서 나오는 율법주의적이며 두려움에 찬 슬픔과는 반대로 자신이 거룩하지 못한 데 대한 슬픔이기 때문입니다. 그러나 여기서 주의해야 할 게 있습니다. 자신이 거룩하지 못하다는 사실로 울면서도, 그 이유가 하나님을 사랑하고 그분이 그리스도 안에서 주시는 모든 것을 누리길 원하기 때문이 아니라 거룩하지 못해서 받을 형벌이 두렵기 때문일 수 있습니다. 판사가 판결문을 낭독할 때 많은 범죄자들이 우는 것은 이제 의를 사랑하게 되었기 때문이 아니라 더 많은 불의를 행할 수 있는 자유를 박탈당했기 때문입니다. 이러한 종류의 울음은 진정한 복음적인 회개가 아닙니다. 이러한 울음은 그리스도인의 철저한 순종을 낳지도 못합니다.

자신이 거룩하지 못하다는 사실에 대한 유일하고 참된 슬픔은 거룩하지 못한 결과에 대한 두려움이 아닌 거룩에 대한 사랑에서 나옵니다. 보다 정확하게 말하자면, 자신이 거룩하지 못한 데 대한 진정한 후회는 하나님을 기뻐하지 못하고 그 기쁨에 이끌려 살지 못하는 것에 대한 후회라 할 수 있습니다. 악한 짓 때문에 받을 형벌로 인해 우는 것은 악한 짓을 싫어한다기보다는 고통을 싫어한다는 표시입니다. 울음과 통회가 참되고 복음적이려면 단지 고통의 위협에 대한 두려움이 아니라 하나님 안에서 기뻐하는 삶을 살지 못하는 데 대한 아픈 가슴에서 나오는 것이어야 합니다.

그러나 이제 이것이 무슨 뜻인지 생각해 봅시다. 내가 철야 기도회를 준비하던 중에 발견한 놀라운 사실이 있습니다. 당신에게 없는 그 무엇 때문에 우는 것이 '그 무엇'이 그 자체로 귀중하다는 것을 보여 주기 위해서라면 당신은 정말 그것을 기뻐하는 게 분명합니다. 당신은 그것을 기뻐할수록 그것을 갖지 못한 것 때문에 더 낙담할 것입니다. 이것은 진정한 복음적 통회, 진정한 회개에는 모든 만족을 주시는 하나님과 사랑에 빠지는 일이 선행되어야 한다는 것을 의미합니다. 자신이 거룩하지 못한 것 때문에 울기 위해서는 거룩을 하나님에 대한 소중한 경험과 묵상으로 갈망해야 합니다. 자신이 거룩하지 못한 것 때문에 울기 위해서는 거룩의 본성이 당신에게 끌려야 합니다.

그러므로 이것이 처음에는 너무나 이상해 보일 것입니다. 자신이 거룩하지 못한 것 때문에 울 수 있으려면 먼저 하나님과 그분의 거룩의 길이 당신의 기쁨이 되어야 한다니 말입니다. 사랑에 빠지지 않고는 외로움이 얼마나 가슴 아픈 것인가를 알 수 없습니다. 우리가 죄를 후회하면서 느끼는 고통, 곧 하나님을 높이는 고통을 경험하려면 먼저 하나님을 아는 즐거움을 맛보아야 합니다.

이제 이것이 설교에 어떤 의미가 있는지 생각해 봅시다. 진정한 복음적 회개를 낳으려면 어떤 설교가 필요할까요? 브레이너드는 인디언들이 경고의 말보다는 유쾌하고 사람을 끄는 말에 마음을 더 쩢는다는 것을 발견했습니다. 경고는 거룩과 천국의 영광을 진지하게 받아들여 우리가 이것들을 있는 그대로 보고 기뻐하도록 고무시키는 데 가치가 있습니다. 그렇지만 우리의 부족함에 대해 진정한 슬픔을 일으키는 것은 그 안에 있는 기쁨입니다. 갖고 싶지도 않은 것을 갖지 못했다고 우는 사람은 없습니다.

베드로는 예수님의 기적에서 너무나 놀라운 소망과 기쁨의 보화를 발견하고서 자신의 삶이 순식간에 그러한 보화로 넘치는 것에 깜짝 놀랐습니다. 그렇다면 우리도 마찬가지일 것입니다. 예수님을 믿는 자들을 위해 그분 안에 이렇게 강한 능력과 이렇게 좋은 것이 숨겨져 있다면, 그것을 진정으로 믿는다면 우리 삶이 얼마나 달라지겠습니까! 우리가 얼마나 철저히 순종하겠습니까! 이와 같은 그리스도를 위해 살면서 얼마나 많은 것들을 기꺼이 포기할 수 있겠습니까! 우리가 즐기는 사소한 불평과 덧없는 죄악의 즐거움으로부터 얼마나 자유할 수 있겠습니까!

그러므로 진정한 후회와 통회와 회개는 하나님께서 예수님 안에서 우리에게 주시는 모든 것과 사랑에 빠지는 데서 나온다는 것을 나는 발견했습니다. 하나님이 우리의 보화가 되실 때까지, 우리는 자신이 그분 안에서 만족하지 못하는 것과 그러한 만족을 보여 주는 삶을 시작하지 못하는 것에도 슬퍼하지 않을 것입니다.

그러므로 진정한 복음적 후회와 통회를 목적으로 하는 설교는 반드시 하나님과 그분의 거룩이 매력적이며 만족을 주는 것으로 보이도록 해야 하는데, 이것은 사람들이 거듭남과 조명의 은혜를 통해 자신이 거룩하지 못한 것을 강하게 후회할 만큼 거룩을 사랑하게 하기 위해서입니다. 바꾸어 말하자면, 사람들이 하나님의 영광에 이르지 못한 것을 진정으로 슬퍼하게 하려면 하나님의 영광 안에 있는 기쁨을 전해야 합니다. 복음적 회개는 하나님의 거룩의 매혹적인 모습에 기초합니다. 형제들이여, 양 떼가 즐거움을 통해 회개에 이르게 하라고 말하는 것도 바로 이 때문입니다.

너희가 회개하여 각각 예수 그리스도의 이름으로 세례를 받고.

• 사도행전 2:38 •


너희가 세례로 그리스도와 함께 장사되고

또 죽은 자들 가운데서 그를 일으키신

하나님의 역사를 믿음으로 말미암아

그 안에서 함께 일으키심을 받았느니라.

• 골로새서 2:12 •


물은 예수 그리스도께서 부활하심으로 말미암아

이제 너희를 구원하는 표니 곧 세례라

이는 육체의 더러운 것을 제하여 버림이 아니요

하나님을 향한 선한 양심의 간구니라

• 베드로전서 3:21 •


또 각각 자기 나라 사람과 각각 자기 형제를 가르쳐 이르기를

주를 알라 하지 아니할 것은

그들이 작은 자로부터 큰 자까지 다 나를 앎이라.

• 히브리서 8:11 •

# 18
## 세례의 의미를 강조하십시오

1973년의 어느 아름다웠던 날이 생각납니다. 레온하르트 고펠트 교수는 바바리안 알프스 자락에 자리잡은 뮌헨 남쪽의 휴양소에서 주최하는 세례 세미나에 나를 초대했습니다. 그는 루터교인이었으며, 미국인은 나 혼자뿐이었고 침례교인도 나 혼자뿐이었습니다. 우리는 수도원에서 만나 여러 시간 동안 유아 세례(침례교에서는 유아에게 세례를 주지 않는다 — 옮긴이)냐 신자 세례냐를 놓고 논쟁을 벌였습니다.[1] 이것

---

1 '신자의 세례'(believer's baptism)가 아니라 '신자 세례'(believer baptism)라는 말이 이상하게 들릴 것이다. 그럼에도 불구하고 내가 이 용어를 사용하는 것은 Paul Jewett가 다음과 같은 말로 이 용어를 잘 변호해 주고 있기 때문이다. "엄격히 말하자면, '의' 자를 빼고 '신자 세례'라고 써야 한다. 왜냐하면 '유아 세례'가 유아들에게 거행되는 세례를 가리키는 것처럼 '신자 세례'는 신자들에게 거행되는 세례를 가리키기 때문이다. 이 책에서는 '신자들의 세례'(believers' baptism)가 아니라 '신자 세례'라는 용어를 사용하는 것도 바로 이 때문이다." Paul Jewett, *Infant Baptism and the Covenant of Grace*

은 투맨쇼였습니다. 일종의 다윗과 골리앗 이야기와 같은 것이었습니다. 나를 응원하는 침례교인들은 없었습니다. 그렇다고 고펠트 교수가 쓰러진 것도 아니었습니다. 지금까지 나는 나의 물맷돌이 정말로 날아갔으며, 17세기 전통의 막강한 힘이 유아 세례의 요새를 지켜주었을 뿐이라고 믿습니다.

이 책의 독자 가운데 침례교인이 아닌 사람들이 많이 있다는 것도 압니다. 나로서는 기쁩니다. 논쟁을 하고 싶지는 않습니다. 이미 죽은 나의 영웅들 가운데 대부분이 유아 세례를 받았습니다. 세례의 시점이나 형태를 중요한 교리로 치켜세우고 싶지는 않습니다. 이야기를 계속하기 전에 서로의 차이를 이야기하는 방식을 설명해 두는 게 도움이 될 것 같군요.

물을 붓거나 뿌려도 세례는 바르게 집행된 것입니다. 웨스트민스터 신앙고백을 예로 들어 봅시다. 나는 내게 가장 소중한 진리를 훌륭하게 진술하고 있는 웨스트민스터 신앙고백을 좋아합니다. 이 신앙고백에는 침례교인의 눈으로 볼 때 뚜렷이 다른 두 개의 세례가 있는데, 28번째 단락의 핵심 문구에서 나타납니다. "세례는 수세자에게 물을 붓거나 뿌려도 바르게 시행되는 것이다"(28.3).[2] "한 쪽만 믿거나 양쪽 다 믿는 부모의 자녀도 세례를 받아야 한다"(28.4).[3]

---

(Grand Rapids, Mich.: Wm. B. Eerdmans Publishing Co., 1978), 226.
2   Philip Schaff, *The Creeds of Christendom* (Grand Rapids, Mich.: Baker Book House, 1977), 662. 『신조학』, CLC.
3   같은 책, 662-663.

뚜렷이 구분되는 두 형태 중 첫 번째에서, 많은 사람들이 세례를 "아버지와 아들과 성령의 이름으로 신자를 물에 잠그는 것"으로 정의합니다. 이것이 사실이라면, 웨스트민스터 신앙고백이 "세례는 수세자에게 물을 붓거나 뿌려도 바르게 시행되는 것이다"라고 말하는 것은 잘못이라고 봅니다. 나는 '바르게'라는 말을 '적절하게', '꼭 맞게', '적합하게'라는 뜻으로 받아들입니다. 이것은 침례교인들이 물을 붓거나 뿌리는 것을 '부적절하며', '맞지 않으며', '부적합한' 것이라고 말할 수 있다는 뜻입니다. 그렇다면 많은 사람들이 적절하게, 꼭 맞게, 적합하게 (다시 말해, 바르게) 세례를 받아야 한다고 추론할 것입니다.

웨스트민스터 신앙고백의 시각 가운데 뚜렷이 구분되는 두 번째는 신자들의 어린 자녀들이 "세례를 받아야 한다"고 단언하는 것입니다(28.4). 침례교인들은 반대로 말할 것입니다. "유아들은 세례를 받아서는 안 됩니다." 이들에게 세례를 주는 것은 믿음을 고백한 '신자를 물에 잠그는 것'이라는 세례의 정의와 모순될 것입니다. 그러므로 여기에서 또 다시 침례교인들은 웨스트민스터 신앙고백이 실수를 했다고 볼 것입니다.

여기서 이러한 실수는 비난받을 만하거나 고의적인 무지의 증거라고 말할 필요는 없습니다. 우리는 하나님의 옛언약의 백성과 새언약의 백성간의 통일성을 보며 하나님을 높이는 노력의 하나로서 '언약의 표징'을 신자들의 자녀에게 시행해야 한다는 역사적, 신학적 논증을 진정으로 존중합니다. 그러므로 우리는 이러한 견해를 고수하는 사람들에게 도덕적, 영적으로 의심의 눈초리를 보낼 필요가 없습니다. 각자에게는 맹점(약점)이 있으며, 이 부분은 우리보다 다른 사람들이 더 분명하게 보고, 그 가운데 어떤 것은 하나님과 성경에 관한 고의적이거나 반항적인 태도라기보다는 환경적인 요인 때문입니다.

그러므로 우리는 본질적이며 깊고 놀라운 진리를 장로교/개혁주의 형제 자매들과 나눌 때 예배와 사역에서 파트너십과 협력 관계를 추구할 수 있습니다. 각각의 경우, 참여자들은 그 누구도 양심을 거스르지 않게 하면서 세례에 관한 문제를 다룰 수 있는 방법에 동의할 것입니다.

이제 내 이야기로 돌아가 봅시다.

나는 나의 작은 '바바리아 전투'가 잘못된 수준에서 치러졌다는 것을 알게 되었습니다. 1980년 미니애폴리스에 있는 베들레헴교회에 부임한 후, 셀 수 없을 만큼 많은 새신자를 가르쳤습니다. 어릴 때 '세례'(또는 영세)를 받았지만(따옴표에 반감은 갖지 말아 주십시오) 우리 교회에 등록하고 싶어하는 루터교인이나 가톨릭 교인이나 장로교인이 언제나 있었습니다. 내가 신자 세례를 받아들이는 이유가 조금씩 세밀하게 이해되기 시작했습니다. 이제는 내가 바바리아에서 결코 뿌리에까지 이르지 못했었다는 것을 압니다.

내 생각은 이렇게 발전했습니다. 세 단계 즉 아동기, 청소년기, (바라기는) 성숙기를 거친 것 같습니다.

첫째, 나는 성경에 기록된 모든 세례가 그리스도를 믿는 신앙을 고백한 사람에게 시행되었다는 것을 알았습니다. 성경 어디에도 유아가 세례를 받은 경우는 없었습니다. '가족'에 유아가 포함되었다고 추정한다면 '가족 세례'(사도행전 16:15,33과 고린도전서 1:16에 언급되어 있습니다)를 유일한 예외로 볼 수 있습니다. 그러나 사실, 누가는, 예를 들면 빌립보 감옥 간수의 경우(행 16:32) 바울이 먼저 "주의 말씀을 그 사람[간수]과 그 집에 있는 모든 사람에게 전하고" 그 후에 그들에게 세례를 주었다고 말함으로써 이러한 추정이 불가능하게 합니다. 이것은 누가가 세례를 받기 위해서는 '주의 말씀을' 듣고 믿어야 한다는 것을 보여주는 하나의 방식인 것으로 보입니다. 여기서 최소한 간수의 가족 가운데 언급되지 않은 유아가 있었을 것이라는 추정만큼은 신빙성이 있습니다.

성경에는 유아 세례의 직접적인 언급이 없습니다. 그리고 누가는 세례를 받기 위해서는 먼저 주의 말씀을 들어야 한다고 말하는 것 같습니다. 이 외에도 나는 베드로의 명령은 "회개하여…세례를 받으라"는 것이었다는 데 주목했습니다(행 2:38). 나는 순서를 바꾸어야 할 이유를 전혀 발견하지 못했습니다.

그러나 나는 이러한 관찰이 강한 설득력이 있는 게 아니라 암시적일 뿐이라는 것을 점차 알게 되었습니다. 성경에는 유아 세례에 관한 직접적인 기록이 없습니다. 그러나 이러한 사실이 유아 세례가 전혀 없었음을 증명하는 것은 아닙니다. 그리고 베드로는 성인(成人) 청중에게 "회개하여…세례를 받으라"고 했습니다. 그러나 이 사실이 그가 신자들의 유아에 대해 다른 말을 했으리라는 가능성을 배제하는 것은 아닙니다. 그러므로 나는 두 번째 단계에까지 자랐으며 "신자 세례를 보다 성숙하게 변호하기 위해서는 세례에 대한 예를 넘어 세례에 관한 가르침으로 옮겨가는 게 좋겠다"고 결정했습니다. 누가 내러티브의 의미가 바울과 베드로의 설명으로 분명해질 수 있을 테니까요.

물론, 여기서 로마서 6장 1-11절이 떠오릅니다. "무릇 그리스도 예수와 합하여 세례를 받은 우리는 그의 죽으심과 합하여 세례받은 줄을 알지 못하느뇨 그러므로 우리가 그의 죽으심과 합하여 세례를 받음으로 그와 함께 장사되었나니 이는 아버지의 영광으로 말미암아 그리스도를 죽은 자 가운데서 살리심과 같이 우리로 또한 새 생명 가운데서 행하게 하려 함이니라"(3-4절). 그러나 이 구절은 고펠트 교수가 가장 좋아하는 무기였습니다. 왜냐하면 11절이 되기 전까지 이 구절에는 믿음이나 하나님에 대한 어떤 의식적인 반응과 관련된 단어가 전혀 없기 때문이며, 11절에서도 이러한 반응은 세례 후에 나타나기 때문입니다. 그러므로 그는 세례의 본질적 의미는 우선적인 믿음을 포함하지 않는다는 주장을 뒷받침하는 증거로 로마서 6장을 사용했습니다. 내가 생각하기에, 대부분의 사람들이 이 본문은 어느 쪽 견해도 결정적으로 뒷받침해 주지는 않는다는 데 동의할 것입니다. 이 본문이 침수를 초대교회의 일반적인 형태라고 지적한다는 것 외에는 말입니다("우리는 세례를 통해 그리스도와 함께 장사되었다").

그러나 내가 보기에 골로새서 2장 12절과 베드로전서 3장 21절은 유아 세례를 주장하는 사람들에게 문제가 되는 것 같습니다. 바울은 세례를 할례와 비교하면서 이렇게 말합니다. "너희가 세례로 그리스도와 함께 장사되고 또 죽은 자들 가운데서 그를 일으키신 하나님의 역사를 믿음으로 말미암아 그 안에서 함께 일으키심을 받았느니라"(골 2:12). 이 구절은 분명하게 말합니다. 우리가 세례 안에서 믿음을 통해 일으킴을 받았다는 것입니다. 그러므로 바울은 세례는 세례 받는 사람의 믿음의 표현이라고 말하는 것으로 보입니다. 나는 유아가 자기 믿음의 표현으로서 세례 의식을 어떻게 적절히 받아들일 수 있는지 알지 못했습니다.

베드로전서 3장 21절은 이렇게 말합니다. "물은 예수 그리스도께서 부활하심으로 말미암아 이제 너희를 구원하는 표니 곧 세례라 이는 육체의 더러운 것을 제하여 버림이 아니요 하나님을 향한 선한 양심의 간구니라." 이 본문은 많은 침례교인을 위협하여 쫓아 버립니다. 왜냐하면 이 본문은 의식 자체가 구원한다는 로마 가톨릭의 개념(세례를 통한 중생, baptismal regeneration)에 가까운 것으로 보이기 때문입니다. 그러나 이 본문을 피하면 신자 세례에 대한 강력한 논증을 포기하는 격이 됩니다. 왜냐하면 제임스 던은 "베드로전서 3장 21절은 신약성경이 말하는 세례의 정의에 가장 근접한 것이다"라고 말하기 때문입니다.[4]

베드로에 따르면, 세례는 "하나님을 향하여 찾아가는 것"(an appeal to God, 하나님을 향한 호소)입니다. 다시 말해, 세례는 하나님을 향한 믿음의 부르짖음입니다. 이런 의미에서, 그리고 이러한 정도로, 세례는 하나님의 구원 방법의 일부입니다.[5] 이보다 우리를 더 놀라게 하

---

4 Janes D. G. Dunn, *Baptism in the Holy Spirit* (London: SCM Press Ltd., 1970), 219
5 세례—외적이며 육적인 세례 의식이 아니라 세례가 표현하는 내적인 영적 실체—가 이제 당신을 구원한다." Wayne Grudem, *1 Peter, Tyndale New Testament Commen-*

는 본문이 있습니다. "네가 만일 네 입으로 예수를 주로 시인하며…네 마음에 믿으면 구원을 받으리라"(롬 10:9). 허공에서 이루어지는 입술의 움직임과 물 속에서 이루어지는 몸의 움직임이 — 이것이 의롭게 하는 유일한 행위, 즉 믿음의 표현이라는 의미에서 — 우리를 구원합니다(롬 3:28). 세례는 마음에 있는 하나님에 대한 믿음을 외적으로 호소하는 것입니다.

그러므로 내가 보기에는 골로새서 2장 12절과 베드로전서 3장 21절은 아직 그리스도를 믿거나 하나님께 호소할 수 없는 유아들에게 세례를 주어서는 안 된다는 주장을 강하게 뒷받침하는 것 같습니다.

그러나 나의 '바바리아 전투'는 바로 여기서 멈춰 버렸습니다. 그때 이후로 나는 이러한 본문들까지도 부모의 믿음을 힘입어 그리고 자신이 마침내 '견진성사'(입교)를 하리라고 바라면서, 유아에게도 세례를 줄 수 있다는 희미한 가능성을 열어 둔다는 것을 교회의 새신자 교육 과정에서 오랜 논증을 통해 알게 되었습니다. 이 논증에 의하면 골로새서와 베드로전서의 이러한 구절들이 '성인들'이 회심하고 세례를 받는 선교적 상황에서 적절함을 갖는다고 말합니다. 바울과 베드로가 그리스도인 가정에 태어난 유아들의 문제를 다루었다면 모범적인 장로교인들처럼 말했을 수 있습니다.

---

taries (Grand Rapids, Mich.: Wm. B. Eerdmans: Leicester, England: Inter-Varsity Press, 1988), 163. 신자 세례에 대한 탁월한 변호를 보려면 다음을 보라. Wayne Grudem, *Systematic Theology: An Introduction to Biblical Doctrine* (Grand Rapids, Mich.: Zondervan Leicester, England: Inter-Varsity Press, 1994), 966-968. 『조직신학』, 은성.

나는 이것을 의심합니다. 신자 세례를 뒷받침하는 세 번째 단계의 추론이 있습니다. 하이델베르크 교리문답의 74번 질문은 유아에게 세례를 주어야 하느냐고 묻고 이에 대한 답을 제시하는데, 이러한 답에 대한 아주 성경적이며 침례교적인 반응이 있습니다. 하이델베르크 교리문답은 이렇게 답합니다.

주어야 한다. 유아들의 부모뿐 아니라 유아들도 하나님의 언약 속에 있는 하나님의 백성이다. 유아들의 부모 못지 않게 유아들도 그리스도의 피를 통한 죄 용서와 믿음을 주시는 성령을 약속 받았다. 그러므로 유아들은 언약의 표징인 세례를 통해 그리스도의 교회에 속하게 되고 불신자의 자녀들과 구별되어야 한다. 구약에서는 이것이 할례를 통해 이루어졌으나 신약에서는 세례로 대체되었다.[6]

바꾸어 말하자면, 개혁교회에서 유아 세례는 신약의 세례가 구약의 할례에 상응하는 것이라는 사실에 그 정당성이 달려 있습니다.

할례의 표징과 세례의 표징 사이에 중요한 연속성이 있는 것은 사실이지만 개혁주의 신학의 장로교 대표들은 둘 사이의 불연속성을 과소평가하는 것 같습니다. 이것이 세례에 대한 침례교인들과 장로교인들의 근본적인 차이입니다. 나는 이 문제에 있어 우리가 이스라엘과 교회, 이들 각각의 언약의 표징 사이에 존재하는 연속성뿐 아니라

---

6  Schaff, *The Creeds of Christendom*, 331. 『신조학』, CLC.

불연속성도 존중해야 한다고 믿습니다.

연속성은 이렇게 표현됩니다. 할례가 육적인 이스라엘을 구성하는 아브라함의 모든 육적인 자손들에게 시행되었던 것처럼 세례도 영적 이스라엘, 즉 교회를 구성하는 아브라함의 모든 영적 자손들에게 시행되어야 합니다. 예레미야와 히브리서 기자가 묘사하듯이 하나님의 '옛 언약'의 백성과 하나님의 '새 언약'의 백성간의 차이를 생각해 보십시오. 두 성경 저자 모두 새 언약 아래서는 언약의 다른 구성원들에게 '주를 알라'고 말할 필요가 없다고 말합니다. 왜냐하면 언약의 구성원이라는 점이 주를 안다는 것을 의미하기 때문입니다.[7] 이것은 하나님의 옛 언약의 백성이 되는 것은 육체적 출생을 통해서였으며 하나님의 새 언약의 백성이 되는 것은 영적인 출생을 통해서라는 것을 암시합니다. 그러므로 언약의 표징은 이러한 변화를 반영하며, 영적 출생의 증거를 제시하는 자들에게 시행되는 게 자연스러워 보입니다.[8]

그렇다면 우리 시대에 하나님의 백성을 구성하는 이러한 아브라함의 영적 후손들은 누구입니까? 갈라디아서 3장 7절은 이렇게 말합니다. "그런즉 믿음으로 말미암은 자들은 아브라함의 아들인 줄 알지어다." 예수님이 오셨기 때문에, 하나님의 언약 백성은 더 이상 정치적

---

[7] 히브리서 8:11(렘 31:34). "또 각각 자기 나라 사람과 각각 자기 형제를 가르쳐 이르기를 주를 알라 하지 아니할 것은 그들이 작은 자로부터 큰 자까지 다 나를 앎이라."
[8] 이러한 특별한 통찰을 발견하고 정립하도록 도와준 나의 조력자 Justin Taylor에게 감사한다.

이고, 인종적인 게 아닌 신자들의 몸이라는 것입니다.

세례 요한은 이러한 변화를 일으키기 시작했으며 세례의 새로운 표징을 소개했습니다. 그는 모든 유대인들에게 회개하고 세례를 받으라고 외침으로써, 육체적 후손이라고 해서 하나님의 가족의 일원이 되는 게 아니며 이제 육체적 관계를 상징하는 할례가 영적 관계를 상징하는 세례로 대체될 것이라고 강력하게, 공격적으로 선언했습니다. 사도 바울은 특히 로마서 9장에서 이와 같이 새롭게 강조되는 부분을 부각시키면서 이렇게 말합니다. "또한 아브라함의 씨가 다 그의 자녀가 아니라…곧 육신의 자녀가 하나님의 자녀가 아니요"(7-8절).

그러므로 구속사에서 중요한 변화가 일어났습니다. 연속성뿐 아니라 불연속성도 있습니다.

칼뱅과 몇몇 후계자들은 마치 그리스도의 오심으로 중요한 변화가 전혀 일어나지 않은 것처럼 언약의 표징들을 다루었습니다. 그러나 오늘날에 하나님은 이스라엘이라는 인종적 민족을 다루실 때와는 다르게 그분의 백성을 형성하십니다. 눈에 보이는 하나님의 백성은 더 이상 자연적 출생을 통해 형성되지 않고 새로운 출생과 그 표현인 그리스도를 믿는 믿음을 통해 형성됩니다.

세례 요한과 예수님, 사도들의 등장과 함께 이제 강조되는 것은 부모의 영적 신분이 자녀가 언약 공동체의 구성원이냐를 결정하는 게 아니라는 것입니다. 아브라함의 축복의 수혜자들은 아브라함의 '믿음'을 가진 자들입니다. 이들은 언약의 공동체에 속한 자들입니다.

그리고 이들은 언약의 표징(신자 세례)을 받아야 하는 자들입니다.

그러므로 다시 바바리아로 돌아갈 수 있다면 서둘러 핵심을 파악할 수 있을 것입니다. 바로 여기에서 우리의 '방어와 확인'의 승패가 결정될 것이니까요. 그러나 하나님이 우리로 하여금 유아기와 청소년 시절을 통해 성숙에 이르게 하신 데는 이유가 있습니다. 모든 단계는 유익합니다. 형제들이여, 당신의 청중을 알고 세례의 의미를 강조하십시오.

왜 내가 이렇게 길게 논하겠습니까? 내가 느끼기로 많은 목회자들이 이 문제에 관한 토론을 피하기 위해 이 문제를 거의 무시하거나 양 떼에게 "회개하고 세례를 받으라"고 요구하지 않기 때문입니다. 내가 여기서 하려는 것은 다른 견해들을 가진 사람들과 우호적이며 정중한 관계 속에서 세례에 대한 하나의 견해를 책임 있게 합리적으로 변호하는 모델을 제시하는 것입니다. 우리는 세례를 '가장' 중요한 교리로 생각함으로써 보다 중요한 것을 우리와 공유하고 있는 이들과 함께 하는 사역을 놓치지 않으면서, 양 떼에게 세례의 의미를 가르치고 회심자들에게 세례를 주라는 주님의 명령에 순종할 필요가 있습니다(마 28:19).

네 앞에 불같은 시련이 닥칠 때 내 은혜 네게 넘치리라

불이 너를 해치지 못하리라

내 계획은 네 찌기를 불사르며 너를 정금같이 단련하는 것이로다.

• "주 견고한 반석" •


그 친절한 마음 비할 데 없는 분

그분이 가장 좋게 여기시는 것을 날마다 주시네

사랑으로, 고통과 즐거움, 수고와 평안과 안식을 섞어 주시네.

• "날마다" •


연약한 감각으로 주를 판단하지 말라

그분이 은혜 주실 것을 믿어라

언짢은 섭리 뒤에 미소짓는 얼굴을 숨기시도다.

그분의 목적은 빠르게 이루어지리라

매 시간 펼쳐지리라

싹은 쓰디쓰지만 꽃은 달콤하리라.

• "주 하나님 크신 능력", 윌리암 쿠퍼 •

# 19
## 우리의 고난은
## 그들의 위로를 위한 것입니다

목회자들과 그 양 떼는 반드시 고난을 당합니다. "우리가 하나님의 나라에 들어가려면 많은 환난을 겪어야 할 것이라"(행 14:22). "우리가 이것[환난]을 위하여 세움 받은 줄을 너희가 친히 알리라"(살전 3:3). "주께서 그 사랑하시는 자를 징계하시고 그가 받아들이시는 아들마다 채찍질하심이라"(히 12:6).

하나님의 가족이 받는 고난은 하늘에 계신 아버지께서 우리의 유익을 위해 주시는 것입니다. 캐롤라이나 산델버그는 1865년에 쓴 "날마다"(Day by Day)라는 찬송에서 우리가 날마다 겪는 시련에 관한 하나님의 주권을 다루면서 이렇게 찬양했습니다.

그 친절한 마음 비할 데 없는 분

그분이 가장 좋게 여기시는 것을 날마다 주시네
사랑으로, 고통과 즐거움, 수고와 평안과 안식을 섞어 주시네.

여기에는 성경적인 통찰이 있습니다. 이 부분에서는 욥과 바울이 동일합니다. 이들은 사탄에게 괴롭힘을 당할 때 하나님의 손길을 느꼈습니다. 궁극적으로, 이들의 고난은 하나님에게서 온 것이었으며 이들도 이것을 알았습니다.

하나님이 사탄에게 말씀하셨습니다. "내가 그[욥]의 소유물을 다 네 손에 맡기노라"(욥 1:12). 그러나 재난이 닥쳤을 때, 욥은 이렇게 반응했습니다. "주신 이도 여호와시요 거두신 이도 여호와시오니 여호와의 이름이 찬송을 받으실지니이다"(1:21). 하나님은 두 번째로 사탄에게 말씀하셨습니다. "내가 그를 네 손에 맡기노라"(2:6). 그러나 욥은 무서운 재앙이 닥치고 아내가 하나님을 저주하라고 했을 때 이렇게 대답했습니다. "우리가 하나님께 복을 받았은즉 화도 받지 아니하겠느냐"(2:10). 그리고 성령의 감동을 받은 저자는 이렇게 덧붙입니다. "이 모든 일에 욥이 입술로 범죄하지 아니하니라."

설령 때로 사탄이 우리가 겪는 재난의 좀더 직접적인 원인이라 하더라도, 하나님을 보다 멀고 일차적이며 궁극적인 원인으로 보는 것은 죄가 아닙니다. 사탄의 계획은 믿음을 무너뜨리는 것이지만(욥 2:5, 살전 3:5) 하나님의 계획은 "주 견고한 반석"(How Firm a Foundation)이라는 찬송이 강하게 노래하듯이 우리의 영혼 깊은 곳을 치유하는 것입니다.

네 앞에 불 같은 시련이 닥칠 때
내 은혜 네게 넘치리라
불이 너를 해치지 못하리라
내 계획은 네 찌기를 불사르며
너를 정금같이 단련하는 것이로다.

욥처럼, 바울은 자신에게 있는 육체의 가시가 '사탄의 사자'이기는 하지만(고후 12:7) 은혜로운 목적을 위해, 다시 말해 '너무 자고하지 않게 하시려고' 하나님이 계획하신 것임을 알았습니다.

사탄은 세상에서 자유로운 지배권을 갖고 있지 않으며 하나님의 가족에 대해서는 더 말할 것도 없습니다. 그러므로 우리가 고난과 싸울 때, "그 고난은 하나님이 아니라 사탄에게서 온 거야!"라고 말하는 것은 결코 큰 위로가 되지 못합니다. 유일하고 참된 위로는 모든 능력의 하나님이 하셨고 그분은 자신을 신뢰하는 자들에게 무한히 지혜로우시며 무한한 사랑을 베푸신다는 것을 인정하는 데서 옵니다. 낙담의 어둠이 무엇인지 아는 윌리엄 쿠퍼는 "주 하나님 크신 능력"(God Moves in a Mysterious Way)이라는 찬송에서 이것을 이렇게 표현했습니다.

연약한 감각으로 주를 판단하지 말라
그분이 은혜 주실 것을 믿어라
언짢은 섭리 뒤에

미소짓는 얼굴을 숨기시도다.

그분의 목적은 빠르게 이루어지리라

매 시간 펼쳐지리라

싹은 쓰디쓰지만

꽃은 달콤하리라.

하나님은 목회자들이 고난받는 목적 가운데 하나를 분명히 가르쳐 주셨습니다. 바울은 고린도후서 1장 6절에서 이렇게 말합니다. "우리가 환난 받는 것도 너희의 위로와 구원을 위함이요." 이 본문으로 설교한다면 요점은 이렇게 될 것입니다. "그리스도인 사역자가 받는 고난은 그의 양 떼의 위로와 구원을 위해 하나님이 계획하신 것이다."

바울이 고린도 교인들에게 자신의 고난이 그들의 위로와 구원을 위한 것이라고 말할 때 암시한 것은 그의 고난에는 계획과 목적이 있다는 것입니다. 그러나 누구의 계획이며 누구의 목적일까요? 바울이 자신의 고난을 계획하는 것은 아닙니다. 사탄이 교회를 위로하고 구원하기 위해 고난을 계획하는 게 아닌 것도 분명합니다. 그러므로 바울이 의미하는 것은 하나님이 교회의 유익을 위해 바울이 목회자로서 받는 고난을 계획하고 목적하신다는 것입니다.

하나님은 교회의 구속을 위해 그리스도가 고난받게 하셨으며(행 2:23, 4:27-28), 이 구속을 적용하시려고 그리스도인 사역자들이 고난받게 하십니다. "내가 이제 너희를 위하여 받는 괴로움을 기뻐하고 그리스도의 남은 고난을 그의 몸된 교회를 위하여 내 육체에 채우노라"(골 1:24). 그리스도의 고난은 대속적 가치에 있어서는 부족한 게 전혀 없습니다. 그리스도의 고난에서 부족한 것이라면 그분이 위해서 죽으신 자들에게 고난받는 인간의 형태로 그 고난을 개인적으로 제시하는 것입니다. 이것이 목회자들과 선교사들이 그 고난을 '완수하는' 것입니다.

이것은 정신이 번쩍 들게 하면서도 위로를 주는 생각이기도 합니다. 한편으로, 이것은 목회자의 삶이 어둡고 고통스런 수술로 다듬어질 것을 말하지만 다른 한편으로는, 목회자가 견뎌야 하는 모든 고난은 그 자신의 유익을 넘어 그가 돌보는 양 떼의 유익을 위한 것임을 의미합니다. 우리의 고난은 헛된 것이 아닙니다. 하나님은 결코 고통의 선물을 허비하지 않으십니다(빌 1:29). 고난의 선물은 하나님의 사역자들에게 그분이 가장 좋다고 아시는 대로 주어지며, 우리가 돌보는 양 떼의 위로와 구원을 위한 것입니다.

목회자의 고난 가운데 무의미한 것은 없습니다. 목회자의 고통 가운데 목적이 없는 것은 없습니다. 불합리하거나 의미 없는 역경은 없습니다. 우리가 가장 쓸모 없다고 느끼는 비탄에도 성도들을 위로하려는 하나님의 목적이 담겨 있습니다.

그렇다면 어떻게 목회자의 고난이 그가 돌보는 양 떼의 위로와 구원을 이룹니까? 바울이 얘기한 정황은 다음과 같은 시나리오를 암시하는 것 같습니다. 건강이 악화되고 사랑하는 사람을 잃음, 친구의 배신, 사람들의 무반응, 비방, 연약함, 개인적인 위협, 과로와 같은 환경이 목회자의 영혼을 파괴하려 듭니다. 상황이 너무 나빠져서 삶 자체를 포기합니다. "왜?"라고 외칩니다. 고린도후서 1장 9절은 이에 대답합니다. "이는 우리로 자기를 의지하지 말고 오직 죽은 자를 다시 살리시는 하나님만 의지하게 하심이라." 은혜로, 우리가 이 모든 일에서 하나님의 주권적인 선하심에 대해 겨자씨 만한 믿음이라도 유지한다면 말할 수 없는 위로를 발견할 수 있을 것입니다.

우리의 모든 고난에서 하나님의 크고 첫째 되는 계획은 우리가 더 이상 자신을 신뢰하지 않는 것입니다. 우리가 자신을 신뢰하지 않을 때 일시적으로는 자신이 넘어지는 것을 느낍니다. 그러나 우리는 하나님의 긍휼을 믿음으로써 삶과 죽음의 순간에 궁극적으로 우리를 주관하시는 아버지의 품에 안겨 무한한 안전을 누립니다.

그러나 우리가 이처럼 크게 넘어지도록 그분이 허락하시는 것은 우리 자신만을 위한 것일까요? "우리가 환난 당하는 것도 너희가 위로와 구원을 받게 하려는 것이요." 이제 고린도후서 1장 4절이 말하듯이 우리는 "우리의 모든 환난 중에서 우리를 위로하사 우리로 하여금 하나님께 받는 위로로써 모든 환난 중에 있는 자들을 능히 위로[할]" 수 있습니다.

목회 중에 당하는 모든 고난은 우리가 자신이 아니라 하나님을 의지하게 하려고 은혜로 계획된 것입니다. 그러므로 우리의 고난은 우리의 양 떼에게 가장 필요한 것을 하도록 우리를 준비시킵니다. 그것은 바로 그들이 우리에게서 모든 것을 채우시는 하나님께로 눈을 돌리게 하는 것입니다. "우리가 환난을 받는 것도 너희의 위로와 구원을 위함이요."

바울은 정신이 번쩍 들게 하는 이러한 메시지를 고린도후서에서 적어도 두 번 더 제시합니다. 고린도후서 4장 8-12절에서, 바울은 목회자로서 자신이 겪은 비극을 묘사하면서 그 비극을 이렇게 해석합니다. "우리가…항상 예수의 죽음을 몸에 짊어짐은 예수의 생명이 또한 우리 몸에 나타나게 하려 함이라 우리 살아 있는 자가 항상 예수를 위하여 죽음에 넘겨짐은 예수의 생명이 또한 우리 죽을 육체에 나타나게 하려 함이라 그런즉 사망은 우리 안에서 역사하고 생명은 너희 안에서 역사하느니라."

이것은 "우리가 환난 당하는 것도 너희가 위로와 구원을 받게 하려는 것이요"라고 말하는 또 다른 방식입니다.

바울이 "약한 것들과 능욕과 궁핍과 박해와 곤고를" 견디고 이것들을 하나님의 은혜로운 치료로 받아들일 때 그리스도의 능력이 그의 삶에서 온전케 됩니다(고후 12:7-10). 그리고 교회에 생명을 주는 것은 바울의 능력이 아니라 그리스도의 능력이기 때문에 우리는 그가 "사망은 우리 안에서 역사하고 생명은 너희 안에서 역사하느니라"(고후 4:12)고 말한 이유를 알 수 있습니다. 바울의 연약함과 고난이 교회에 생명을 줍니다. 우리의 연약함과 고난도 그렇습니다.

마지막으로, 바울은 이것이 그리스도의 패턴이라는 것을 우리에게 상기시킵니다. 그분은 연약함과 고난을 통해 교회에 생명을 주셨습니다. 그러므로 그분의 사역자들도 그렇게 해야 합니다. "그리스도께서 약하심으로 십자가에 못 박히셨으나 하나님의 능력으로 살아 계시니 우리도 그 안에서 약하나 너희에게 대하여 하나님의 능력으로 그와 함께 살리라"(고후 13:4).

이것은 복잡한 문장이지만 내 생각에 그 의미는 이런 것입니다. 그리스도 안에서 사역자의 삶은 그리스도를 십자가로 이끈 모든 연약함을(그리고 더 많은 것을) 공유합니다. "우리도 그 안에서 약하나." 그러나 우리의 연약함 가운데서 하나님의 능력이 승리하며 두 가지 효과를 냅니다. (1) 우리는 그리스도의 부활의 생명과 사망에 대한 승리를 공유합니다("우리도…하나님의 능력으로 그와 함께 살리라"). (2) 우리는 이러한 약한 능력으로 교회를 사랑하고 섬깁니다("우리도…너희에게 대하여 하나님의 능력으로 그와 함께 살리라"). 중요한 개념이 고린도후서 13장 9절에 나타납니다. "우리가 약할 때에 너희가 강한 것을 기뻐하고."

목회자는 갈보리 언덕길을 따르는 것 외에 다른 방법으로 자신의 양 떼를 위로하거나 구원하려고 해서는 안될 것입니다. "[그리스도께서] 부요하신 이로서 너희를 위하여 가난하게 되심은 그의 가난함으로 말미암아 너희를 부요하게 하려 하심이라"(고후 8:9). 따라서 바울은 자신을 "가난한 자 같으나 많은 사람을 부요하게 하[는]"(고후 6:10) 자로 묘사합니다. 우리가 가난한 것은 우리가 돌보는 양 떼를 부요하게 하기 위해서입니다. 우리가 약한 것은 그들을 강하게 하기 위해서입니다. 우리가 고난받는 것은 그들의 위로와 구원을 위해서입니다.

그러나 기억하십시오. 이것은 자기 연민이 아닙니다. 우리가 무엇보다도 바라는 것은 "그리스도와 그 부활의 권능과 그 고난에 참여함을 알고자 하여 그의 죽으심을 본받[는]" 것이며, "어떻게 해서든지 죽은 자 가운데서 부활에 이르려 하[는]" 것이기 때문입니다(빌 3:10-

11).

　우리는 받는 것보다 주는 게 복이 있다는 것을 압니다(행 20:35). 그러므로 목회자는 모든 순진하고 낭만적인 이상화를 버리고 바울과 함께 이렇게 말합니다. "내가 우리의 모든 환난 가운데서도 위로가 가득하고 기쁨이 넘치는도다"(고후 7:4). 왜냐하면 "우리가 환난 당하는 것도 너희가 위로와 구원을 받게 하려는 것"(고후 1:6)이기 때문입니다.

형식주의는 진짜 위험하다.

하지만 즉흥성도 위험하기는 마찬가지다.

마음에 열정이 없으면, 마음은 생명 없고 뜻 모를 즉흥성을 낳는다.

그러나 마음에 불이 붙으면 어떤 형식도 그 불을 끌 수 없다.

• 존 파이퍼 •


형식과 열정이 반드시 모순될 필요는 없다.

• 존 파이퍼 •

# 20
## 강이 깊이 흐르게 하십시오

항상 느끼는 거지만 영국의 유명한 신약학자인 F. F. 브루스의 말은 불필요하게 건조합니다. 그의 『회고록』(In Retrospect)을 읽다가 한 가지 이유를 발견했습니다. 그는 이렇게 말했습니다. "나는 내게 가장 의미 있는 것들에 관해 많이—특히 공개적으로—말하는 데 관심이 없다."[1] 자신에게 가장 큰 의미가 있는 것을 자신의 글이나 말 속에서 제해 버린다면 그것들은 건조해질 수밖에 없습니다. 나라면 거꾸로 말하겠습니다. "나는 내게 큰 의미가 없는 것들에 관해 많이—특히 공개적으로—말하는 데 관심이 없다."

이것은 우리의 영혼이 서로에게 자신을 투명하게 드러내는 차원

---

[1] F. F. Bruce, *In Retrospect: Remembrance of Things Past* (Grand Rapids, Mich.: Wm. B. Eerdmans Publishing Co., 1980), 304.

보다 더 큰 문제입니다. 이것은 깊은 감정을 어떻게 공개적으로 표현할 수 있는지를 고민하게 합니다. 마음의 열정을 발산할 때 즉흥성과 형식은 각각 어떤 위치에 있을까요? 이것은 브루스의 문제이기보다는 나의 문제입니다. 이것이 내가 대학 강단에서 교회 강대상으로 옮긴 이유 가운데 하나입니다. 나는 설교자의 삶에서는 열정이 큰 자리를 차지한다고 생각합니다. 그러므로 예레미야가 애가서에서 자신의 감정을 어떻게 다루었는지에 관해 내가 관찰한 것들이 당신의 영혼에도 적용될 수 있을 것입니다.

나는 예레미야애가에서 두 가지를 살펴볼 것이며, 그런 후에는 "우리에게 가장 의미 있는 것"을 표현할 때, 즉흥성과 형식의 사용과 관련해서 애가서가 내포하는 몇 가지 암시를 찾아볼 생각입니다.

첫째, 애가서는 매우 감정적인 책입니다. 예레미야는 자신에게 가장 큰 의미가 있는 것에 관해 글을 쓰고, 그것도 고뇌하며 씁니다. 그는 폐허 속의 예루살렘이 겪는 모든 비극을 느낍니다. 애곡(1:2), 황량함(1:4), 비웃음(1:7), 탄식(1:8), 주림(1:11), 슬픔이 있고(2:11), 어머니들이 자식을 삶아 먹는 것과 같은 끔찍한 인면수심의 모습이 있습니다(2:20, 4:10). 마음의 열정을 강렬하고 뜨겁게 표현한 책이 바로 애가서입니다.

두 번째 관찰은 놀라움으로 다가옵니다. 애가서는 구약에서 가장 정교한 형식을 갖춘 책으로 보입니다. 전체 다섯 장 가운데 1장, 2장, 4장은 22개의 연으로 이루어져 있으며(22는 히브리어 알파벳 개수입니다) 각각의 연은 각기 다른 알파벳으로 시작됩니다. 이것들은 세 개의 이

합체시(離合體詩, acrostic)입니다. 3장은 훨씬 더 정교한 구조로 되어 있습니다. 3장도 22개의 연으로 이루어져 있지만 각각의 연은 정확히 3행으로 되어 있습니다. 각각의 연에서 세 개의 행은 동일한 알파벳으로 시작되며, 22개의 연은 순서를 따라 각기 다른 알파벳으로 시작됩니다. 5장만 이합체시가 아닙니다. 그러나 5장도 1-4장의 이합체시 패턴과 일치되게 22행으로 이루어져 있습니다.

그렇다면 이러한 두 관찰은 무엇을 암시할까요? 첫째, 이것은 가장 깊은 감정에 대한 참되고 진심어린 표현은 즉흥성을 요구하지 않는다는 것을 암시합니다. 네 개의 알파벳 이합체시를 만들기 위해 적합한 단어를 찾아 내야 하는 정신 노동의 강도를 생각해 보십시오! 형식에 대한 얼마나 많은 제한과 한계와 복종이 있었겠습니까! 또한 거기에는 얼마나 큰 열정과 힘과 마음이 있었겠습니까! 형식과 열정이 반드시 모순될 필요는 없습니다.

애가서 3장은 가장 개인적이며 가장 강렬합니다. 여기에는 1인칭이 많이 사용됩니다. "내 고초와 재난 곧 쑥과 담즙을 기억하소서"(3:19). 여기서 소망은 절정에 이릅니다. "주의 성실하심이 크시도소이다"(3:23). 그러나 여기서 저자는 애가서 가운데 가장 한정된 형식에 자신을 복종시킵니다.

애가서를 읽은 후, 우리는 생각 없는 기도가, 주의 깊고 세밀한 형식을 통해 토해지는 생각이 깊고 진지한(고통스러운) 기도보다 더 힘이 있다거나 더 실제적이라거나 더 열정적이라거나 더 진심어리다는 생각을 더 이상 할 수 없습니다. 형식주의는 진짜 위험합니다. 원고를 그대로 읽는 기도와 설교는 대체로 경직되고 부자연스러우며 인위적입니다. 하지만 즉흥성도 위험하기는 마찬가지입니다. 마음에 열정이 없으면, 마음은 생명 없고 뜻 모를 즉흥성을 낳습니다. 그러나 마음에 불이 붙으면 어떤 형식도 그 불을 끌 수 없습니다.

그러나 즉흥성이 느낌에 대한 깊고도 개인적인 표현에 이로운 것도 아니며 형식이 방해가 되는 것도 아닐 뿐더러 더 나아가 형식화된 감정이 훨씬 더 깊이 파고들 때가 많습니다. 형식화된 감정은 실체를 더 깊이 파고들고 듣는 사람에게도 더 깊이 파고듭니다. 형식화된 슬픔은 절제할 수 없는 흐느낌으로 나타나지 않는 반면에 특별한 깊이를 갖습니다.

아내와 자녀들이 적에게 잡혀 죽었다는 소식을 처음 들은 한 남자의 반응을 상상해 보십시오. 그는 기운이 다 빠져 그저 가엾게 "안 돼, 안 돼, 안 돼"라는 말밖에 할 수 없을 때까지 바닥에 주저앉아 고통스럽게 부르짖으며, 옷을 찢고, 머리에 재를 뒤집어씁니다. 여기에는 극한 즉흥성과 극한 실제적 감정이 있을 뿐 연구된 계획이나 의식적인 억제 같은 것은 없습니다.

그러나 일주일 후 장례식이 끝나고 친구들이 다 떠났을 때, 이 남자의 모습을 그려 보십시오. 그는 상실감에 눌린 채 혼자 남아 있습니다. 처음 느꼈던 고통스러운 아픔은 사라지고, 이제는 손발이 잘린 영혼의 욱신거림과 통증 같은 것이 밀려옵니다. 그가 이러한 깊은 슬픔을 표현하려면 어떻게 해야 할까요? 그는 이따금씩 흐느끼는 중간에 하나의 형식에 이르며 자신의 애가를 짓기 시작합니다. 애가는 깊은 연구와 세밀함과 숙고와 힘으로 가득합니다. 시간이 되고, 그는 자신이 지은 애가를 읽거나 암송합니다. 그러나 어느 누구도 이러한 형식화된 슬픔을 '진부하다'고 말하지 않을 것입니다. 그와는 반대로, 그의 애가는 흐느낌보다 더 깊이가 있을 것입니다. 이것은 그가 마음 깊은 곳에서 끌어올린 것을 더 많이 보여 줄 것입니다.

감정은 마음에서 흘러나오는 강과 같고, 형식은 강둑과 같습니다. 강둑이 없으면 강은 얕게 흐르고 들판을 쓸어 버립니다. 그러나 강둑은 강이 깊게 흐르게 합니다. 그 오랜 세월 동안, 인간이 표현해야 할 깊은 감정이 있을 때 시를 사용한 이유가 또 어디에 있겠습니까? 형식이 만들어지는 것은 누군가 열정을 느끼기 때문입니다. 진짜 악은 메마른 샘인데도, 형식을 자주 비난하는 게 얼마나 아이러니한 일입니까!

몇 년 전 "여관 주인"(The Innkeeper)이라는 시를 쓴 적이 있습니다. 헤롯의 군사들이 남자 아기들을 죽이러 와서 여관에서 살육을 시작했을 때 여관 주인이 느꼈을 고통에 관한 것이었습니다. 그것은 "메시아를 집에 들인 대가"였습니다. 서두에서는, 왜 시인들은 깊은 감정이 좁은 예술의 형식을 통해 흐르게 하려고 애쓰는지 생각해 보았습니다.

왜 이렇게 애쓰는가? 왜 시인은 그렇게 심한 형식으로 자신의 마음을 훈련시키는가? 왜 고통에 형태를 부여하려고 애쓰는가? 실체는 윤곽이 있기 때문이다. 하나님은 우리가 원하는 그 무엇이나 우리가 그분으로 만들고 싶어하는 그 무엇이 아니라 계신 그대로이시다(who He is). 그분의 아들 예수 그리스도는 크고 견고한 사실이시다. 그분의 어려운 희생은 우리의 즉흥성이 갈보리와 같은 훈련이 필요하다는 것을 분명히 보여 준다. 여관 주인은 하나님의 아들을 들인 데 대해 상당한 값을 지불한 것이다. 이러한 고통을 간파하고 묘사하려면 큰 값을 치러야 하지 않겠는가?[1]

깊은 감정을 표현하는 목회자들은 많지 않은 것으로 알고 있습니다. 내가 보기에는 가장 심오한 신학적 진리에 관해서 특히 더 그런 것 같습니다. 이것은 좋은 게 아닙니다. 우리는 가장 깊은 것에 관해 가장 깊은 감정을 경험해야 하기 때문입니다. 그리고 우리에게 가장 큰 의미가 있는 것에 관해 그 가치를 보여 주는 방식으로 자주, 공개적으로 말해야 하기 때문입니다.

형제들이여, 우리는 반드시 강이 깊이 흐르게 해야 합니다. 이것은 강단의 열정과 기도의 열정과 대화의 열정에 대한 촉구입니다. 이것은 얕고 기진맥진한 감성주의를 촉구하는 것이 아닙니다. ("모두 일어나 웃어요!") 이것은 하나님께 취한 감성과 함께 지성에서 나오는 가치 있는 형식으로 깊은 감정을 표현하라는 촉구입니다.

---

1  John Piper, *The Innkeeper* (Wheaton, Ill.: Crossway Books, 1998), 3.

율법주의자에게, 도덕성은

부도덕성이 도덕률 폐기론자나 진보주의자에게 하는 것과

똑같은 역할을 한다.

다시 말해, 자기 신뢰와 자기 과시의 표현이다.

• 존 파이퍼 •

율법주의는 알코올 중독보다 더 위험한 질병이다.

왜냐하면 율법주의는 질병처럼 보이지 않기 때문이다.

알코올 중독은 사람들이 실패하게 만든다.

율법주의는 사람들이 세상에서 성공하도록 돕는다.

알코올 중독은 사람들이 술병을 의지하게 만든다.

율법주의는 사람들이 자만하며 아무도 의지하지 않게 만든다.

알코올 중독은 도덕적 결심을 무너뜨린다.

율법주의는 도덕적 결심에 힘을 실어준다.

알코올 중독자들은 교회에서 환영받지 못한다.

율법주의자들은 자신의 도덕성이 교회에서 칭찬받는 것을 좋아한다.

• 존 파이퍼 •

# 21
## 장난감 총으로 탱크와 싸우려 하지 마십시오

당신의 교회에서는 '절대 금주'의 문제가 교인의 자격과는 전혀 무관할지도 모르겠습니다. 그러나 이 문제를 다루는 데 적용되는 성경적 원칙들이 개인의 거룩과 교회의 경건 같은 문제들을 다루는 데에도 적용됩니다. 이것은 내가 20여 년 전에 베들레헴교회에 부임했을 때 가장 먼저 다루어야 할 문제 가운데 하나였습니다. 우리는 이 문제를 극복했고 그때문에 더 나아졌습니다. 내가 그때 배운 교훈이 당신에게도 도움이 되리라 믿습니다.

침례교회와 그 밖의 회중 중심의 교회에서, 지교회 규약은 대개 신앙고백(affirmation of faith)과 교회서약(church covenant)을 담고 있습니다. 교회서약은 교인들이 어떻게 살아야 하느냐와 관련된 일련의 성경적 기대를 기술해 놓은 것인 반면에 신앙고백은 교인들이 무엇을 믿어야 하느냐와 관련된 핵심적인 성경적 기대를 기술해 놓은 것입니다. 그러므로 일반적인 규범으로서, 교회서약에 기술된 기대는 신앙 고백과 함께 교인이 되기 위한 선행 조건의 역할을 합니다.

많은 회중 중심 교회의 교회서약에는 이런 문구가 들어 있습니다. "우리는 술을 음료로 사용하거나 파는 것을 삼간다." 그러므로 원칙적으로, 이러한 교회들은 절대 금주자 외에는 그 누구도 교인으로 받아들이지 않습니다. 교회 지도자들은 교인이 되려는 사람에게 이렇게 말해야 합니다. "당신은 예수 그리스도를 당신의 구주로 믿으며, 마음을 다하여 그분을 주로 모시고 살려고 하며, 그분의 명령에 따라 정식으로 세례를 받았으며, 우리의 신앙 고백에 진심으로 동의한다 하더라도 파티에서나 친척을 방문할 때 포도주를 사용하기 때문에 우리 교회 교인이 될 수 없습니다."

나는 교인의 자격에 대한 이러한 규정은 율법주의적 배타주의에 속하며 성경에 기록된 사도의 말에 따라 판단 받을 거라고 확신합니다. 개인적으로 나는 전혀 술을 마시지 않으며 절대 금주가 우리 시대에 지혜롭고 성경적으로 변호될 수 있는 생활 방식이라고 믿습니다. 그렇다고 하더라도 이것이 나의 개인적인 확신이라는 데에는 변함이 없습니다.

이제 율법주의가 무엇을 의미하며, 왜 절대 금주를 교인이 되기 위한 조건으로 요구하는 게 이러한 범주에 속하기에 잘못된 것인가를 살펴보기로 하겠습니다. 그런 후에는 마지막으로, 교회서약을 보다 철저하면서도 덜 구체적으로 만듦으로써 한 단계 발전시키기 위한 실제적인 제안을 제시해 보겠습니다.

신약성경에는 율법주의라는 단어가 없습니다. 따라서 율법주의가 신약성경에서 실제로 다뤄졌다는 것을 분명히 하기 위해 통상적인 의미에서 율법주의를 정의해 보겠습니다. 율법주의는 적어도 두 가지 의미가 있지만 둘 모두 근본적으로 동일한 문제를 표현합니다.

첫째, 율법주의는 행동에 대한 성경의 기준을 하나님의 호의를 얻기 위해 우리 자신의 힘으로 지켜야 하는 규정으로 대하는 것을 의미합니다. 즉 율법주의는 자신의 힘으로, 다시 말해 그리스도 안에 있는 하나님의 자비로운 도움을 의지하지 않은 채, 윤리적인 사람이 되려고 노력하는 곳이면 어디에나 존재합니다. 믿음에서 나오지 않는 도덕적 행동은 율법주의라 할 수 있습니다(롬 12:23).

율법주의자는 대개 도덕적인 사람입니다. 사실, 서구 세계의 도덕적인 사람들 가운데 다수가 율법주의자입니다. 왜냐하면 이들이 선조들에게서 물려받은 소위 유대/기독교적 도덕성은 피로 샀으며, 성령께서 주시며, 자비가 가득하며, 하나님이 주시는 힘을 겸손한 마음으로 회개하며 의지하는 데서 나오는 게 아니기 때문입니다. 반대로, 율법주의자에게 도덕성은 부도덕성이 도덕률 폐기론자나 진보주의자에게 하는 것과 똑같은 역할을 합니다. 즉, 자기 신뢰와 자기 과시의 표현이 됩니다. 몇몇 바리새인들이 십일조를 바치고 금식했던 이유는, 몇몇 대학생들이 벌거벗은 채 뮌헨과 암스텔담 공원에 누워 있는 이유와 같습니다.

도덕적 율법주의자는 부도덕한 탕자의 형입니다(눅 15:11-32). 하나님이 보시기에 이들은 피를 나눈 형제입니다. 왜냐하면 둘 모두 그리스도 안에 있는 하나님의 자비를 의에 이르는 수단으로 받아들이길 거부하고, 도덕성이나 부도덕성을 자신의 독립, 또는 자족성이나 자결(自決)의 수단으로 사용하기 때문입니다. 신약성경에 비춰볼 때, 회개하지 않는다면 둘 모두 결국에는 영생을 잃는 비극을 맞을 게 분명합니다.

정리하자면, 율법주의의 첫 번째 의미는, 행동에 대한 성경적 기준을 자신의 도덕적 용기를 드러내고 하나님의 호의를 얻기 위해 자기 힘으로 지켜야 하는 규정으로 취급하는 끔찍한 실수입니다. 이러한 위험으로부터 우리는 매일 경계를 늦추지 말고 자신을 지켜야 합니다.

율법주의의 두 번째 의미는 성경에는 있지도 않은 행동에 대한 구체적인 조건들을 만들어 내고 여기에 맞춰 교인이 될 자격이 있는지를 판단하는 것입니다. 여기에서 비성경적 배타주의가 나오는 것입니다.

보편교회가 모든 사람을 포함하는 것은 아니며 지교회가 모든 그리스도인을 포함하는 것은 아니라는 말은 사실에서 벗어난 게 아닙니다. 우리는 교인이란 교회의 머리이신 그리스도의 주되심에 대한 헌신을 암시해야 한다고 믿기 때문에 사람들을 교인에서 배제시키며(이렇게 해서 비그리스도인들을 배제시킵니다), 지교회들은 주되심을 특별하고 중요한 방법으로 이해하기 때문에 사람들을 교인에서 배제시킵니다(우리와 견해가 다른 그리스도인들을 배제시킵니다). 그러나 사람들을 지교회에서 배제시키는 것을 결코 가볍게 취급해서는 안 됩니다. 이것은 심각한 문제입니다.

학교와 클럽과 단체는 특정 사람들을 배제하며 특정 분위기를 유지하기 위해 어떤 인간적인 규정이라도 세울 수 있습니다. 그러나 교회는 인간의 제도가 아닙니다. 교회는 그리스도의 것입니다. 그리스도가 교회의 머리이며 그분만이 입회 조건을 정하실 수 있습니다.

이러한 율법주의라는 용어의 두 용례는 공통된 뿌리를 갖고 있습니다. 한편으로, 율법주의는 행동에 대한 성경적 기준을 하나님의 호의를 얻기 위해 자신의 힘으로 지켜야 하는 규정으로 대하는 것을 의미합니다. 다른 한편으로, 율법주의는 성경에는 있지도 않은 행동에 대한 구체적인 조건들을 만들어 내고 여기에 맞춰 교인이 될 자격이 있는지를 판단하는 것을 의미합니다.

첫 번째 경우, 우리는 도덕적으로 깨끗한 자가 되기 위해 자신의 힘을 사용합니다. 두 번째 경우, 우리는 교회를 도덕적으로 깨끗한 교회로 만들기 위해 자신의 힘을 사용합니다. 첫 번째 경우, 우리는 우리 자신의 성화를 위해 하나님의 능력을 의지하는 데 실패합니다. 두 번째 경우, 우리는 다른 사람들의 성화를 위해 하나님의 능력을 의지하는 데 실패합니다.

그러므로, 이러한 율법주의의 두 형식의 공통된 뿌리는 불신앙입니다. 자기 자신에 대해서는 우리 안에서 "자기의 기쁘신 뜻을 위하여 너희로 소원을 두고 행하게 하시는" 분이 하나님임을 믿지 않는 불신앙이며(빌 2:13), 다른 사람들에 대해서는 하나님께서 그분의 뜻을 알리사 그들이 그 뜻을 행하게 하시리라는 것을 믿지 않는 불신앙입니다. 바울이 빌립보서 3장 15절에서 말했듯, "그러므로 누구든지 우리 온전히 이룬 자들은 이렇게 생각할지니 만일 어떤 일에 너희가 달리 생각하면 하나님이 이것도 너희에게 나타내시리라." 그는 교회의 정화를 자신 있게 하나님께 맡깁니다.

우리 자신과 다른 사람들의 인생에 대한 하나님의 주권적 능력을 행복하게 확신하는 모습이 약해지는 곳마다 율법주의가 비집고 들어옵니다. 어쩔 수 없이, 우리는 도덕적 결단과 인간이 만든 규정을 덧붙임으로써 잃어버린 역동적 신앙을 보충해 보려 합니다. 그러나 하나님의 능력에 대한 기쁜 확신이 약해지는 곳마다 육적인 것이 커집니다. 이것은 우리가 우리 자신을 구원해 줄 거라 바랐던 도덕성과 교회를 깨끗하게 해 줄 거라 바랐던 규정들이 육적인 것의 거대한 힘 앞에 무기력하게 무너지고 자기 신뢰와 자만심의 도구가 된다는 것을 의미합니다.

하나님이 율법주의를 알코올 중독만큼 싫어하신다는 데에는 의심의 여지가 없는 것 같습니다. 그리고 알코올이 초래한 파멸이 아무리 거대하다 하더라도 율법주의가 알코올보다 더 많은 사람을 영원한 파멸로 이끌었다고 말하는 것은 전혀 과장이 아니라고 믿습니다.

겉모습에 속지 마십시오. 사탄은 "자기를 광명의 천사로 가장"합니다(고후 11:14). 그는 자신이 일으키는 죽음의 질병들을 가장 거룩한 것처럼 포장합니다. 그는 자신의 두령들에게 종교적인 의복을 입히며 자신의 무기를 성전에 둡니다. 알코올 중독은 사람들이 술병을 의지하게 만듭니다. 율법주의는 사람들이 자만하며 아무도 의지하지 않게 만듭니다. 율법주의는 알코올 중독보다 더 위험한 질병입니다. 왜냐하면 율법주의는 질병처럼 보이지 않기 때문입니다. 알코올 중독은 사람들이 실패하게 만듭니다. 율법주의는 사람들이 세상에서 성공하도록 돕습니다. 알코올 중독은 도덕적인 결심을 무너뜨립니다. 율법주의는 도덕적 결심에 힘을 실어줍니다. 알코올 중독자들은 교회에서 환영받지 못합니다. 율법주의자들은 자신들의 도덕성이 교회에서 칭찬받는 것을 좋아합니다.

그러므로 우리가 교회에서 필요한 것은 우리 자신을 깨끗하게 유지시켜 주는 전제 규정이 아닙니다. 우리는 할례나 무할례, 절대 금주나 사교적 음주, 율법주의나 알코올 중독 등의 문제가 하나님에게는 아무것도 아니며 오직 새로운 마음만이 중요하다는 것을 가르치고 기도하며 믿을 필요가 있습니다.

원수는 우리를 공격하기 위해 자기 신뢰와 자만이라는 대포로 무장한 육적인 탱크를 매일 보내고 있습니다. 우리가 장난감 총 같은 규정들을 가지고 자신이나 교회를 방어하려 한다면 겉으로 보기에는 이기는 것 같을 때라도 패배하고 말 것입니다. 유일한 방어책은 "그[그리스도] 안에 뿌리를 박으며…믿음에 굳게 서서"(골 2:7), "그의 영광의 힘을 따라 모든 능력으로 능하게 하시며 기쁨으로 모든 견딤과 오래 참음에 이르게 하시[는]"(골 1:11) 분을 의지하며, "온몸이 머리로 말미암아 마디와 힘줄로 공급함을 받고 연합하여 하나님이 자라[는]" 것이기에 "머리를 붙드는" 것입니다(골 2:19).

하나님이 자라게 하십니다! 하나님이 자라게 하십니다! 우리가 자라게 하는 게 아닙니다.

이 모든 생각의 온상은 골로새서 2장 16-23절입니다. 이것은 내가 사역을 시작할 때 이러한 논쟁을 헤쳐 나가도록 인도해 준 구절이었습니다. 내가 보기에 이러한 구절들은 절대 금주를 교인의 조건으로 제시하는 것을 율법주의로 보며 따라서 잘못이라는 것을 보여 주는 것 같습니다. 여기서 바울의 가르침을 다섯 가지로 요약할 수 있을 것입니다.

1. "먹고 마시는 것…을 이유로 누구든지 너희를 비판[판단]하지 못하게 하라"(골 2:16)

먹고 마시는 것 자체는 그 사람과 하나님의 관계가 어떠하며 그가 하나님의 가정에서 어떤 처지에 있느냐를 판단하는 근거가 되지 못합니다. 바울이 함부로 먹고 마시는 문제, 우상에게 바쳐졌던 고기를 먹는 문제, 술 취함의 문제를 다루어야 했던 것은 분명합니다(고전 8장, 11:21, 롬 14장). 그러나 그가 이러한 문제에 접근하는 방식은 결코 먹는 것이나 마시는 것을 금하기 위한 게 아니었습니다. 언제나 하나님의 성전을 무너뜨리고 믿음에 해를 끼치는 것을(여기에는 때로 먹는 것이나 마시는 게 포함될 수 있습니다!) 금하기 위한 것이었습니다. 그는 사랑의 원리를 가르쳤으나 이 원리를 규정을 통해 먹고 마시는 문제에 적용하려 하지는 않았습니다. 절대 금주를 요구하는 교회서약은 사랑의 원리를 지나치게 제한하는 것이니까요.

2. "아무도 꾸며낸 겸손[금욕]과 천사 숭배를 이유로 너희를 정죄

하지 못하게 하라"(골 2:18).

　골로새 교회의 거짓된 가르침에는 양면이 있었습니다. 한편으로는 천사 숭배를 요구했으며, 다른 한편으로는 엄격한 금욕 규정을 요구했습니다. 둘 모두 그분으로 '충만'(2:10)케 되거나 영적 공동체에 완전히 참여할 자격을 갖길 원하는 사람들에게 조건으로 제시되었습니다. 바울은 두 조건 모두 비난합니다. 골로새 교회 신자들의 신학은 잘못되었습니다. 먹는 것과 마시는 것에 대한 이들의 금욕 규정은 쓸모가 없었습니다. 왜냐하면 신성의 모든 충만이 그리스도 안에 있기 때문입니다. 이것들은 실체의 그림자일 뿐이며 따라서 사라질 것입니다.

　3. 생명과 정결과 성장은 종교적 비전과 먹는 것과 마시는 것에 대한 규정에 달려 있는 게 아니라 "온몸이 머리로 말미암아 마디와 힘줄로 공급함을 받고 연합하여 하나님이 자라게 하시므로 자라[는]" 것이므로 "머리를 붙드느냐"에 달려 있다(골 2:19).

　영적 성장과 그리스도의 몸의 건강에 대한 유일한 소망은 배타적 규정에 있는 게 아니라 머리이신 그리스도를 직접 붙드는 데 있습니다.

　4. "너희가 세상의 초등학문에서 그리스도와 함께 죽었거든 어찌하여 세상에 사는 것과 같이 규례[규정]에 순종하느냐 (곧 붙잡지도 말고 맛보지도 말고 만지지도 말라 하는 것이니 이 모든 것은 한때 쓰이고는 없어지리라) 사람의 명령과 가르침을 따르느냐"(골 2:20-22).

　판단이나 배척의 수단으로 먹는 것과 마시는 것에 관한 규정을 제시하는 교회는 아직도 그리스도와 함께 죽고 세상의 권세로부터 자유하게 되는 게 무슨 뜻인지 알지 못합니다. 이것이 내가 앞에서 그리스도께 대한 참되고 기쁨에 찬 확신이 줄어들 때마다 이제껏 그리스도의 능력으로 세워 놓은 것을 보존해 보려고 규정을 만들어 낸다고 했을 때 의미한 것입니다. 당신이 충분한 규정을 세우고 충분한 기금을 마련한다면, 그 기관은 예전의 영적 역동성이 사라진 후에도 수십 년은 버틸 수 있을 것입니다.

5. "이런 것들[규정]은 자의적 숭배[종교]와 겸손[금욕]과 몸을 괴롭게 하는 데는 지혜 있는 모양이나 오직 육체 따르는 것을 금하는 데는 조금도 유익이 없느니라"(골 2:23).

절대 금주라는 입회 조건은 교인들이 술에 대해 공통된 태도를 취하게 할 수는 있지만 육체를 좇아 살지 않는 정결한 사람이 되게 하는 데에는 아무런 도움이 되지 않습니다. 오히려 반대로, 이러한 입회 조건은 신약성경이 결코 부가하지 않는 제한 규정을 부가함으로써 원칙적으로 우리로 하여금 불신앙에 뿌리를 둔 율법주의에 참여하게 만듭니다. 이것은 그리스도의 능력으로 생겨났지만 율법으로는 보존할 수 없는 능력과 기쁨과 마음의 의가 흐려졌다는 표시입니다.

그러므로 나의 결론은 절대 금주를 지교회의 입회 조건으로 제시하는 우리 시대의 교회서약을 바울이 인정하지 않으리라는 것입니다. 나는 절대 금주에 대한 실제적 대안으로 문구를 이렇게 고칠 것을 제안합니다. "우리는 그리스도의 몸에 부당한 해를 끼치거나 우리 자신이나 다른 사람의 믿음을 위험에 빠뜨리는 모든 약물과 먹는 것과 마시는 것과 관습을 삼간다." 이것은 더 철저한 헌신이면서도 그리스도 안에서 누리는 양심의 자유에 보다 성경적인 위상을 부여합니다.

오늘날 우리가 고통당하고 있는 것은

자리를 잘못 잡은 겸손 때문이다.

겸손은 야심이라는 기관에서 나와

확신이라는 기관에 자리를 잡았다.

이곳은 결코 겸손의 자리가 아니었다.

본래 인간은 자신에 대해서는 의심하나,

진리에 대해서는 의심하지 않도록 되어 있었다.

지금은 이것이 완전히 뒤바뀌었다.

• G. K. 체스터튼 •

더 이상 상대주의는 "진리에 대한 너의 주장은

진리에 대한 나의 주장보다 더 타당하지 않다"는 뜻이 아니다.

그것은 "너는 진리를 말하고 있다고 주장할 수 없다"는 뜻이다.

• 존 파이퍼 •

# 22
## 불확신과 겸손을 혼동하지 마십시오

때때로 목회자들은 진리에 대한 사랑과 교회의 유익과 하나님의 영광에 대한 논쟁에 휩쓸리게 됩니다. 이는 필요하면서도 고통스러운 자리입니다. 신약성경의 많은 부분이 이러한 논쟁의 열매입니다. 그러나 그 대가는 크며, 요즘처럼 진리를 축소하는 다원주의와 상대주의의 시대에는 오만하다는 비난을 피할 수 없습니다.

그러므로 최근에 나는 교만과 겸손에 대해 많이 생각하지 않을 수 없었습니다. 예를 들면, 나는 하나님이 일어날 모든 일을 미리 아신다는 것을 부정하는 열린 유신론에 관한 논쟁에 휩쓸린 적이 있었습니다.[1] 이 논쟁에서 형제들에게 적용된 가장 일반적인 비난 가운데

---

1 열린 유신론(Open Theism)에 관한 유익한 논쟁과 비판적인 반응에 대해서는 다음을 보라. Bruce A. Ware, *God's Lesser Glory: The Diminished God of Open Theism*

하나는 그들이 오만하거나 그들의 견해가 오만하다는 것입니다. 예를 들면, 우리 가운데 이 문제에 관해 공개적으로 말을 하거나 글을 쓴 몇몇 사람들이 다음과 같은, 그것도 출판된 활자를 통해, 평가를 받았습니다.

다른 칼뱅주의자들의 다원주의와 평화주의를 거부하고 침례교 총회의 경건주의적 헌신을 거부하는 권위주의적 칼뱅주의 목회자들과 학자들이 편협하고 오만한 신학 토론을 벌이고 있다…칼뱅의 명예를 변호하는 이들의 터무니없는 오만함은 가히 놀랄 정도다.

그러나 누군가에게 교만하다거나 오만하다는 꼬리표를 붙이는 전략은 우리의 작은 갈등보다 훨씬 더 큰 것입니다. '오만'이라는 말은 누구든지 정치적, 종교적 영역에서 상대주의의 규범을 깨는 사람을 비난하는 데 사용됩니다. 여러분이 어떤 사람의 신관이 잘못된 것이며 해로운 것이라고 말한다면 여러분은 오만하다는 비난을 받을 것입니다. 여러분이 "그리스도인들은 유대인 친구들이 예수를 믿고 구

---

(Wheaton, Ill.: Crossway Book, 2000. 내가 참여한 논쟁의 성격을 알고 싶다면 다음을 보라. John Piper with Justin Taylor, *Resolution on the Foreknowledge of God: Reasons and Rationale* (Minneapolis, Minn.: Desiring God Ministries, 2000). DGM:1-888-DGM-4700에서 구할 수 있다. 다음 책들도 보라. John M. Frame, *No Other God: A Response to Open Theism* (Phillipsburg, N. J.: Presbyterian and Reformed Publishing Co., 2001); 『열린 신학 논쟁』, P&R. *Beyond the Bounds: Open Theism and the Undermining of Biblical Christianity*, ed. by John Piper, Justin Taylor, and Paul Kjoss Helseth (Wheaton, Ill.: Crossway).

원받길 바라면서 그들에게 그리스도를 전해야 한다"고 말한다면 여러분은 오만하다는 비난을 받을 것입니다. 여러분이 죄에 빠진 채 헤매고 있는 교인에게 "회개하고 돌아오라"고 말한다면 여러분은 판단주의자이며 오만한 자라고 비난받을 것입니다.

그렇기에 우리는 성경적 확신에 근거해서 행동하거나 말하는 모든 곳에서 우리의 목회 생활에 영향을 미치는 문제에 부딪힙니다. 이 문제가 심각한 것은, 우리가 하는 모든 것에 영향을 미칠 뿐 아니라 그 결과가 너무나 심각하기 때문입니다. 하나님은 교만을 싫어하십니다. 교만은 모든 죄의 뿌리가 되는 죄입니다.

> 대저 만군의 여호와의 날이 모든 교만한 자와 거만한 자와 자고한 자에게 임하리니 그들이 낮아지리라…모든 높은 산과 모든 솟아 오른 작은 언덕과 모든 높은 망대와 모든 견고한 성벽과 다시스의 모든 배와 모든 아름다운 조각물에 임하리니 그날에 자고한 자는 굴복되며 교만한 자는 낮아지고 여호와께서 홀로 높임을 받으실 것이요(사 2:12, 14-17).

다른 한편으로, 겸손한 자들에게는 놀라운 약속과 칭찬이 주어집니다. "심령이 가난한 자는 복이 있나니 천국이 그들의 것임이요"(마 5:3). "하나님이 교만한 자를 물리치시고 겸손한 자에게 은혜를 주신다 하였느니라"(약 4:6). "누구든지 자기를 높이는 자는 낮아지고 누구든지 자기를 낮추는 자는 높아지리라"(마 23:12).

그러므로 내가 보기에는 우리 목회자들이 해야 하는 것은 교만과 겸손이 정말로 무엇인가를 깊이 숙고하는 것이며, 이것은 우리 자신을 비방에서 보호하기 위해서가 아니라—비방은 거의 언제나 맞불을 놓습니다—우리 자신을 시험하고 우리가 자신의 영혼에서 모든 교만과 싸우고 있다는 것을 확인하기 위해서입니다.

겸손이란 무엇이며 그와 반대되는 교만이란 무엇입니까?

1908년, 영국 작가 G. K. 체스터튼은 커질 대로 커진 오늘날의 상대주의 문화의 씨앗을 묘사했습니다. 상대주의 문화의 표시 가운데 하나는 확신을 가리켜 오만이라고 말하며, 불확신을 겸손이라고 말하는 것입니다. 체스터튼은 이런 시대가 오고 있는 것을 보았습니다.

> 오늘날 우리에게 골칫거리가 되는 것은 바로 잘못된 장소에 있는 겸손이다. 겸양은 야망의 기관으로부터 옮겨온 것이다. 겸양은 죄의 자각에 기대어 제자리를 잡았다. 그러나 그곳은 결코 겸양이 있어서는 안 되는 곳이었다. 인간은 자기 자신에게 의심을 품도록 타고났지만 진실에 대해서는 의심하지 않도록 만들어졌다. 그런데 이것이 완전히 뒤집어졌다. 오늘날 인간이 강력히 주장하는 인간의 한 부분—그 자신—은 그가 주장해서는 안 될 바로 그 부분이며, 그가 의심하는 측면—신의 이성—은 그가 의심해서는 안 될 바로 그 부분이다…우리는 정신적으로 너무나 겸손하여 구구단조차 믿지 못하는 그런 인간들을 거리에서 항상 만난다.[2]

---

2  G. K. Chesterton, Orthodoxy (Garden City, N.Y.: Doubleday and Co., 1957; 초판 1908), 31-32. 『오소독시』, 이끌리오.

겸손이 확신의 포기나 불가지론이나 상대주의의 수용이 아니라면 무엇입니까? 하나님은 우리에게 겸손에 관해 적어도 여섯 가지를 말씀하셨습니다.

1. 겸손은 그리스도 안에서 하나님께 복종하려는 의식에서 시작됩니다.

"제자가 그 선생보다, 또는 종이 그 상전보다 높지 못하나니"(마 10:24). "하나님의 능하신 손 아래에서 겸손하라"(벧전 5:6).

한 가지 사실이 있습니다. 하나님이 위에 계시며 우리는 아래에 있다는 것입니다. 우리는 그분의 신발 끈을 풀 자격도 없습니다. 하나님과 우리 사이의 거리는 무한합니다. 그분의 위대하심, 그분의 능력, 그분의 지혜, 그분의 공의, 그분의 진리, 그분의 거룩, 그분의 자비와 은혜는 하늘이 땅에서 높은 만큼이나 우리의 것들보다 높습니다.

하나님이 위에 계시고 우리는 아래에 있다는 사실 외에 이 사실에 대해 마음에 느껴지는 감각이 있습니다. 우리는 진리를 아는 데서 그치는 게 아니라 그 진리에 잠기며 그 진리를 느껴야 합니다. 이것은 진리를 아는 것만큼이나 중요합니다. 우리는 위에 계신 하나님과 아래 있는 우리의 거리를 느끼고 있습니까? 정말 그 진리로 인해 겸손해지고 있습니까? 아니면 그 진리를 안다는 이유로 도리어 교만해지고 있습니까? 교만은 아무도 모르게 기어들어와 우리를 더럽힙니다!

2. 겸손은 예수님보다 더 나은 대우를 받을 권리가 있다고 느끼지

않습니다.

"집 주인을 바알세불이라 하였거든 하물며 그 집 사람들이랴"(마 10:25).

그러므로 겸손은 악을 악으로 갚지 않습니다. 겸손은 자신에게 있는 것으로 생각되는 권리 위에 인생을 건축하지 않습니다. "그리스도도 너희를 위하여 고난을 받으사 너희에게 본을 끼쳐 그 자취를 따라오게 하려 하셨느니라…고난을 당하시되 위협하지 아니하시고 오직 공의로 심판하시는 이에게 부탁하시며"(벧전 2:21-23).

우리가 대인 관계에서 느끼는 분노 가운데는 자신이 좋은 대우를 받을 권리가 있다는 생각에 원인이 있는 경우가 많습니다. 그러나 조지 오티스(George Otis)가 마닐라의 어느 집회에서 말했듯이 "예수님은 결코 그분의 제자들에게 공정한 싸움을 약속하지 않으셨습니다." 우리는 학대를 예상해야 하며, 학대받을 때 화를 내서는 안 됩니다. 겸손은 바로 이런 모습일 것입니다. 베드로(벧전 2:21-23)와 바울(롬 12:19)은 하나님이 모든 것을 공의롭게 헤아리실 것이며 이 땅에서 행해진 일시적인 불의가 결코 숨겨지지 못하리라는 것을 상기시켜 줌으로써 이러한 어려운 과제를 수행하는 우리에게 큰 도움을 줍니다. 불의는 다뤄질 것입니다, 십자가에서 또는 지옥에서. 우리는 직접 복수할 필요가 없습니다. 대신, 하나님께 맡길 수 있습니다.

3. 겸손은, 진리란 지배나 논쟁의 승리를 통해서가 아니라 그리스도를 섬기고 원수를 사랑함으로써 강화된다고 단언합니다.

"사랑은…진리와 함께 기뻐하고"(고전 13:6). "내가 너희에게 어두운 데서 이르는 것을 광명한 데서 말하며 …두려워하지 말고"(마 10:27-28). "우리는 우리를 전파하는 것이 아니라 오직 그리스도 예수의 주 되신 것과 또 예수를 위하여 우리가 너희의 종 된 것을 전파함이라"(고후 4:5).

진리가 소중하다면, 진리를 말하는 것은 사랑의 필수적인 부분입니다. 그리고 진리가 구원과 성화와 견인과 자유와 기쁨의 도구라면, 진리를 말하는 것은 사랑의 본질적인 부분입니다. "진리를 알지니 진리가 너희를 자유롭게 하리라"(요 8:32). "그들을 진리로 거룩하게 하옵소서 아버지의 말씀은 진리니이다"(요 17:17). "불의의 모든 속임으로 멸망하는 자들에게 있으리니 이는 그들이 진리의 사랑을 받지 아니하여 구원함을 받지 못함이라"(살후 2:10).

그러므로 여러분이 진리를 말할 때 그것은 그리스도를 섬기며 다른 사람들을 —설령 그들이 스스로를 여러분의 적이라고 생각하더라도— 사랑하는 것입니다. 진리를 말함으로써 그리스도를 섬기며 다른 사람들을 사랑하는 것이 가장 분명하게 나타나는 경우가 있다면, 여러분이 무슬림이나 유대교인이나 불교인들에게 복음을 전한다는 이유로 오만하다고 비난받는 전도의 경우입니다. 이것은 선교적 상황에서 뿐 아니라 이제는 관대함의 차원을 넘어선 미국에서도 사실로 드러났습니다. 상대주의는 더 이상 "진리에 대한 너의 주장은 진리에 대한 나의 주장보다 더 타당하지 않다"는 뜻이 아니라 "너는 진리를 말하고 있다고 주장할 수 없다"는 뜻으로 해석되고 있습니다. 여러분이 진리를 말하고 있다고 주장한다면, 여러분은 잘해봐야 오만한 것이며 증오스러운 범죄를 조장하고 있다는 평을 듣게 될 것입니다.

예를 들면, 나는 미니애폴리스의 〈스타 트리뷴〉(Star Tribune, 1999년 10월 2일자)지에 글을 한 편 기고한 적이 있습니다. "아들이 있는 자에게는 생명이 있고 하나님의 아들이 없는 자에게는 생명이 없[기]"(요일 5:12) 때문에 그리스도인들이 유대인들에게 예수 그리스도의 복음을 전하는 것은 사랑의 행위라는 내용이었습니다. 여러 성직자가 그 신문사에 이런 내용의 글을 보내왔다고 합니다. "유감이지만, 개종시키려는 모든 시도— 이 경우에는 유대교 형제자매들을 '낚으려는' 그리스도인들의 노력—을 묘사하는 데 가장 적합한 단어는 '오만하다'이다. 사려 깊은 그리스도인들이라면 이런 노력을 절대 하지 않을 것이다."

우리는 이러한 위협에 맞서도록 서로를 도와야 합니다. 이들은 겸손이라는 이름으로 복음의 핵심에, 다시 말해 예수 그리스도가 유일한 구원의 길이라는 데 의문을 제기합니다. 그러므로 우리는 이러한 복음을 전하는 것은 오만한 게 아니라 사랑하는 것임을 서로에게 상기시켜야 합니다.

4. 겸손은 자신이 진리를 알고, 믿고, 삶으로 옮기고, 행동하는 모든 것은 은혜에 달려 있음을 압니다.

"너희는 그 은혜에 의하여 믿음으로 말미암아 구원을 받았으니 이것은 너희에게서 난 것이 아니요 하나님의 선물이라 행위에서 난 것이 아니니 이는 누구든지 자랑하지 못하게 함이라"(엡 2:8-9). "네네게 있는 것 중에 받지 아니한 것이 무엇이냐 네가 받았은즉 어찌하여 받지 아니한 것 같이 자랑하느냐"(고전 4:7). "그가 그 피조물 중에 우리로 한 첫 열매가 되게 하시려고 자기의 뜻을 따라 진리의 말씀으로 우리를 낳으셨느니라…그러므로 모든 더러운 것과 넘치는 악을 내버리고 너희 영혼을 능히 구원할 바 마음에 심어진 말씀을 온유함으로 받으라"(약 1:18, 21).

성경에서 하나님의 주권을 인정하는 것과 오만에서 벗어나는 것을 가장 분명하게 연결하고 있는 본문은 야고보서 4장 3-16절일 것입니다. 여기서 야고보는 우리가 각자의 일상적인 계획의 중심에 나타나는 하나님의 섭리에 관해 무엇을 믿느냐에 따라 우리가 '오만한지'의 여부가 결정된다고 말합니다.

> 들으라 너희 중에 말하기를 오늘이나 내일이나 우리가 어떤 도시에 가서 거기서 일 년을 머물며 장사하여 이익을 보리라 하는 자들아 내일 일을 너희가 알지 못하는도다 너희 생명이 무엇이냐 너희는 잠깐 보이다가 없어지는 안개니라 너희가 도리어 말하기를 주의 뜻이면 우리가 살기도 하고 이것이나 저것을 하리라 할 것이거늘 이제도 너희가 허탄한 자랑을 하니 그러한 자랑은 다 악한 것이라(약 4:13-16).

그러므로 겸손은 이와는 반대로 행합니다. 겸손은 우리의 일상생활에 대한 하나님의 주권적인 다스림에 순간순간 복종합니다. 뿐만 아니라 겸손은 사랑 많으신 하나님의 지혜가 내리는 거칠면서도 부드러운 명령을 조용히 신뢰합니다.

5. 겸손은 자신이 틀릴 수 있다는 것을 알며 따라서 비판에 귀를 기울이고 비판으로부터 배웁니다. 그러나 겸손은 또한 하나님이 흔들릴 수 없는 인간적인 확신을 주셨으며, 우리가 다른 사람들을 권하길 요구하신다는 것도 압니다.

"우리가 지금은 거울로 보는 것 같이 희미하나 그때에는 얼굴과 얼굴을 대하여 볼 것이요 지금은 내가 부분적으로 아나 그 때에는 주께서 나를 아신 것 같이 내가 온전히 알리라"(고전 13:12). "지혜로운 자는 권고를 듣느니라"(잠 12:15). "우리는 주의 두려우심을 알므로 사람들을 권면하거니와"(고후 5:11). "너는 이것을 말하고 권면하며 모든 권위로 책망하여 누구에게서든지 업신여김을 받지 말라"(딛 2:15).

우리는 모든 것을 다 알지는 못합니다. 그리고 우리는 우리가 알고 있는 것에 대해서도 완벽하게 알고 있는 게 아닙니다. 그러나 하나님은 그리스도 안에서, 그리고 그분의 말씀에서 자신을 계시하셨습니다. 그분은 우리가 이러한 계시의 객관성 앞에서 자신을 겸손히 낮추고 그분이 말씀하신 것을 확신을 갖고 받아들이길 원하십니다. 우리가 죽기까지 생명을 아끼지 않는다면 어린양의 피와 우리 입술의 증거로 마귀를 이길 수 있을 것입니다(계 12:11).

겸손을 나타내는 이러한 모든 표시의 근본은 이것입니다: 진정한 겸손은, 겸손이 우리의 한계를 넘어서는 선물이라는 것을 압니다. 겸손이 노력의 산물이라면 우리는 본능적으로 우리의 성공적인 노력에 자부심을 느낄 것입니다. 겸손은 모든 것을 선물로 받는 은사입니다. 겸손은 우리의 성취의 열매가 아니라 성령의 열매입니다(갈 5:22). 겸손은 복음의 열매이며, 우리는 절망적인 죄인이며 그리스도는 위대하고 과분한 구원자라는 것을 알고 느끼는 것입니다.

형제들이여, 진리를 위해, 당신이 돌보는 양 떼의 유익을 위해, 세상에서 하나님의 영광을 위해, 소심한 불확신과 신뢰로 가득한 겸손을 혼동하지 마십시오.

낡아지지 아니하는 배낭을 만들라

곧 하늘에 둔 바 다함이 없는 보물이니.

• 누가복음 12:33 •

하늘의 나팔이 울리고 하나님의 아들이 전쟁을 하러 나가는 시대에

윤리적 강직함과 사회적 열정이 결여된 설교를 위한 자리는 없다.

• 제임스 스튜어트 •

당신이 하나님의 은혜의 통로가 되길 원한다면

금으로 된 전선일 필요는 없다. 구리면 족하다.

• 존 파이퍼 •

# 23
## 구리면 족하다는 것을 가르치십시오

어리석은 부자의 비유(눅 12:13-21)를 우리 자신에게 먼저 적용하지 않는다면 결코 우리가 돌보는 양 떼들에게 이 비유가 적용된다는 확신을 심어 줄 수 없을 것입니다. 하나님께서 그 사람을 어리석다고 하신 것은, 그의 논밭에서 잉여 농산물이 나왔을 때 그가 더 큰 곳간들을 짓고 편하게 쉬었기 때문이었습니다.

그렇다면 그는 하나님께서 주신 잉여물로 무엇을 했어야 했을까요? 33절이 그 해답을 제시합니다. "너희 소유를 팔아 구제하여." 그는 자신의 편안함과 안락함을 키우는 대신 잉여 재산을 고통을 줄이는 데 사용했어야 했습니다.

하나님께서는 자신이 가진 여분의 돈을 안락함을 추구하는 데 사용하는 사람을 가리켜 "어리석다"고 말씀하십니다. 누가는 이렇게 덧붙입니다. "자기를 위하여 재물을 쌓아 두고 하나님께 대하여 부요하지 못한 자가 이와 같으니라"(21절). 이것은 그가 자신이 아니라 하나님을 부요하게 했어야 했다는 것을 의미합니까? 여러분은 어떻게 하나님을 부요하게 할 수 있습니까? 그분은 이미 모든 것을 소유하고 계십니다. 삼림의 짐승들과 천산의 생축이 다 그분의 것이며 우리의 영혼도 그분의 것입니다!(눅 12:20)

아니면 이렇게 생각해 보는 것도 가능합니다. 누가복음 12장 33절은 이렇게 말합니다. "낡아지지 아니하는 배낭을 만들라 곧 하늘에 둔 바 다함이 없는 보물이니." 그러므로 "하나님께 대하여 부요하다"는 것은 "하나님을 부요하게 한다"는 뜻이 아니라 "하나님과 함께 자신을 부요하게 한다"는 뜻일 것입니다. 성경은 "하나님을 위해 배낭을 만들라"고 말하지 않습니다. 성경은 "너 자신을 위해 배낭을 만들라"고 말합니다(한글성경에는 '너 자신을 위해'라는 말이 없지만 저자가 인용한 영어 번역 Provide yourself with moneybags 에는 있다. 영어 번역을 그대로 옮기면 "너 자신에게 돈주머니를 만들어 주라"다—옮긴이). 여러분 자신을 위해 없어지지 않는 보물을 하늘에 쌓아두십시오. 진정한 안전을 추구하십시오!

"하나님께 대하여 부요하다"는 것은 하늘의 보화를 위해 하나님을 바라본다는 뜻입니다. 이것은 그분 안에서 '쉼을 누리며,' 그분 안에서 안전을 발견한다는 뜻입니다. 이것은 당신의 돈을 땅에 있는 안락함의 공간이 아니라 천국에 있는 기쁨의 공간을 넓히는 데 쓴다는 뜻입니다. 하나님이 이 땅에서 우리에게 돈을 주시는 것은 우리로 하여금 하늘의 이윤을 투자하게 하기 위해서입니다.

예수님은 자신이 버는 돈을 주로 이 땅에서 더 편하게 사는 데 써야 한다고 생각하는 사람을 가리켜 어리석다고 말씀하십니다. 지혜로운 사람들은 자신의 모든 돈은 하나님의 것이며 따라서 돈이 아니라 하나님이 자신의 보화요, 평안이요, 기쁨이요, 안전이라는 것을 보여주는 데 사용되어야 한다는 것을 압니다.

하나님이 우리의 보화라는 것을 보여 주려면 돈을 어떻게 써야 할까요? 우리가 "하나님께 대하여 부요하다"는 것을 어떻게 보여줄 수 있습니까? 누가복음 12장 2절은 우리 자신을 위해 보화를 쌓지 않음으로써 그렇게 할 수 있다고 말합니다. 33절은 구제함으로써 그렇게 할 수 있다고 말합니다.

그러나 구약성경은 하나님이 성실한(충성하는) 자들에게 번영을 주시리라고 약속하지 않습니까? 그렇습니다! 하나님이 우리의 소출을 많게 하시는 것은, 우리가 나눔을 통해 우리의 소출이 우리의 하나님이 아니라는 것을 증명할 수 있게 하기 위해서입니다. 하나님이 어떤 사람의 사업이 번성하게 하시는 것은 그가 자동차를 뷰익에서 BMW로 바꿀 수 있게 하기 위해서가 아닙니다. 하나님이 어떤 사업체가 번성하게 하시는 것은 수백의 미전도 종족들이 복음을 들을 수 있게 하기 위해서입니다. 그분이 하나의 사업체가 번성하게 하시는 것은 세계 인구의 20퍼센트가 기아의 절벽에서 한 걸음 물러설 수 있게 하기 위해서입니다.

형제들이여, 우리의 양 떼 가운데 이제 겨우 이것을 깨닫기 시작한 사람들이 많습니다. 너무나 많은 사람들이 그리스도의 경제학보다는 소비문화에 더 깊이 빠져 있습니다. 이들은 아직도 단순한 규칙에 따라 움직입니다. "내가 벌었으니 내 마음대로 쓸 자격이 있다. 그것은 내 것이다. 내 자신의 육체적인 안락함을 위해 쓰겠다."

이들은 반쪽짜리 진리에 사로잡혀 있습니다. 그 진리가 말하는 것은 우리는 하나님이 우리에게 구매력을 주신 모든 고가품들을 감사함으로 누림으로써 돈으로 하나님께 영광을 돌린다는 것입니다. 이 진리 가운데 참이라고 할 수 있는 절반은 이것입니다: 우리는 하나님이 주시는 모든 좋은 것에 감사해야 합니다. 이것이 하나님을 영화롭게 합니다. 거짓이라고 할 수 있는 절반은 우리가 모든 멋진 것을 구입할 때 하나님이 이런 식으로 영광을 받으실 수 있다는 미묘한 암시입니다.

이것이 사실이라면 예수님은 "너희 소유를 팔아 구제하라"고 말씀하지 않으셨을 것입니다(눅 12:33). 그분은 "너희는 무엇을 먹을까 무엇을 마실까 하여 구하지 말며 근심하지도 말라"(눅 12:29)고 말씀하지 않으셨을 것입니다. 세례 요한은 "옷 두 벌 있는 자는 옷 없는 자에게 나눠 줄 것이요"(눅 3:11)라고 말하지 않았을 것입니다. 그렇다면 인자께서 머리 둘 곳이 없이 돌아다니지 않으셨을 것입니다(눅 9:58). 그렇다면 삭개오가 재산의 절반을 가난한 자들에게 주지 않았을 것입니다(눅 19:8).

우리가 복음을 모르며, 교육받지 못했고, 집도, 먹을 것도 없는 수많은 사람들의 고통을 줄이는 데 사용해야 할 것들을 우리 자신을 위해 사용할 때 (아무리 감사하며 사용하더라도) 하나님께서는 영광받지 않으십니다.

우리의 양 떼 가운데 많은 수가 하나님께 대하여 부요하지 못합니다. 이들이 너무 많이 소유하며, 너무 적게 나눈다는 게 그 증거입니다. 하나님은 오랫동안 이들이 번영을 누리게 하셨습니다. 이들은 거의 불가항력적인 소비문화의 법칙에 따라 더 즐거움을 누리기 위해 더 큰 (그리고 더 많은) 집, 더 새로운 (그리고 더 많은) 차, 더 멋진 (그리고 더 많은) 옷, 그리고 온갖 장신구와 연장과 그릇과 도구들을 샀습니다.

우리의 양 떼 가운데 스스로에게 이렇게 말하는 사람은 극소수에 불과합니다. "우리는 즐겁지만 전시처럼 검소하게 살면서 우리가 번 것 가운데 남는 것은 다른 사람들의 고통을 더는 데 사용할 겁니다." 그러나 이것이 바로 예수님이 원하시는 것입니다. 나로서는 신약성경을 읽고 복음을 듣지 못한 20억의 사람들을 바라보면서 어떻게 자신을 위해 또 하나의 곳간을 지을 수 있는지 이해할 수 없습니다. 복음을 듣지 못한 사람들과 가난한 자들의 비극을 외면하지 않고는 우리의 사치스러운 생활을 정당화할 수 없을 것입니다.

형제들이여, 우리는 지도자이며 변화의 짐이 우리 어깨를 강하게 짓누르고 있습니다. 출발점은 우리 자신의 삶입니다. 물질이 아니라 하나님이 보화라는 것을 모두가 알 수 있도록 여러분은 감동적인 희생의 삶을 살아야 합니다. 여러분의 집과 옷과 자동차와 오락은 전시 생활을 보여 주고 있습니까? 여러분은 헌금 생활에 모범을 보이고 있습니까?(여러분이 무엇을 드리는지가 아니라 하나님께서 어떤 역사를 펼치시는

지 양 떼가 볼 수 있도록) 여러분이 미전도 종족들과 가난한 자들에게 느끼는 부담감 때문에 사치와 편안함을 좋아하는 양 떼가 찔림을 받고 있습니까?

나는 우리가 전문적인 경제학자가 되어야 한다고 말하고 있는 게 아니라 그저 선지자가 되어야 한다고 말하고 있습니다. 스코틀랜드의 제임스 스튜어트는 30년 전에 이렇게 말했습니다.

> 재건하는 일은 강단이 아닌 경제학자들이 담당해야 한다. 그러나 사람들로 하여금 예수님의 대단했던 연민에 눈을 뜨고, 사회악에 대항해 압제당하고 고통받는 자들의 후광이 되어 주는 신적인 동정심을 갖게 하는 것은 강단이 해야 할 역할이다…하늘의 나팔이 울리고 하나님의 아들이 전쟁을 하러 나가는 시대에 윤리적 강직함과 사회적 열정이 결여된 설교를 위한 자리는 없다.[1]

매일 2만4천 명이 굶어죽고 있으며 선교단체들이 돈이 없어 미전도 종족에게 가지 못하는 세상에서 목회자는 집을 두 채씩 갖는 것에 관해 우리는 뭐라고 말해야 합니까?

첫째, 아모스서 3장 15절을 인용할 수 있을 것입니다. "겨울 궁과 여름 궁을 치리니 상아 궁들이 파괴되며 큰 궁들이 무너지리라." 그런 후에는 누가복음 3장 11절을 인용할 수 있을 것입니다. "옷 두 벌

---

1  James Stewart, *Healers of God* (Grand Rapids, Mich.: Baker Book House, 1972), 97.

있는 자는 옷 없는 자에게 나눠 줄 것이요."

그런 후에는 가난한 자들의 필요를 채우는 비전을 가졌던 플로리다 주 세인트 피터스버그에 사는 밥과 미르나 저머 부부의 이야기를 들려 줄 수 있을 것입니다. 이들은 오하이오에 있는 두 번째 집을 팔아 그 돈으로 플로리다 주 이모칼리의 여러 가정에 집을 지어 주었습니다.

그런 후에 이렇게 물을 수 있을 것입니다. "일 년 내내 거의 비어 있는 집을 갖는 게 잘못입니까?" 그리고 여러분은 이렇게 대답합니다. "그럴 수도 있고 그렇지 않을 수도 있습니다." 돈으로 자기 필요만을 채우려는 이들 때문에 법을 만든다고 해도 그들 마음이 달라지지는 않을 것입니다. 마음을 전혀 바꾸지 않고도 강제에 못 이겨 법을 지킬 수도 있기 때문입니다. 선지자들은 단지 새로운 부동산 제도를 원하는 게 아니라 하나님을 위한 새로운 마음을 원합니다. 여러분은 그들의 '믿음 없음'을 강조하고 그런 후에 여러분이 사랑의 길을 발견하기 위해 했던 노력을 나눌 수 있을 것입니다. 여러분이 생활방식에 관한 모든 문제의 해답을 갖고 있는 것처럼 말하지 마십시오. 여러분이 미국에서 살고 있다면, 자신의 생활 방식이 세계 대부분의 사람들에 비해 사치스러울 정도로 편안하다는 것을 인정하십시오.

그러나 여러분은 양 떼의 결단을 도울 수 있습니다. 여러분은 이렇게 말할 수 있습니다. "여러분의 집이 다른 사람들의 필요에 전혀 무관심한 사치스러운 삶을 예시하거나 조장하고 있지는 않습니까? 아니면 안식과 기도와 묵상이 필요한 사람들을 위한 피난처가 되어 그들로 하여금 열정을 갖고 도시로 돌아가 미전도 종족의 복음화나 압제당하는 자들을 위한 정의 실현을 위해 자기를 부인하는 자로 살게 하는 곳으로 사용되고 있습니까?" 여러분은 양 떼의 양심에 화살을 채워 주며, 그들에게 복음에 합당한 삶을 추구하라고 도전할 수 있을 것입니다.

에베소서 4장 28절은 이렇게 말합니다. "도둑질하는 자는 다시 도둑질하지 말고 돌이켜 가난한 자에게 구제할 수 있도록 자기 손으로 수고하여 선한 일을 하라." 그러므로 물질을 가지고 사는 삶에는 세 가지 수준이 있습니다. (1) 갖기 위해 도적질합니다. (2) 갖기 위해 일합니다. (3) 남에게 줄 것을 얻기 위해 일합니다.

우리들 가운데 많은 사람들이 두 번째 수준의 삶을 삽니다. 우리 문화의 거의 모든 세력이 우리에게 두 번째 수준의 삶을 살라고 요구합니다. 그러나 성경은 우리에게 끊임없이 세 번째 수준의 삶을 촉구합니다.

바울은 이렇게 말했습니다. "하나님이 능히 모든 은혜를 너희에게 넘치게 하시나니 이는 너희로 모든 일에 항상 모든 것이 넉넉하여 모든 착한 일을 넘치게 하게 하려 하심이라"(고후 9:8). 그렇다면 왜 하나님은 우리의 양 떼에게 넘침의 복을 주십니까? 그들이 살기에 충분한 만큼 갖고 그 나머지는 영적, 육체적 비극을 줄이는 모든 선한 일에 쓸 수 있게 하기 위해서입니다. 충분한 것은 우리를 위한 것입니다. 넘치는 것은 다른 사람들을 위한 것입니다.

여러분은 사업을 하는 교인들에게 여러분이 수백억 짜리 회사를 반대하는 게 아니라는 것을 분명히 해야 할 것입니다. 뿐만 아니라 여러분은 그들이 억대 연봉을 받는 것을 반드시 반대할 필요도 없습니다. 문제가 생기는 것은 그들이 억대 연봉을 받으면 몇억 대 연봉에 맞는 생활을 해야 한다는 기존의 생각을 받아들이려 할 때입니다. 그래서는 안 됩니다. 몇천만 원의 연봉자로 살고 새로운 선교 현장을 누비는 두 가정을 후원해야 할 것입니다.

문제는 많이 버는 데 있는 게 아닙니다. 문제는 곧 싫증날 온갖 사치스러운 것들을 끊임없이 사 모으는 데 있습니다. 당신이 하나님의 은혜의 통로가 되길 원한다면 금으로 만든 전선이 될 필요는 없습니다. 구리면 족합니다.

형제들이여, 우리부터 시작해야 합니다. 우리는 쌓기를 중지해야 합니다. 우리는 곳간을 짓는 일을 중단해야 합니다. 우리가 돈으로 할 수 있는 가장 위대한 일은 이 땅이 아니라 하늘에 보화를 쌓는 데 그 돈을 쓰는 것이라는 사실을 보여 주어야 합니다. 우리는 "하나님께 대해 부요해야" 합니다. 그러므로 우리의 전선에서 금을 꺼내십시오. 그리고 구리면 족하다고 말하십시오.

주신 이도 여호와시요 거두신 이도 여호와시오니

여호와의 이름이 찬송을 받으실지니이다

• 욥 1:21 •

즐거워하는 자들과 함께 즐거워하고

우는 자들과 함께 울라.

• 로마서 12:15 •

하늘에서는 주 외에 누가 내게 있으리요

땅에서는 주 밖에 내가 사모할 이 없나이다

내 육체와 마음은 쇠약하나

하나님은 내 마음의 반석이시요 영원한 분깃이시라.

• 시편 73:25-26 •

우주에서 확실하고 견고한 분은 오직 하나님뿐이다.

• 존 파이퍼 •

## 24

### 양 떼가 재난 중에도
### 흔들리지 않으며 섬기도록 도우십시오

아돌프 히틀러가 태어난 지 100년이 되는 1999년 4월 20일 오전 11시 30분 경, 콜로라도 주 덴버 교외 지역의 리틀톤에 있는 콜럼바인 고등학교의 학생 두 명이 식당으로 들어가 학생들에게 총을 난사하고 사제 폭탄을 터트렸습니다. 그러고는 학교를 가로질러 도서관으로 가서 13명을 죽인 후 스스로 목숨을 끊었습니다. 미국을 더욱 놀라게 한 사건이 2001년 9월 11일에 일어났습니다. 테러리스트들이 여객기를 납치하여 각각 뉴욕의 세계무역센터와 미국 국방성에 충돌시켰습니다. 이들의 공격으로 3천 명이 넘는 사람들이 죽었습니다. 온 나라가 떨었고, 울었으며, 분노했습니다.

온 나라가 삶과 죽음과 악과 상실과 아픔을 이야기하는 이러한 시기에 목회자들은 무엇을 해야 합니까? 콜럼바인 고등학교 사건이 일어났을 때 나는 글을 쓰기 위해 한 달 동안 교회를 떠나 휴가를 보내고 있던 중이었습니다. 그래서 교인들에게 설교를 하고 있지 않았기 때문에 장로님들에게 편지를 쓰기로 결심했습니다. 나는 장로님들에게 이렇게 물었습니다. "우리가 하나님을 높이고 사람들의 유익을 위해 그들을 섬기려면 이러한 재난에 대해 뭐라고 말해야 할까요?" 나는 이에 대한 답으로 콜럼바인 고등학교 사건에 반응하는 열다섯 가지 방법에 대해 쓴 글을 1999년 4월 20일이 며칠 지난 후 장로님들에게 보냈습니다.

911 테러가 일어났을 때, 나는 직원들과 함께 라디오를 듣고 있었습니다. 우리는 나라와 국민을 위해 함께 하나님께 기도하면서 세 번의 예배를 생각해 냈습니다. 우리는 이 세 번의 예배를(화요일, 수요일, 주일) '슬픔, 겸손, 그리고 우리의 구주요 왕이신 예수 그리스도를 향한 견고한 소망의 예배'라고 불렀습니다. 나는 콜럼바인 고등학교 사건에 대한 열다섯 가지 반응에 여섯 가지를 덧붙여 사람들이 서로를 섬기는 데 사용할 수 있도록 우리 교회 홈페이지에 올려 놓았습니다. 다음에 소개하는 이러한 반응들이 여러분에게 도움이 되고 재난에 처한 여러분의 양 떼에게 힘이 되길 바랍니다.

1. 기도하십시오. 여러분과 여러분이 섬기고 싶은 사람들을 위해 하나님의 도움을 구하십시오. 하나님께 지혜와 불쌍히 여기는 마음과 힘과 적절한 말을 구하십시오. 고통당하는 사람들이 하나님을 그들의 도움이요 희망이요 치유요 힘으로 바라보게 해 달라고 기도하

십시오. 여러분의 입술을 생명의 샘이 되게 해달라고 기도하십시오.

야고보서 1장 5절 : "너희 중에 누구든지 지혜가 부족하거든 모든 사람에게 후히 주시고 꾸짖지 아니하시는 하나님께 구하라 그리하면 주시리라."

신명기 32장 2절 : "내 교훈은 비처럼 내리고 내 말은 이슬처럼 맺히나니 연한 풀 위의 가는 비 같고 채소 위의 단비 같도다."

잠언 13장 14절 : "지혜 있는 자의 교훈은 생명의 샘이니 사망의 그물에서 벗어나게 하느니라."

2. 이러한 악행과 상실감에 큰 상처를 입은 사람들의 아픔을 공감하며 그 슬픔을 표현하십시오. 우는 자들과 함께 우십시오.

전도서 3장 1, 4, 5절 : "범사에 기한이 있고 천하 만사가 다 때가 있나니…울 때가 있고 웃을 때가 있으며 슬퍼할 때가 있고 춤출 때가 있으며…돌을 던져 버릴 때가 있고 돌을 거둘 때가 있으며 안을 때가 있고 안는 일을 멀리 할 때가 있으며."

로마서 12장 15절 : "즐거워하는 자들과 함께 즐거워하고 우는 자들과 함께 울라."

3. 감히 측량할 수 없을 만큼 소중한 것을 잃어 버린 이 많은 사람들의 비극적인 상황을 공감하며 그 슬픔을 표현하십시오.

요한복음 11장 33-35절 : "예수께서 그가 우는 것과 또 함께 온 유대인들이 우는 것을 보시고 심령에 비통히 여기시고 불쌍히 여기사 이르시되 그를 어디 두었느냐 이르되 주여 와서 보옵소서 하니 예수께서 눈물을 흘리시더라."

누가복음 19장 41-44절 : "가까이 오사 성을 보시고 우시며 이르시되 너도 오늘 평화에 관한 일을 알았더라면 좋을 뻔하였거니와 지금 네 눈에 숨겨졌도다 날이 이를지라 네 원수들이 토둔을 쌓고 너를 둘러 사면으로 가두고 또 너와 및 그 가운데 있는 네 자식들을 땅에 메어치며 돌 하나도 돌 위에 남기지 아니하리니 이는 네가 보살핌 받는 날을 알지 못함을 인함이니라 하시니라."

누가복음 7장 11-17절 : "그 후에 예수께서 나인이란 성으로 가실새 제자와 많은 무리가 동행하더니 성문에 가까이 이르실 때에 사람들이 한 죽은 자를 메고 나오니 이는 한 어머니의 독자요 그의 어머니는 과부라 그 성의 많은 사람도 그와 함께 나오거늘 주께서 과부를 보시고 불쌍히 여기사 울지 말라 하시고 가까이 가서 그 관에 손을 대시니 멘 자들이 서는지라 예수께서 이르시되 청년아 내가 네게 말하노니 일어나라 하시매 죽었던 자가 일어나 앉고 말도 하거늘 예수께서 그를 어머니에게 주시니 모든 사람이 두려워하며 하나님께 영광을 돌려 이르되 큰 선지자가 우리 가운데 일어나셨다 하고 또 하나님께서 자기 백성을 돌보셨다 하더라 예수께 대한 이 소문이 온 유대와 사방에 두루 퍼지니라."

4. 할 수 있다면, 시간을 내어 몸과 마음에 상처를 입은 사람들을 어루만지고 그들을 따뜻하게 보살피십시오.

마태복음 8장 14-15절 : "예수께서 베드로의 집에 들어가사 그의 장모가 열병으로 앓아 누운 것을 보시고 그의 손을 만지시니 열병이 떠나가고 여인이 일어나서 예수께 수종들더라."

마가복음 1장 40-41절 : "한 나병환자가 예수께 와서 꿇어 엎드려 간구하여 이르되 원하시면 저를 깨끗하게 하실 수 있나이다 예수께서 불쌍히 여기사 손을 내밀어 그에게 대시며 이르시되 내가 원하노니 깨끗함을 받으라 하시니."

누가복음 10장 30-37절 : "예수께서 대답하여 이르시되 어떤 사람이 예루살렘에서 여리고로 내려가다가 강도를 만나매 강도들이 그 옷을 벗기고 때려 거의 죽은 것을 버리고 갔더라 마침 한 제사장이 그 길로 내려가다가 그를 보고 피하여 지나가고 또 이와 같이 한 레위인도 그 곳에 이르러 그를 보고 피하여 지나가되 어떤 사마리아 사람은 여행하는 중 거기 이르러 그를 보고 불쌍히 여겨 가까이 가서 기름과 포도주를 그 상처에 붓고 싸매고 자기 짐승에 태워 주막으로 데리고 가서 돌보아 주니라 그 이튿날 그가 주막 주인에게 데나리온 둘을 내어 주며 이르되 이 사람을 돌보아 주라 비용이 더 들면 내가 돌아올 때에 갚으리라 하였으니 네 생각에는 이 세 사람 중에 누가 강도 만난 자의 이웃이 되겠느냐 이르되 자비를 베푼 자니이다 예수께서 이르시되 가서 너도 이와 같이 하라 하시니라."

5. 하나님께서는 그분에게 자비를 구하고 그분의 은혜를 믿는 자들을 굳세게 하시고 도우신다는 약속을 붙잡으십시오. 모든 어둠에

도 불구하고 하나님께서는 어려운 때를 이길 수 있는 힘을 여러분에게 주실 것입니다.

시편 34편 18절 : "여호와는 마음이 상한 자를 가까이 하시고 충심으로 통회하는 자를 구원하시는도다."

이사야서 41장 10절 : "두려워하지 말라 내가 너와 함께 함이라 놀라지 말라 나는 네 하나님이 됨이라 내가 너를 굳세게 하리라 참으로 너를 도와 주리라 참으로 나의 의로운 오른손으로 너를 붙들리라."

시편 23편 4절 : "내가 사망의 음침한 골짜기로 다닐지라도 해를 두려워하지 않을 것은 주께서 나와 함께 하심이라 주의 지팡이와 막대기가 나를 안위하시나이다."

고린도후서 1장 3-4절 : "찬송하리로다 그는 우리 주 예수 그리스도의 하나님이시요 자비의 아버지시요 모든 위로의 하나님이시며 우리의 모든 환난 중에서 우리를 위로하사 우리로 하여금 하나님께 받는 위로로써 모든 환난 중에 있는 자들을 능히 위로하게 하시는 이시로다."

고린도후서 1장 8-9절 : "형제들아 우리가 아시아에서 당한 환난을 너희가 모르기를 원하지 아니하노니 힘에 겹도록 심한 고난을 당하여 살 소망까지 끊어지고 우리는 우리 자신이 사형 선고를 받은 줄 알았으니 이는 우리로 자기를 의지하지 말고 오직 죽은 자를 다시 살리시는 하나님만 의지하게 하심이라."

6. 예수 그리스도께서 사람들에게 미움을 받으셨고, 부당하게 고문당하고 버림을 당하는 것, 크나큰 상실을 견디는 것, 죽임을 당하는 것이 어떤 것인지 아셨으며, 그렇기에 이제 하나님 앞에서 우리의 사정을 아는 우리의 중보자가 되신다는 것을 확인시켜 주십시오.

히브리서 4장 15-16절 : "우리에게 있는 대제사장은 우리의 연약함을 동정하지 못하실 이가 아니요 모든 일에 우리와 똑같이 시험을 받으신 이로되 죄는 없으시니라 그러므로 우리는 긍휼하심을 받고 때를 따라 돕는 은혜를 얻기 위하여 은혜의 보좌 앞에 담대히 나아갈 것이니라."

이사야서 53장 3-6절 : "그는 멸시를 받아 사람들에게 버림 받았으며 간고를 많이 겪었으며 질고를 아는 자라 마치 사람들이 그에게서 얼굴을 가리는 것 같이 멸시를 당하였고 우리도 그를 귀히 여기지 아니하였도다 그는 실로 우리의 질고를 지고 우리의 슬픔을 당하였거늘 우리는 생각하기를 그는 징벌을 받아 하나님께 맞으며 고난을 당한다 하였노라 그가 찔림은 우리의 허물 때문이요 그가 상함은 우리의 죄악 때문이라 그가 징계를 받으므로 우리는 평화를 누리고 그가 채찍에 맞으므로 우리는 나음을 받았도다 우리는 다 양 같아서 그릇 행하여 각기 제 길로 갔거늘 여호와께서는 우리 모두의 죄악을 그에게 담당시키셨도다."


7. 이러한 살인은 큰 악이며, 하나님의 형상으로 지음 받은 인간의 생명이 무자비하게 짓밟혔기 때문에 하나님이 크게 진노하셨음을 선

포하십시오.

출애굽기 20장 13절 : "살인하지 말라."

창세기 9장 5-6절 : "내가 반드시 너희의 피 곧 너희의 생명의 피를 찾으리니 짐승이면 그 짐승에게서, 사람이나 사람의 형제면 그에게서 그의 생명을 찾으리라 다른 사람의 피를 흘리면 그 사람의 피도 흘릴 것이니 이는 하나님이 자기 형상대로 사람을 지으셨음이니라."

신명기 29장 24-25절 : "여러 나라 사람들도 묻기를 여호와께서 어찌하여 이 땅에 이같이 행하셨느냐 이같이 크고 맹렬하게 노하심은 무슨 뜻이냐 하면 그때에 사람들이 대답하기를 그 무리가 자기 조상의 하나님 여호와께서 그들의 조상을 애굽에서 인도하여 내실 때에 더불어 세우신 언약을 버리고."

8. 하나님께서 그분의 계시된 뜻을 거스르는 죄가 크게 창궐하도록 허락하셨으나, 우리는 그에 대한 이유도, 언제 이 모든 일이 그치게 하실지도 알지 못함을 인정하십시오.

신명기 29장 29절 : "감추어진 일은 우리 하나님 여호와께 속하였거니와 나타난 일은 영원히 우리와 우리 자손에게 속하였나니 이는 우리에게 이 율법의 모든 말씀을 행하게 하심이니라."

로마서 11장 33-36절 : "깊도다 하나님의 지혜와 지식의 풍성함이여, 그의 판단은 헤아리지 못할 것이며 그의 길은 찾지 못할 것이로다 누가 주의 마음을 알았느냐 누가 그의 모사가 되었느냐 누가 주께 먼저 드려서 갚으심을 받겠느냐 이는 만물이 주에게서 나오고 주로 말미암고 주에게로 돌아감이라 그에게 영광이 세세에 있을지어다 아멘."

9. 사탄은 우주의 거대한 실체로서, 우리 죄와 육체, 그리고 세상과 공모하여 사람들에게 상처를 입히고 또한 서로서로 상처를 입히도록 한다는 진리를 표명하십시오. 그러나 사탄 역시 하나님의 통치 아래 있음을 강조하십시오.

욥기 1장 6, 12, 21-22절, 2장 6-10절 : "하루는 하나님의 아들들이 와서 여호와 앞에 섰고 사탄도 그들 가운데에 온지라…여호와께서 사탄에게 이르시되 내가 그의 소유물을 다 네 손에 맡기노라 다만 그의 몸에는 네 손을 대지 말지니라 사탄이 곧 여호와 앞에서 물러가니라…이르되 내가 모태에서 알몸으로 나왔사온즉 또한 알몸이 그리로 돌아가올지라 주신 이도 여호와시요 거두신 이도 여호와시오니 여호와의 이름이 찬송을 받으실지니이다 하고 이 모든 일에 욥이 범죄하지 아니하고 하나님을 향하여 원망하지 아니하니라…여호와께서 사탄에게 이르시되 내가 그를 네 손에 맡기노라 다만 그의 생명은 해하지 말지니라 사탄이 이에 여호와 앞에서 물러가서 욥을 쳐서 그의 발바닥에서 정수리까지 종기가 나게 한지라 욥이 재 가운데 앉아서 질그릇 조각을 가져다가 몸을 긁고 있더니 그의 아내가 그에게 이르되 당신이 그래도 자기의 온전함을 굳게 지키느냐 하나님을 욕하고 죽으라 그가 이르되 그대의 말이 한 어리석은 여자의 말 같도다 우리가 하나님께 복을 받았은즉 화도 받지 아니하겠느냐 하고 이 모든 일에 욥이 입술로 범죄하지 아니하니라."

욥기 42장 2, 11절 : "주께서는 못 하실 일이 없사오며 무슨 계획이든지 못 이루실 것이 없는 줄 아오니…이에 그의 모든 형제와 자매와 이전에 알던 이들이 다 와서 그의 집에서 그와 함께 음식을 먹고 여호와께서 그에게 내리신 모든 재앙에 관하여 그를 위하여 슬퍼하며 위로하고 각각 케쉬타 하나씩과 금 고리 하나씩을 주었더라."

누가복음 22장 31-32절 : "시몬아, 시몬아, 보라 사탄이 너희를 밀 까부르듯 하려고 요구하였으나 그러나 내가 너를 위하여 네 믿음이 떨어지지 않기를 기도하였노니 너는 돌이킨 후에 네 형제를 굳게 하라."

고린도후서 12장 7-9절 : "여러 계시를 받은 것이 지극히 크므로 너무 자만하지 않게 하시려고 내 육체에 가시 곧 사탄의 사자를 주셨으니 이는 나를 쳐서 너무 자만하지 않게 하려 하심이라 이것이 내게서 떠나가게 하기 위하여 내가 세 번 주께 간구하였더니 나에게 이르시기를 내 은혜가 네게 족하도다 이는 내 능력이 약한 데서 온전하여짐이라 하신지라 그러므로 도리어 크게 기뻐함으로 나의 여러 약한 것들에 대하여 자랑하리니 이는 그리스도의 능력이 내게 머물게 하려 함이라."

예수님이 죽으신 원인을 보는 다음 두 시각을 비교해 보십시오.

누가복음 22장 3-4절 : "열둘 중의 하나인 가룟인이라 부르는 유다에게 사탄이 들어가니 이에 유다가 대제사장들과 성전 경비대장들에게 가서 예수를 넘겨 줄 방도를 의논하매."

사도행전 4장 27-28절 : "과연 헤롯과 본디오 빌라도는 이방인과 이스라엘 백성과 합세하여 하나님께서 기름 부으신 거룩한 종 예수를 거슬러 하나님의 권능과 뜻대로 이루려고 예정하신 그것을 행하려고 이 성에 모였나이다."

10. 이러한 테러리스트들이 하나님의 계시된 뜻을 거스렸으며, 하나님을 사랑하지도, 그분을 신뢰하지도, 그분에게서 피난처와 힘과 보화를 찾지도 않았으며, 도리어 그분의 길과 그분 성품을 비방했음을 표명하십시오.

데살로니가후서 3장 1-2절 : "끝으로 형제들아 너희는 우리를 위하여 기도하기를 주의 말씀이 너희 가운데서와 같이 퍼져 나가 영광스럽게 되고 또한 우리를 부당하고 악한 사람들에게서 건지시옵소서 하라 믿음은 모든 사람의 것이 아니니라"

갈라디아서 5장 6절 : "그리스도 예수 안에서는 할례나 무할례나 효력이 없으되 사랑으로써 역사하는 믿음뿐이니라."

갈라디아서 5장 16절 : "내가 이르노니 너희는 성령을 따라 행하라 그리하면 육체의 욕심을 이루지 아니하리라."

야고보서 4장 1-4절 : "너희 중에 싸움이 어디로부터 다툼이 어디로부터 나느냐 너희 지체 중에서 싸우는 정욕으로부터 나는 것이 아니냐 너희는 욕심을 내어도 얻지 못하여 살인하며 시기하여도 능히 취하지 못하므로 다투고 싸우는도다 너희가 얻지 못함은 구하지 아니하기 때문이요 구하여도 받지 못함은 정욕으로 쓰려고 잘못 구하기 때문이라 간음한 여인들아 세상과 벗된 것이 하나님과 원수 됨을 알지 못하느냐 그런즉 누구든지 세상과 벗이 되고자 하는 자는 스스로 하나님과 원수 되는 것이니라."

11. 하나님에 대한 반역이 이러한 살인 행위의 뿌리였습니다. 그러므로 우리 모두는 우리의 마음에 이러한 반역이 자리 잡고 있다면 이를 두렵게 여기고 돌이켜 그리스도 안에 있는 하나님의 은혜를 받아들이고 이러한 비극을 일으켰던 욕구를 이기도록 하십시오.

잠언 3장 5-6절 : "너는 마음을 다하여 여호와를 신뢰하고 네 명철을 의지하지 말라 너는 범사에 그를 인정하라 그리하면 네 길을 지도하시리라."

시편 9편 10절 : "여호와여 주의 이름을 아는 자는 주를 의지하오리니 이는 주를 찾는 자들을 버리지 아니하심이니이다."

시편 56편 3절 : "내가 두려워하는 날에는 내가 주를 의지하리이다."

12. 죽음보다 더 나쁜 운명이 우리를 삼키지 않도록 중요한 죄의 문제들에 민감하며 마음으로 회개하는 삶을 살고, 하나님께서 그리스도 안에서 공급하시는 용서의 자비를 통해 그분과 바른 관계를 갖는 게 긴급한 일이라는 것을 지적하십시오.

누가복음 13장 1-5절 : "그때 마침 두어 사람이 와서 빌라도가 어떤 갈릴리 사람들의 피를 그들의 제물에 섞은 일로 예수께 아뢰니 대답하여 이르시되 너희는 이 갈릴리 사람들이 이같이 해 받으므로 다른 모든 갈릴리 사람보다 죄가 더 있는 줄 아느냐 너희에게 이르노니 아니라 너희도 만일 회개하지 아니하면 다 이와 같이 망하리라 또 실로암에서 망대가 무너져 치어 죽은 열여덟 사람이 예루살렘에 거한 다른 모든 사람보다 죄가 더 있는 줄 아느냐 너희에게 이르노니 아니라 너희도 만일 회개하지 아니하면 다 이와 같이 망하리라."

요한계시록 9장 18-21절 : "이 세 재앙[하나님의 심판으로서] 곧 자기들의 입에서 나오는 불과 연기와 유황으로 말미암아 사람 삼분의 일이 죽임을 당하니라…이 재앙에 죽지 않고 남은 사람들은 손으로 행한 일을 회개하지 아니하고 오히려 여러 귀신과 또는 보거나 듣거나 다니거나 하지 못하는 금, 은, 동과 목석의 우상에게 절하고 또 그 살인과 복술과 음행과 도둑질을 회개하지 아니하더라."

요한계시록 16장 8-9절 : "넷째 천사가 그 대접을 해에 쏟으매 해가 권세를 받아 불로 사람들을 태우니 사람들이 크게 태움에 태워진지라 이 재앙들을 행하는 권세를 가지신 하나님의 이름을 비방하며 또 회개하지 아니하고 주께 영광을 돌리지 아니하더라."

13. 그리스도를 신뢰하는 사람들이라 하더라도 수천 명의 뉴욕과 워싱턴 사람들처럼 생명을 잃을 수 있지만, 이것은 이들이 하나님으로부터 버림 받았거나 이러한 심한 고통의 시간에라도 하나님께 사랑받지 못했음을 의미하는 게 아니라는 것을 기억하십시오. 하나님의 사랑은 재난을 통해서도 승리합니다.

로마서 8장 35-39절 : "누가 우리를 그리스도의 사랑에서 끊으리요 환난이나 곤고나 박해나 기근이나 적신이나 위험이나 칼이랴 기록된 바 우리가 종일 주를 위하여 죽임을 당하게 되며 도살 당할 양 같이 여김을 받았나이다 함과 같으니라 그러나 이 모든 일에 우리를 사랑하시는 이로 말미암아 우리가 넉넉히 이기느니라 내가 확신하노니 사망이나 생명이나 천사들이나 권세자들이나 현재 일이나 장래 일이나 능력이나 높음이나 깊음이나 다른 어떤 피조물이라도 우리를 우리 주 그리스도 예수 안에 있는 하나님의 사랑에서 끊을 수 없으리라"

14. 가슴이 찢어지는 슬픔이, 반역하는 사람들의 죄와 계획을 통해 역사하시는 하나님의 선하심과 주권에 대한 굳건한 신뢰와 하나되게 하십시오.

예레미야애가 3장 32-33절 : "그가 비록 근심하게 하시나 그의 풍부한 인자하심에 따라 긍휼히 여기실 것임이라 주께서 인생으로 고생하게 하시며 근심하게 하심은 본심이 아니시로다."

창세기 45장 7절 : "[요셉이 자신을 애굽에 파는 죄를 범한 형들에게 이르되] 하나님이 큰 구원으로 당신들의 생명을 보존하고 당신들의 후손을 세상에 두시려고 나를 당신들보다 먼저 보내셨나니."

창세기 50장 20절 : "[요셉이 두려워하는 형들에게 이르되] 당신들은 나를 해하려 하였으나 하나님은 그것을 선으로 바꾸사 오늘과 같이 많은 백성의 생명을 구원하게 하시려 하셨나니."[1]

15. 하나님을 신뢰하십시오. 그분은 인간에게는 불가능한 것을 하실 수 있으며, 당신을 이러한 악몽에서 이끌어 내실 수 있고, 측량할 수 없는 방법으로 이런 일 가운데 선을 이루실 수 있는 분이십니다.

로마서 8장 28절 : "우리가 알거니와 하나님을 사랑하는 자 곧 그의 뜻대로 부르심을 입은 자들에게는 모든 것이 합력하여 선을 이루느니라."

예레미야애가 3장 21-24절 : "이것을 내가 내 마음에 담아 두었더니 그것이 오히려 나의 소망이 되었사옴은 여호와의 인자와 긍휼이 무궁하시므로 우리가 진멸되지 아니함이니이다 이것들이 아침마다 새로우니 주의 성실하심이 크시도소이다 내 심령에 이르기를 여호와는 나의 기업이시니 그러므로 내가 그를 바라리라 하도다."

고린도후서 1장 8-9절 : "형제들아 우리가 아시아에서 당한 환난을 너희가 모르기를 원하지 아니하노니 힘에 겹도록 심한 고난을 당하여 살 소망까지 끊어지고 우리는 우리 자신이 사형 선고를 받은 줄 알았으니 이는 우리로 자기를 의지하지 말고 오직 죽은 자를 다시 살리시는 하나님만 의지하게 하심이라."

고린도후서 4장 17절 : "우리가 잠시 받는 환난의 경한 것이 지극

---

[1] 모든 것에 대한 하나님의 절대적인 주권을 보여 주는 다른 본문으로는 다음과 같은 것들이 있다. 엡 1:11; 사 46:9-10; 애 3:37; 암 3:6; 잠 16:33; 출 4:11; 삼상 2:6-7; 삼하 12:15-18; 요 9:2-3; 약 4:15; 벧전 3:17; 4:19; 마 10:29.

히 크고 영원한 영광의 중한 것을 우리에게 이루게 함이니."

16. 사람들이 똑똑히 볼 수 있는 곳에서 적당한 때에, 하나님께서 자신이 금하고 인정하지 않으신 일들이 일어나도록 정하시는 것은 그분의 위대하심의 신비 가운데 하나임을 설명하십시오.

이러한 정하심을 보여 주는 가장 좋은 예가 그분의 아들이 죽게 하신 것입니다.

사도행전 4장 27-28절 : "과연 헤롯과 본디오 빌라도는 이방인과 이스라엘 백성과 합세하여 하나님께서 기름 부으신 거룩한 종 예수를 거슬러 하나님의 권능과 뜻대로 이루려고 예정하신 그것을 행하려고 이 성에 모였나이다."[2]

17. 여러분은 인생에서 인간적으로 불가능한 일들에 부딪힐 때 모든 소망의 근거로 하나님의 주권을 소중히 여긴다는 것을 표명하십시오. 신약성경에 기록된 우리의 구원과 견인에 대한 약속의 성취 자체가 인간의 반역 의지에 대한 하나님의 주권에 달려 있습니다.

마가복음 10장 24-27절 : "제자들이 그 말씀에 놀라는지라 예수

---

[2] *The pleasure of God*(Sisters, Oreg.: Multnomah Press, 2000), 313-340에 있는 "하나님의 뜻은 두 가지인가? 하나님의 선택과 모두가 구원받길 원하시는 하나님의 바람"(Are There Two Wills in God?: Divine Election and God's Desire for All to Be Saved)을 보라. 『하나님의 기쁨』, 두란노. *Still Sovereign: Contemporary Perspectives on Election, Foreknowledge, and Greace*, ed. by Thomas R. Schreiner and Bruce A. Ware (Grand Rapids, Mich.: Baker Books, 2000), 107-131쪽도 보라.

께서 다시 대답하여 이르시되 애들아 하나님의 나라에 들어가기가 얼마나 어려운지 낙타가 바늘귀로 나가는 것이 부자가 하나님의 나라에 들어가는 것보다 쉬우니라 하시니 제자들이 매우 놀라 서로 말하되 그런즉 누가 구원을 얻을 수 있는가 하니 예수께서 그들을 보시며 이르시되 사람으로는 할 수 없으되 하나님으로는 그렇지 아니하니 하나님으로서는 다 하실 수 있느니라."

예레미야 32장 40절 : "내가 그들에게 복을 주기 위하여 그들을 떠나지 아니하리라 하는 영원한 언약을 그들에게 세우고 나를 경외함을 그들의 마음에 두어 나를 떠나지 않게 하고."

히브리서 13장 20-21절 : "양들의 큰 목자이신 우리 주 예수를 영원한 언약의 피로 죽은 자 가운데서 이끌어 내신 평강의 하나님이 모든 선한 일에 너희를 온전하게 하사 자기 뜻을 행하게 하시고 그 앞에 즐거운 것을 예수 그리스도로 말미암아 우리 가운데서 이루시기를 원하노라 영광이 그에게 세세무궁토록 있을지어다 아멘."

18. 하나님을 여러분의 영원한 보화로 삼으십시오. 우주에서 확실하고 견고한 분은 오직 하나님뿐입니다.

시편 73편 25-26절 : "하늘에서는 주 외에 누가 내게 있으리요 땅에서는 주 밖에 내가 사모할 이 없나이다 내 육체와 마음은 쇠약하나 하나님은 내 마음의 반석이시요 영원한 분깃이시라."

19. 우리 안에 사는 이는 그리스도이므로 우리의 죽음도 유익하

다는 것을 모두에게 상기시키십시오.

빌립보서 1장 21, 23절 : "이는 내게 사는 것이 그리스도니 죽는 것도 유익함이라…내가 그 둘 사이에 끼었으니 차라리 세상을 떠나서 그리스도와 함께 있는 것이 훨씬 더 좋은 일이라 그렇게 하고 싶으나."

고린도후서 5장 7-9절 : "이는 우리가 믿음으로 행하고 보는 것으로 행하지 아니함이로라 우리가 담대하여 원하는 바는 차라리 몸을 떠나 주와 함께 있는 그것이라 그런즉 우리는 몸으로 있든지 떠나든지 주를 기쁘시게 하는 자가 되기를 힘쓰노라"

20. 하나님께서 그들의 마음이 그분의 말씀을 향하게 하시고, 그들의 눈을 열어 그분의 기사를 보게 하시고, 그들의 마음이 하나 되어 그분을 경외하게 하시며, 그분의 사랑으로 그들을 만족케 하시기를 기도하십시오.

시편 119편 36절 : "내 마음을 주의 증거들에게 향하게 하시고 탐욕으로 향하지 말게 하소서."

시편 119편 18절 : "내 눈을 열어서 주의 율법에서 놀라운 것을 보게 하소서."

시편 86편 11절 : "일심으로 주의 이름을 경외하게 하소서."

시편 90편 14절 : "아침에 주의 인자하심이 우리를 만족하게 하사 우리를 일생 동안 즐겁고 기쁘게 하소서."

21. 적절한 때에, 하나님께서 이 모든 복된 소식을 주시는 것은 우리를 자유케 하셔서 우리로 하여금 인간의 구원과 그리스도의 영광을 위해 철저하게, 희생적으로 섬기게 하기 위해서라는 것을 알리십시오. 이 모든 비극이 주는 한 가지 메시지는 삶은 짧고 약하지만 영원이 뒤따르며, 따라서 작고 인간 중심적인 야망은 비극임을 그들이 깨닫도록 도와주십시오.

사도행전 20장 24절 : "내가 달려갈 길과 주 예수께 받은 사명 곧 하나님의 은혜의 복음을 증언하는 일을 마치려 함에는 나의 생명조차 조금도 귀한 것으로 여기지 아니하노라."

디도서 2장 14절 : "그가[그리스도께서] 우리를 대신하여 자신을 주심은 모든 불법에서 우리를 속량하시고 우리를 깨끗하게 하사 선한 일을 열심히 하는 자기 백성이 되게 하려 하심이라."

빌립보서 1장 21절 : "내게 사는 것이 그리스도니."

사람들이 하나님의 주권적인 자비라는 소중한 진리가 자신들의 영혼 깊이 자리 잡게 할 때, 그들의 교회와 나라는 귀중하고 고통스러운 순간으로 가득합니다. 형제들이여, 이러한 순간이 있기 전에, 그리고 이러한 순간이 찾아올 때, 여러분의 양 떼가 재난 가운데서도 흔들리지 않고 서로를 섬기도록 도와주십시오.

너희는 가서 모든 민족을 제자로 삼아.

• 마태복음 28:19 •

대사명에 대해 세 가지로 반응할 수 있다.

첫째, 당신은 갈 수 있다.

둘째, 당신은 보낼 수 있다.

셋째, 당신은 불순종할 수 있다.

무시하는 것은 그리스도인이 할 수 있는 선택이 아니다.

• 존 파이퍼 •

이 천국 복음이 모든 민족에게 증언되기 위하여

온 세상에 전파되리니 그제야 끝이 오리라.

• 마태복음 24:14 •

우리가 하나님의 명성을 사랑하고,

그분의 이름을 그 어떤 것보다 높이는 데 헌신되어 있다면

세계 선교에 무관심할 수 없다.

• 존 파이퍼 •

# 25
## 양 떼의 가슴에 선교를 향한 하나님의 열정을 심으십시오

나는 나에게 세계 선교에의 열정, 곧 모든 민족의 기쁨을 위해 모든 것 가운데 그분의 주재하심을 회복하려는 열정을 주신 하나님의 은혜를 체험한 증인입니다. 모든 민족입니다! 시편 67편 4절에서는 이같이 말합니다. "온 백성은 기쁘고 즐겁게 노래할지니." 하나님은 내게 선을 베푸셔서 내 눈을 열어 세계 선교를 통해 그분의 주재하심이 드러나고 열방이 기뻐하는 것을 보게 하셨습니다.

　복음 전도자였던 나의 아버지 빌 파이퍼는 가정에서 함께 기도드리는 시간마다 자녀들에게 선교사를 위해 기도하게 했으며, 80대의 고령이신 지금도 40개국에서 이루어지고 있는 성경 통신 과정을 관리하면서 열매 맺는 삶의 마지막 장을 보내고 있습니다. 그리고 하나님께서는 나를 짐 엘리어트와 빌리 그레이엄의 전통이 살아 있는 대학에 보내셨습니다.

그런 후에 하나님께서는 당시에 세계 선교 분야에서 최초로 대학원 수준의 과정을 시작하고 있었던 신학교 가운데 한 곳에 나를 보내셨고, 랄프 윈터 같은 교수들에게서 배우게 하셨습니다. 그런 후에 하나님은 나를 해외로 보내셔서 다른 문화, 다른 언어로 대학원 과정을 밟게 하셨습니다. 그런 후에 하나님은 나를 벧엘 칼리지에 보내셔서 가르치게 하셨으며 내가 세계 선교의 비전을 가진 침례교 총회의 일원이 되게 하셨습니다. 그런 후 1980년에, 하나님께서는 1890년에 버마(지금의 미얀마)의 카친(Kachin)같은 미전도 종족에 올라 핸슨을 보낸 것을 비롯해서 100년의 선교사 파송 역사를 가진 베들레헴교회에 나를 보내셨습니다.

그리고 1983년, 하나님은 어느 선교 대회에서 나의 눈을 열어 기독교 희락주의에 대한 나의 비전(7장을 보십시오)과 세계 복음화와의 관계를 보게 하셨습니다. 그리고 1990년대 초, 하나님께서는 우리 교회 장로님들의 마음을 감동시켜 내가 1983년 이후로 배운 것을 글로 쓸 수 있도록 시간을 주게 하셨습니다. 이때 쓴 책이 "열방은 기쁘고 즐겁게 노래할지니 주는 민족들을 공평히 판단하시며 땅 위에 열방을 치리하실 것임이니이다"라는 시편 67편 4절 말씀에서 제목을 딴 『열방을 향해 가라』(Let the Nations Be Glad, 좋은씨앗)입니다.[1]

---

1 John Piper, *Let the Nations Be Glad: The Supremacy of God in Mission* (Grand Rapids, Mich.: Baker Book House, 1993), 개정판, 2003). 『열방을 향해 가라』, 좋은씨앗.

나는 이 모든 것을 내 삶에 임한 하나님의 놀라운 은혜로 여기고 있습니다.

때때로 교회 생활에서, 목회자는 열방 가운데서 하나님의 주재하심을 나타내려는 열정을 북돋우는 선교에 관한 본질적인 진리를 꼭 되풀이해서 말해야 할 때가 있습니다. 왜 우리는 선교에 관해 그렇게 관심이 많습니까? 양 떼가 들어야 하기 때문입니다. 도대체 선교라는 게 무엇입니까? 많은 그리스도인들이 세계사에서 가장 영광스러운 이야기, 피와 눈물을 통해 이루어진 기독교 전파와 세계 선교의 기쁨을 모르고 있습니다.

지난 몇 년에 걸쳐 베들레헴교회에서 우리가 배웠던 일곱 가지 진리가 있는데, 그것들은 우리에게 선교가 무엇인지 가르쳐 주며, 선교에의 열정을 불어넣어 주었습니다. 이러한 진리가 여러분에게도 도움이 될 것입니다. 지구상의 교회들이 이러한 진리를 통해 불이 붙는다면, 베드로가 베드로후서 3장 12절에서 말했듯 우리가 알고 있는 "하나님의 날이 임하며" 역사의 마지막이 임할 것입니다.

1. 우리는 하나님께서 그분의 이름이 영광받기를 열정적으로 구하신다는 사실을 깨달았습니다. 하나님의 궁극적인 목적은 세상 모든 민족이 그분의 이름을 알고 찬양하며 기뻐하는 것입니다.

"이 천국 복음이 모든 민족에게 증언되기 위하여 온 세상에 전파되리니 그제야 끝이 오리라"(마 24:14). 복음은 하나님나라에 대한 것입니다. 복음은 하나님의 통치에 대한 것입니다. 복음은 죄와 사망과 심판과 사탄과 죄책과 두려움의 왕이신 예수님의 승리에 대한 것입니다. 복음은 복된 소식입니다—우리가 왕으로 다스린다는 소식이 아니라 우리의 하나님께서 다스리신다는 소식입니다. "좋은 소식을 전하며 평화를 공포하며 복된 좋은 소식을 가져오며 구원을 공포하며 시온을 향하여 이르기를 네 하나님이 통치하신다 하는 자의 산을 넘는 발이 어찌 그리 아름다운가"(사 52:7). 복음은 하나님께서 통치하신다는 소식입니다.

이러한 '그분의 나라에 대한 복음'을 전하는 목적은 열방이 왕이신 예수님을 알고 그분을 찬양하며, 그분을 높이고, 그분을 사랑하며, 그분을 신뢰하고, 그분을 따르며, 그분으로 인해 기뻐하게 하는 것입니다. 우리는 하나님께서 그분 자신의 이름과 명성이 세계 가운데 높아지며 분명하게 드러나게 하시는 데 뜨겁게 헌신되어 있음을 알게 되었습니다.

우리는 성경에서 이런 사실을 거듭 발견하게 됩니다. 하나님이 어떤 일을 하시는 것은 하나님의 능력을 보이고 하나님의 이름이 온 땅에 전파되게 하려 함입니다(롬 9:17 참조). 선교의 핵심 명령은 이사야서 12장 4절입니다. "그의 행하심을 만국 중에 선포하며 그의 이름이 높다 하라."

하나님께서는 그분의 명예에 뜨겁게 헌신하십니다(2장 "하나님은 그분의 영광을 사랑하십니다"를 보십시오). 하나님이 최우선 순위에 두시는 일은 사람들이 그분을 무한히 영광스러운 왕으로 알고 찬양하며 기뻐하는 것입니다. 이것이 복음입니다. 이것이 선교의 목적입니다. 바울이 로마서 15장 9절에서 말했듯 "이방인들도 그 긍휼하심으로 말미암아 하나님께 영광을 돌리게 하려"는 것입니다.

이것이 우리가 깨달은 첫 번째 사실입니다. 1983년 이후로 우리 가운데 어떤 사람들은 우리가 하나님의 명예를 사랑하고 그분의 이름을 그 어떤 것보다 높이는 데 헌신할 때 세계 선교에 무관심할 수 없다는 것을 그 어느 때보다 분명하게 깨달았습니다.

2. 우리는 모든 열방이 그분을 알고 찬양하며 기뻐하게 하시려는 하나님의 목적이 결코 실패할 수 없음을 깨달았습니다. 이것은 절대적으로 확실한 약속입니다. 이 일은 이루어질 것입니다.

예수님은 "이 천국 복음이 모든 민족에게 증언되기 위하여 온 세상에 전파되리니 그제야 끝이 오리라"(마 24:14)고 말씀하셨습니다. 이것은 절대적인 약속입니다. 이 일은 이루어질 것입니다. 이 약속이 확실하다는 것을 뒷받침해 주는 근거는 예수님의 주권입니다. "하늘과 땅의 모든 권세를 내게 주셨으니 그러므로 너희는 가서…"(마 28:18-19). 아무것도 그분을 막을 수 없습니다. "내가 이 반석 위에 내 교회를 세우리니 음부의 권세가 이기지 못하리라"(마 16:18).

우리가 이러한 깨달음을 통해 알게 된 것은, 하나의 교회인 우리가 불순종하면 실패하는 것은 하나님의 운동과 세계 선교가 아니라는 것입니다. 실패하는 것은 우리 자신입니다. 우리가 없더라도 하나님의 모략은 결국에는 설 것이며, 하나님은 그분의 모든 목적을 어떻게든 이루실 것입니다(사 46:10). 그분의 승리는 결코 의심스럽지 않으며, 의심스러운 것은 그 승리에 우리가 참여할 것인가 — 또는 실패할 것인가 — 하는 것뿐입니다. 우리는 개인적인 관심사에 몰두해 세계 복음화라는 대사명에 무관심할 수 있습니다. 그러나 우리가 이 땅이 주는 안락함 속에 움츠려 있을 동안 하나님께서는 우리를 건너뛰어 그 분의 큰 일을 이루십니다.

3. 우리는 선교적 사명이 미전도 종족에게(그저 많은 사람들이 아닌, 종족 집단에게) 다가가는 데 초점이 맞춰지고 있음을, 그리고 그 사명은 반드시 완수될 것임을 깨달았습니다.

다시 말하지만, 예수님은 "이 천국 복음이 모든 민족에게 증언되기 위하여 온 세상에 전파되리니 그제야 끝이 오리라"(마 24:14)고 말씀하셨습니다. 우리는 랄프 윈터와 그 외 사람들의 도움으로 성경에서 '열방'(nations, 국가)은 미국, 아르헨티나, 중국, 독일, 우간다 등과 같은 정치적, 지리적 국가들을 말하는 것이 아님을 알게 되었습니다. '열방'은 복음이 한 집단에서 다른 집단으로 퍼져나가기 어렵게 하는 문화적, 언어적 차이로 구분된 인종 집단을 의미합니다.[2] '열방'은 "아모리 사람과 헷 사람과 브리스 사람과 가나안 사람과 히위 사람과 여부스 사람," 오브지브웨족, 니구르족, 베르베르족, 폴라니족과 같은 집단을 말합니다(출 23:23). 선교의 과제는 개개인을 낚는 것뿐 아니라 세상의 모든 종족들에게 다가가는 것입니다.

---

2 이에 대한 주석적, 신학적 변론에 대해서는 앞의 책 167-218을 보라.

요한계시록 5장 9절이 마태복음 28장 19-20절만큼이나 우리에게 중요한 것도 이 때문입니다. "[어린양이] 두루마리를 가지시고 그 인봉을 떼기에 합당하시도다 일찍이 죽임을 당하사 각 족속과 방언과 백성과 나라 가운데에서 사람들을 피로 사서 하나님께 드리시고." 선교의 과제는 단지 점점 더 많은 사람들에게 다가가는 것이 아니라 점점 더 많은 민족에게—족속과 방언과 백성과 나라, 즉 열방 가운데—다가가는 것입니다.

이러한 깨달음을 통해 우리의 기도와 노력의 방향이 분명해지고 정리되었습니다. 일차적인 과제는 세상에서 더 많은 사람들을 얻는 게—이것이 중요한 일이긴 하지만—아닙니다. 일차적인 과제는 점점 더 많은 '종족들'에게 차근히 다가가는 것입니다. 이것은 이 과제가 끝날 수 있다는 뜻입니다. 왜냐하면 개개인의 숫자는 계속해서 늘어나지만 민족의 숫자는 (대개) 변하지 않기 때문입니다. 우리가 깨달은 세 번째 사실은, 선교적 사명이 미전도 종족에게(그저 많은 사람들이 아닌, 종족 집단에게) 다가가는 데 초점이 맞춰지고 있음을, 그리고 그 사명은 반드시 완수될 것이라는 사실입니다.

4. 우리는 디모데형 선교사가 많다는 사실 때문에 바울형 선교사가 부족하다는 사실이 간과되었음을 깨달았습니다.

용어를 설명하자면 이렇습니다. 세상에는 두 종류의 선교사가 필요합니다. 디모데형 선교사와 바울형 선교사. 디모데를 선교사로 부르는 것은, 그가 고향을 떠났고(루스드라, 행 16:1), 선교 여행팀에 참여했으며, 여러 문화를 넘나들었고, 마지막에는 고향에서 멀리 떨어진 에베소에 세워진 지 얼마 되지 않은 교회를 감독했기 때문입니다(딤전 1:3). 그러나 우리는 이러한 디모데형 선교사와 바울형 선교사를 구분하게 되었습니다. 왜냐하면 디모데는 자체적으로 장로들이 있으며(행 20:17) 선교까지 하는(행 19:10) 오래된 교회가 있는 '선교지'에 머물면서 사역했기 때문입니다.

반대로, 바울은(바울형 선교사는) 하나님의 이름을 세계의 미전도 종족에게 알리려는 열정에 사로잡혀 있었습니다. 그는 일단 교회가 세워지면 결코 그곳에 오래 머물지 않았습니다. 그는 로마서 15장 20절에서 "또 내가 그리스도의 이름을 부르는 곳에는 복음을 전하지 않기로 힘썼노니"라고 했습니다. 우리는 이것을 가리켜 '개척 선교'(frontier missions)라고 부릅니다. 이것이 바울형 선교사입니다.

나는 1983년에 깜짝 놀랄 사실을 발견했습니다. 아직도 수백 개의 종족이, 어떤 사람들에 따르면 수천 개의 종족이 미전도 종족으로 남아 있는데도—다시 말해, 이들 가운데서는 현지인에 의한 복음화 운동이 전혀 일어나고 있지 않는데도—북미에서 파송된 선교사 가운데 90퍼센트가 이미 복음이 전파된 지역에서 기존 교회와 함께 일하는 디모데형 선교사인 반면에 바울형 선교사는 10퍼센트에 불과하다는 것이었습니다.

내가 이러한 발견을 통해 깨달은 것은, 디모데처럼 '에베소'의 선교 현장에 머물라는 소명을 받은 사람들의 순종을 방해하지 않으면서 더욱 더 많은 바울형 선교사들이 일어나도록 기도하고 전하고 글을 쓰는 게 목회자인 내게 주어진 소명 가운데 하나라는 것이었습니다.

5. 우리는 국내 사역은 개척 선교의 목표며, 개척 선교는 국내 사역을 확립시킨다는 사실을 깨달았습니다.

내가 말하는 국내 사역은 우리의 문화 속에서 예수님의 사랑과 정의를 삶으로 실천하라는 소명입니다. 예를 들면, 전도, 가난, 의료, 실업, 굶주림, 낙태, 미혼모, 가출, 포르노, 가정 파괴, 아동 학대, 이혼, 위생, 모든 수준의 교육, 약물 남용, 알코올 중독, 환경 파괴, 범죄, 교도소 환경 개선, 대중매체와 직장과 정치에서 이뤄지는 도덕적 학대 등의 문제에 뛰어드는 것입니다. 일반적으로 말해, 우리 자신이 속한 사회의 모든 수준에서 빛과 소금이 되는 것입니다.

때로 사람들은 이러한 운동은 지지하면서도 개척 선교에 대해서는 무관심하거나 적대적이기까지 했습니다. 사람들은 개척 선교에 초점을 맞추면 이 중요한 운동이 경시되거나 위협받을 거라고 느꼈습니다. 사람들은 국내에도 도움이 필요한 곳이 많다고 했으며, 이것은 물론 사실입니다. 그러나 그때 우리는 국내 사역과 개척 선교간의 진정한 관계를 발견했습니다.

전방 선교는 복음을 들고 미전도 종족을 찾아가 그리스도의 사랑과 정의를 그 문화에 적용할 현지인 교회를 세우려는 노력입니다. 이것은 개척 선교의 목적이 국내 사역을 위한 새로운 기초를 확립하는 데 있음을 의미합니다. 선교사의 목적은 자신의 문화 속에서 영혼을 구원하며, 삶을 변화시키고, 고통을 줄이며, 필요를 충족시키고, 문화를 변혁하는 국내 사역—미국 교회가 미국 내에서 감당해야 하는 선교—를 할 현지인 교회가 확립되도록 돕는 것입니다.

우리는 이러한 깨달음으로 인해 정신이 번쩍 들었습니다. 개척 선교는, 그리스도가 전파되지 않았기에 국내 사역이 이뤄지지 않는 곳에 국내 사역을 옮겨 심고 적응시키는 것입니다. 우리가 깨달은 놀라운 결론은, 개척 선교가 국내 사역의 (수출 담당) 하인이라는 것이었습니다. 여기서 국내 사역은 개척 선교사들을 위한 훈련소이자 양성소입니다.

우리가 당시의 모든 정서적 혼란 가운데에서 발견한 커다란 아이러니는, 개척 선교에 대한 부담을 가장 크게 느껴야 할 사람들은 국내 사역에 가장 큰 열정을 가진 사람들이라는 것입니다. 자신이 사는 도시의 복음화와 주거 문제와 실업문제와 굶주림과 위생에 대한 부담감을 느끼게 하는 그리스도에 대한 사랑과 정의감은, 변화에 대한 욕구라고는 전혀 없는 종족들에 대해서도 동일한 부담을 느끼게 만듭니다.

사실, 보다 최근에 우리는 국내 사역과 개척 선교가 미니애폴리스의 미전도인들을 향한 사역에서 전혀 예상치 못한 방법으로 하나가 되는 것을 보았습니다. 국내 사역에서 개척 선교로의 이동은 문화적인 것이기는 하지만, 지리적인 것일 필요는 없습니다. 우리의 경우, 미전도 무슬림들을 향해 이동한 거리는 겨우 50미터밖에 되지 않았습니다.

6. 우리는 하나님께서 고난을 대사명의 완수를 위한 대가이자 수단으로 삼으신다는 것을 알게 되었습니다.

『열방을 향해 가라』, 『장래의 은혜』(Future Grace. 좋은씨앗), 『하나님을 기뻐하라』(Desiring God. 생명의말씀사)와 같은 나의 책에 하나같이 고난에 관한 장(章)이 있는 것은 우연이 아닙니다. 나는 최근 몇 년 사이에 고난이 미전도 종족들을 뚫으려는 노력의 결과일 뿐 아니라 수단이기도 하다는 것을 어느 때보다 분명하게 보았습니다. 마태복음 24장 14절의 다섯 절 앞에서, 예수님은 이렇게 말씀하셨습니다. "그때에 사람들이 너희를 환난에 넘겨 주겠으며 너희를 죽이리니 너희가 내 이름 때문에 모든 민족에게 미움을 받으리라"(9절). 이것이 선교의 대가이며, 이 대가는 지불될 것입니다.

훨씬 더 중요한 발견은, 고난은 단지 대가에 불과한 게 아니라 하나님께서 그 일을 완수하기 위해 사용하시는 수단이라는 것입니다. 골로새서 1장 24절에서 바울은 이렇게 말합니다. "나는 이제 너희를 위하여 받는 괴로움을 기뻐하고 그리스도의 남은 고난을 그의 몸된 교회를 위하여 내 육체에 채우노라." 바울의 고난은 그리스도의 고난에서 부족한 부분을 채웠습니다. 다시 말해, 바울의 고난은 미전도 종족을 향한 그리스도의 사랑의 현재적이며 가시적인 표현이 되었습니다.[3] 우리의 고난은 그리스도께서 위하여 죽으신 자들을 위한 그분의 고난의 확대요 표현이 됩니다. 고난은 미전도 종족들과 잃어버린

---

3  같은 책, 93-96.

자들의 마음을 뚫기 위해 하나님이 정하신 수단입니다.

1981년에 추방되기 전까지 공산당 정부 아래서 목숨을 걸고 가르치고 복음을 전했던 조셉 티손 목사는 『고난, 순교, 그리고 하늘의 상급』(Suffering, Martyrdom, and Rewards in Heaven)이라는 책을 썼습니다. 그는 마지막에 이렇게 말합니다. "고난과 순교는 하나님의 계획의 일부로 보아야 한다. 고난과 순교는 하나님께서 역사 가운데 그분의 목적을 이루시며, 인간과 함께 그분의 최종 목적을 성취하시는 도구이다."[4] 이것이 내가 지금까지 성경에서, 최근에는 역사에서 배우고 있는 것입니다.

나는 이것을 교인들에게 숨기지 않습니다. 내가 교인들이 이 세상에서 더 큰 일에 참여하도록 기도하고 설교할 때, 그들은 내가 자신들에게 그리스도를 위해 고난을 당하고 어쩌면 죽으라고 요구하고 있음을 압니다. 우리는 너무나 일상적으로 너무나 오랫동안 '흥미로운 타문화 체험'을 이야기해 왔습니다.

이제는 성경을 알고 진지해져야 할 때입니다. "보라 내가 너희를 보냄이 양을 이리 가운데로 보냄과 같도다"(마 10:16). "너희를 넘겨 주어 너희 중의 몇을 죽이게 하겠고 또 너희가 내 이름으로 말미암아 모든 사람에게 미움을 받을 것이나 너희 머리털 하나도 상하지 아니하리라"(눅 21:16-18).

---

4  Josef Ton, *Suffering Martyrdom, and Rewards in Heaven* (New York: University Press of America, 1977), 423.

7. 마지막으로, 우리가 그분 안에서 너무나 만족하여, 그 기쁨을 미전도 종족에게 전하고자 고난과 죽음을 받아들일 때, 하나님께서는 우리 안에서 가장 큰 영광을 받으신다는 것을 깨달았습니다.

바꿔 말해, 예배는—하나님 안에서 만족하며 하나님을 소중히 여기고 하나님을 찬양하는 것은—선교의 연료요, 목표입니다. 선교는 그리스도 안에서 하나님으로 인해 누리는 만족감에서 비롯되며, 다른 사람들이 그리스도 안에서 하나님으로 인해 만족하도록 돕는 데 그 목적이 있습니다.

하나님이 이처럼 우리가 찬양하고 기뻐할 만한 분이라는 가장 명백하고 강력한 증거는 그분의 백성이 고난 가운데서 이렇게 말하는 것입니다. "우리가 잠시 받는 환난의 경한 것이 지극히 크고 영원한 영광의 중한 것을 우리에게 이루게 함이니"(고후 4:17). "생각하건대 현재의 고난은 장차 우리에게 나타날 영광과 비교할 수 없도다"(롬 8:18). "또한 모든 것을 해로 여김은 내 주 그리스도 예수를 아는 지식이 가장 고상하기 때문이라"(빌 3:8).

사람들이 이렇게 말할 때 선교는 이루어집니다. 그러므로 당신의 양 떼에게 철저하십시오. 그들이 안락한 중산층에 안주하지 않게 하십시오. 그들을 전시의 생활 방식과 세계 선교를 소개하는 자리로 이끄십시오. 그들에게 세 가지 가능성이 있음을 말해 주십시오. 그들은 첫째, 갈 수 있으며, 둘째, 보낼 수 있으며, 셋째, 불순종할 수 있습니다. 그러나 선교를 무시하는 것은 그리스도인이 할 수 있는 선택이 아닙니다.

예수님의 말씀을 그들에게 들려 주십시오. "아버지께서 나를 보내신 것 같이 나도 너희를 보내노라"(요 20:21). 그들에게 예수님이 성문 밖에서 고난당하셨다는 히브리서 13장 12-14절의 철저한 도전을 상기시키십시오. 그러므로 그분과 함께 진 밖으로 나가 그분을 위해 고난을 받으십시오. 이 땅에는 영원한 성이 없지만 우리는 다가올 성을 바라고 있습니다. 형제들이여, 양 떼의 가슴에 세계 선교의 열정을 심으십시오.

문제는 우리가 극단주의자가 되느냐 되지 않느냐가 아니라

우리가 어떤 종류의 극단주의자가 되느냐 하는 것입니다.

우리는 증오를 위한 극단주의자가 될 것입니까

아니면 사랑을 위한 극단주의자가 될 것입니까?

• 마틴 루터 킹 주니어 •


우리 교회는 세상의 인종적 태도와 행동을 기록하는 온도계인가

아니면 인종적 이해와 사랑과 분명한 조화에 대한

따뜻한 헌신을 일으키는 온도조절장치인가?

• 존 파이퍼 •


우리는 우리 사회에서 일어나고 있는 무관심과 소외와 적대감에 맞서

지역 사회와 교회 내에서 인종간의 화해가 분명하게 나타나도록

개인적으로, 공동체적으로 새로운 걸음을 내딛기 위해

하나님의 지고한 사랑을 품을 것이다.

• 베들레헴교회의 비전 선언문에서 •

## 26
### 인종차별의 뿌리를 뽑아버리십시오

인종적 편견이나 냉대, 의심, 학대는 사회적 문제가 아닙니다. 이것은 예수님의 보혈과 관련된 문제입니다. 이에 관해 양 떼에게 말해야겠다는 확신이나 용기가 생기거든, 당신이 사회복음주의자가 아니라 그리스도께서 십자가에서 흘리신 피로 사신 축복을 사랑하는 사람이라고 말하십시오. 이에 대해서는 조금 후에 다시 말하면서 내가 염두에 두고 있는 성경 본문들을 제시하기로 하고, 우선은 약간의 배경을 먼저 다루기로 하겠습니다.

    부드럽게 표현하자면, 여러분의 교회가 미시시피에 있느냐 미네소타에 있느냐 하는 문제는, 다시 말해, 여러분의 양 떼가 인종차별적 성향을 갖고 있느냐는 중요하지 않습니다. 시간은 빠르게 흐르고 기억은 오래 남으며 우리는 과거로부터 그리 멀리 온 게 아닙니다. 내가 이 글을 쓰고 있을 지금으로부터 겨우 81년 전에, 미네소타 주 덜루스에서 만 명의 백인 폭도들이 세 명의 흑인 죄수를 재판도 받기 전에 시립 교도소에서 끌어내어 가로등 기둥에 묶어 놓고 린치를 가한 사건이 있었습니다.[1] 이것은 남북 전쟁 전 남부의 깊은 암흑시대 얘기가 아니라 북부 미네소타에서 한 세대 전에 일어난 사건입니다.

더욱이, 오늘날 미국 전역에는 1968년 마틴 루터 킹이 테네시 주 멤피스에서 암살되던 때보다 더 악한 백인 우월주의자들이 많아 보입니다. KKK단은 더이상 은밀하게 증오를 표출하고 있지 않습니다. 1963년 플로리다 주 세인트 어거스틴에서는 경찰이 평화적인 시위대를 무자비하게 때리고 가두었으며, KKK단이 폭탄을 터뜨리고 흑인 가정과 흑인 나이트클럽에 총을 난사할 때도 팔짱을 낀 채 구경만 했습니다. 이 나라에서 공공연히 일어나는 흑인에 대한 무서운 유괴와 구타와 고문의 세세한 부분에 대해서는 말하지 않겠습니다.

그러나 1998년 6월 6일 텍사스 주 재스퍼 외곽에서 일어난 일은 그대로 넘어갈 수 없습니다. 49세의 흑인, 제임스 버드 주니어는 세 명의 백인에게 구타를 당한 후 1982년형 픽업트럭에 발목이 묶인 채 3킬로미터를 끌려가다 그만 머리가 떨어져 나갔습니다. 많은 것이 변했지만 몇몇 뿌리 깊은 문제는 변하지 않았습니다. 이러한 사건들은 미국 문화에 깊이 박혀 있으며 부분적으로 잠재되어 있는 빙산의 일각, 즉 피로 물든 한 조각일 뿐입니다. 이것은 우리 모두에게 영향을 미칩

---

1 Michael Fedo, "The 1920 Duluth Lynchings, an Untold Chapter of Minnesota History," in Minnesota Spokesman-Recorder, 22-28, February, 2001, 8b.

킹이 많은 목회자들에게 다루기 어려운 문제라는 것은 나도 알고 있습니다. 어떤 목회자들의 경우에는 이렇게 했다가 직장을 잃을 수도 있습니다. 그러나 그 정도의 위험은 감수해야 합니다. 여러분 이렇게 시작할 수 있을 것입니다 : 영웅들이 시간이 흐르고 난 뒤 더 칭찬받게 되는 것은 놀라운 일입니다. 그리스도인들 가운데 대통령 기념일에는 거부감을 느끼지 않으면서 마틴 루터 킹 기념일에는 거부감을 느끼는 사람들이 있는 데는 이런 이유도 있지요. 킹은 겨우 30-40년 전 사람이기에 우리는 그의 모습을 그대로 기억하고 있습니다.

그러나 조지 워싱턴은 200여 년 전 사람이며, 우리는 시간의 안개 때문에 그의 성공회 신앙이 사회적인 관습일 뿐이었으며 그는 결코 성찬식에 참석하지 않은 것으로 보인다는 것을 분명하게, 그다지 분명하게 알지 못합니다. 제2대 미국 대통령 존 아담스는 전통적인 기독교에 회의적이었습니다. 제3대 대통령 토마스 제퍼슨은 삼위일체와 그리스도의 신성 교리를 비웃었습니다.[3] 그리고 제4대 대통령 제임스 메디슨은 1800년대 초기 그가 살던 버지니아 사람들의 전형이라 할 수 있는 이신론에 빠졌습니다.[4] 그러나 이들은 우리와 멀리 떨어져 있습니다. 그러므로 우리는 너무나 가까이 있기 때문에 그 죄가 위협적

---

3 제퍼슨은 복음서 기사들을 직접 편집하기까지 했으며, 그러면서 하나님의 초자연적 행동에 관한 것들은(동정녀 탄생, 치유, 부활 등) 거의 가위질했다. 다음을 보라. Thomas Jefferson, *The Jefferson Bible: The Life and Morals of Jesus of Nazareth* (Boston, Mass.: Beacon Press, 1991), 초판 1816.
4 Mark Noll, *A History of Christianity in the United States and Canada* (Grand Rapids, Mich.: Eerdmans Publishing Co., 1992), 133-135, 404.

이기까지 한 영웅들의 결점에 대해 느끼는 의분을 이들에게서는 동일하게 느낄 수는 없습니다.

우리는 거리를 두고 보기 때문에 차이를 찾아낼 수 있습니다. 우리는 이것은 칭찬할 만한 업적이지만 저것은 그렇지 않으며, 이것은 기념하고 기리겠지만 저것은 개탄스럽게 여길 수 있습니다. 마틴 루터 킹에 대해서도 그렇게 하길 바랍니다. 그는 죄인이었으며, 자신도 알고 있듯이 그가 변명할 수 없는 행동을 하다가 붙잡혔을 때에는 특히 그러했습니다.[5] 그러나 그렇다고 해서 이런 사실 때문에 그가 그렇게도 유창하게 선포했던 진리와 비전을 우리의 양 떼에게 상기시키는 것을 포기해서는 안 됩니다.

킹은 지금도 내 귀에 쩌렁쩌렁 울리는 선지자의 메시지를 선포했습니다. 그가 쓴 가장 설득력 있는 글 가운데 하나는 '버밍햄 교도소에서 온 편지'였습니다. 1963년 4월 16일 화요일이었습니다. 킹은 성금요일인 4월 11일에 당시 대부분의 남부 도시를 휩쓸었던 심한 인종 차별에 맞서 평화 시위를 벌이다가 체포되었습니다. '버밍햄 뉴스(Birmingham News)는 알라바마의 여덟 명의 기독교와 유대교 성직자들이(모두 백인) 낸 성명서를 실었습니다. 킹의 행동을 비난하고 더 큰 인내를 요구하는 내용이었습니다. 오티스는 킹의 '편지'를 "비폭력 운동의 목적과 철학에 관한 역사상 가장 유창하고 박식한 표현"이라고 했습니다.[6]

---

5  Oates, *Let the Trumpet Sound*, 322.
6  같은 책, 222.

우리 목회자들은 60년대에 킹이 수천 명을 격분시키며 영감을 주었던 그 힘과 통찰력에 귀를 기울일 필요가 있습니다.

인종차별의 날카로운 화살을 결코 느껴 보지 못한 사람들은 "기다려라"고 말하는 게 쉬울 겁니다. 그러나 악한 폭도가 여러분의 어머니와 아버지를 마음대로 때리고 여러분의 자매와 형제를 무고하게 강물에 던지는 것을 보았을 때, 증오에 찬 경찰들이 여러분의 흑인 형제 자매들을 욕하고, 차고, 심지어 죽이는 것을 보았을 때, 2천만의 흑인 형제 가운데 대다수가 풍요로운 사회 속에서 가난의 굴레에 갇혀 있는 것을 보았을 때, 여섯 살배기 딸에게 왜 텔레비전에서 광고하는 놀이공원에 갈 수 없는지 설명하는 당신이 말을 더듬거려야 할 때, 유색 인종의 아이들에게는 놀이공원 입장이 허락되지 않는다는 말에 딸아이의 눈에 눈물이 흐르는 것을 볼 때, 그 아이의 작은 마음의 하늘에 열등감의 불길한 구름이 드리우는 것을 볼 때, 그 아이가 백인들에 대해 무의식적인 반감을 키우면서 자신의 인격을 파괴하는 것을 볼 때, "아빠, 왜 백인들이 유색 인종을 그렇게 잔인하게 대해요?"라고 묻는 다섯 살배기 아들에게 거짓말로 꾸며 대며 대답해야 할 때, 차를 몰고 이 나라를 횡단하면서 어떤 모텔도 여러분을 받아주지 않기 때문에 자동차 구석에서 쪼그려 자야 할 때, '백인용,' '흑인용'이라는 가슴 아픈 표지판을 보면서 굴욕적으로 하루를 시작하고 마쳐야 할 때, '깜둥이'가 여러분의 첫 번째 이름이 되고, '놈'이 여러분의 중간 이름이 되며(여러분이 몇 살이든), '존'이 여러분의 성(姓)이 되며, 여러분의 아내와 어머니에게는 결코 '부인'(Mrs.)이란 칭호가 붙지 않을 때, 여러분이 깜둥이라는 사실이 밤낮으로 여러분을 괴롭히며 다음에 어떤 일이 있을지 전혀 모른 채 항상 조심하며 살아야 하고 내적인 두려움과 외적인 분노에 싸여 있을 때, 자신이 "아무것도 아니다"라는 비참한 느낌과 영원히 싸우고 있을 때, 여러분은 왜 우리가 기다리는 게 어려운지 이해하게 될 것입니다. 인내의 잔은 이미 넘쳐흐르고 있으며, 우리는 더 이상 절망의 심연에 빠져 들지 않을 것입니다. 여러분 양반들께서 우리의 합법적이고 피할 수 없는 불인내를 이해할 수 있기를 바랍니다.7

그의 헌신의 깊이가 더욱 분명해진 것은, 극단주의자라는 비난에 반응할 때였습니다.

"너희 원수를 사랑하며 너희를 미워하는 자를 선대하며 너희를 저주하는 자를 위하여 축복하며 너희를 모욕하는 자를 위하여 기도하라"고 말씀하신 예수님은 사랑을 위한 극단주의자가 아니셨습니까? "오직 정의를 물 같이, 공의를 마르지 않는 강 같이 흐르게 할지어다"라고 했던 아모스는 정의를 위한 극단주의자가 아니었습니까? "내가 내 몸에 예수의 흔적을 가졌노라"고 했던 바울은 기독교 복음을 위한 극단주의자가 아니었습니까? "제가 여기 있습니다. 저는 달리 할 수 없습니다. 그러니 하

---

7 Martin Luther King, Jr., "Letter from Birmingham Jail," with an introduction by Paul Chaim Shenck(날짜, 장소는 없다) 8-9. 이 편지를 인터넷에서 쉽게 찾아 읽을 수 있을 것이다.

나님 저를 도와주십시오"라고 했던 마르틴 루터는 극단주의자가 아니었습니까? "내 양심의 도살자가 되느니 마지막 날까지 이 감옥에 남겠소"라고 했던 존 번연은 극단주의자가 아니었습니까? "이 나라는 반은 노예로 반은 자유자로 남을 수는 없습니다"라고 했던 에이브라함 링컨은 극단주의자가 아니었습니까? "우리는, 모든 인간은 평등하게 창조되었다는 진리가 자명하다고 주장한다"고 했던 토마스 제퍼슨은 극단주의자가 아니었습니까? 그러므로 문제는 우리가 극단주의자가 되느냐 되지 않느냐가 아니라 우리가 어떤 종류의 극단주의자가 되느냐 하는 것입니다. 우리는 증오를 위한 극단주의자가 될 것입니까 아니면 사랑을 위한 극단주의자가 될 것입니까?[8]

그런 후에 그는 교회를 향해 다음과 같이 강력하게 외쳤으며, 지금도 그의 외침은 40년 전만큼이나 생생합니다. 미국의 모든 목회자들은 그의 외침을 듣고 그에 맞는 교회를 세울 필요가 있습니다.

교회가 매우 힘이 있었던 때가 있었습니다. 초대 교회 그리스도인들이 자신들이 믿는 것 때문에 고난 받을 자격이 있는 것을 기뻐했던 때였습니다. 당시에 교회는 단순히 여론이나 원칙을 기록하는 온도계가 아니라 사회의 관습을 변혁하는 온도조절장치였습니다…그러나 하나님의 심판은 이전 그 어느 때와는 다르게 [오늘날의] 교회 위에 임했습니다. 오늘날

---

8　같은 책, 14.

의 교회가 초대 교회의 희생정신을 회복하지 못한다면 그 진정성을 잃어버리고, 수백만의 충성을 잃으며, 21세기에 아무런 의미가 없는 하찮은 사교 클럽으로 전락할 것입니다.⁹

우리에게 주어진 질문이 있습니다. 우리 교회는 세상의 인종적 태도와 행동을 기록하는 온도계입니까 아니면 인종적 이해와 사랑과 분명한 조화에 대한 따뜻한 헌신을 일으키는 온도조절장치입니까? 백인이 다수를 차지하는 문화에서 대부분의 그리스도인들은 결코 이 문제를 생각조차 하지 않습니다. 이것은 평화의 표시가 아니라 망각의 표시입니다.

1963년 8월 28일, 킹이 링컨 기념관 앞에 서서 가장 기억에 남을 연설을 했을 때 나는 열일곱 살이었습니다.

나에게는 꿈이 있습니다. 어느 날엔가 조지아의 붉은 언덕에 노예와 노예 주인의 자손들이 형제애의 테이블에 함께 앉는 꿈입니다…나에게는 꿈이 있습니다. 나의 네 자녀들이 언젠가 그들의 피부색이 아니라 인격으로 판단 받을 나라에서 사는 꿈입니다.¹⁰

여러분이 그의 삶과 비폭력 전략을 어떻게 생각하든, 마틴 루터 킹은 위대한 꿈을 분명히 밝혔습니다. 하지만 그 꿈은 아직 실현되지

---

9   같은 책, 17.
10  인터넷에서 이 연설문의 한 구절만 검색해도 전체 연설문을 쉽게 찾을 수 있다.

않았습니다. 내가 목회자로서 해야 할 일 가운데 하나가 이러한 꿈을 '세상을 향한 하나님의 목적을 표현하는 완전한 성경적 비전'으로 끌어올리고, 교회를 향해 의식적으로 그 꿈의 일부가 되라고 외치는 것입니다. 성경적 비전은 어떻게 흑인과 백인이 어울릴 것인가 하는 것보다 훨씬 더 큰 것입니다. 킹은 이것을 알았습니다. 성경적 비전은 인종이 다르고 언어가 다르고 종족이 다른 모든 사람들이 예수 그리스도 안에서 하나님의 주재하심을 나타내려는 열정으로 하나 되는 것입니다. 그러나 하나님께서 이 비전을 세계적으로 성취할 힘과 은혜를 주신다는 것을 우리가 믿느냐 믿지 않느냐 하는 것은, 교회가 매일, 매주 보여 주는 삶에서 입증됩니다. 특히 가장 가까운 곳에 있는 서로 다른 인종들에 대한 태도와 행동에서 말입니다.

그러므로 하나님은 최근에 내게 한 가지 확신을 주셨습니다. 내가 우리 교회에서 인종간의 관계 문제를 다루기 위해 이전보다 더 많은 것을 해야 할 필요가 있다는 것이었습니다. 몇 년 전, 23명으로 구성된 팀이 1년간에 걸쳐 우리 교회의 비전 선언문을 작성했는데, 여기에는 여섯 개의 신선한 항목이 포함되어 있었습니다. 그 가운데 세 번째 항목은 이런 것이었습니다.

우리는 우리 사회에서 일어나고 있는 무관심과 소외와 적대감에 맞서 지역 사회와 교회 내에서 인종간의 화해가 분명하게 나타나도록 개인적으로, 공동체적으로 새로운 걸음을 내딛기 위해 하나님의 지고한 사랑

을 품을 것입니다.[11]

이런 일이 우리 교회에서 일어나려면, 우리가 눈치조차 채지 못했던 우리 마음에 있는 인종차별의 뿌리를 반드시 제거해야 합니다. 그러면 우리 목회자들은 마침내 말씀으로 인도될 것이며, 말씀은 마틴 루터 킹이나 다른 어떤 지도자도 일으킬 수 없었던 변화를 양 떼에게서 일으킬 수 있는 권위와 능력을 우리에게 줄 것입니다. 그러나 우리는 그 전에 반드시 말씀을 전하고 가르치고 삶에 옮겨야 합니다.

나는 이 장을 시작하면서 인종적 편견과 냉대와 의심과 학대는 사회적 문제가 아니라 예수님의 보혈과 관련된 문제라고 했습니다. 사랑이 예수님의 죽음과 부활에 뿌리를 두고 있다는 많은 구절이 이를 뒷받침해 줍니다. 그러나 특히 예수님의 죽음과 그리스도 안에서의 인종적 조화를 분명하게 연결하는 두 구절이 있습니다.

첫째 구절은 에베소서 2장 11-12절입니다. 이 구절은 유대인과 이방인, 특히 유대 그리스도인과 이방 그리스도인들 간의 소원함에 대한 묘사로 시작됩니다.

> 그러므로 생각하라 너희는 그 때에 육체로는 이방인이요 손으로 육체에 행한 할례를 받은 무리라 칭하는 자들로부터 할례를 받지 않은 무리라 칭함을 받는 자들이라 그때에 너희는 그리스도 밖에 있었고 이스라엘 나

---

[11] 베들레헴교회 비전 선언문의 제3항이다. 비전 선언문 전체를 보고 싶다면 ww.bbcmple.org의 "Vision Statement"를 보라.

라 밖의 사람이라 약속의 언약들에 대하여는 외인이요 세상에서 소망이 없고 하나님도 없는 자이더니.

그리고 19-22절에서, 본문은 유대 그리스도인들과 이방 그리스도인들 간의 화해에 대한 묘사로 끝납니다.

그러므로 이제부터 너희는 외인도 아니요 나그네도 아니요 오직 성도들과 동일한 시민이요 하나님의 권속이라 너희는 사도들과 선지자들의 터 위에 세우심을 입은 자라 그리스도 예수께서 친히 모퉁잇돌이 되셨느니라 그의 안에서 건물마다 서로 연결하여 주 안에서 성전이 되어 가고 너희도 성령 안에서 하나님이 거하실 처소가 되기 위하여 그리스도 예수 안에서 함께 지어져 가느니라.

하나님께서 우리의 구원에서 목적하고 계시는 것은 하나님 자신이 우리의 기쁨과 그분의 영광을 위해 영원히 그 안에 거하실 만큼, 원수된 것에서 지극히 자유롭고 진리와 평화로 완전히 하나 된 새로운 민족(한 새 사람, 15절)입니다. 화해의 목적은 하나님께서 우리 가운데 거하시고 자신을 알리시며 자신이 영원히 기쁨의 대상으로 거하실 곳을 만드는 것입니다.

여기서 유대인들과 이방인들 간의 분리가 작거나 단순하거나 얕은 게 아니었음을 기억하십시오. 그것은 먼저 종교적인 것이었습니다. 유대인들은 참되고 유일하신 하나님을 믿고 있었고, 유대 그리스도인들은 그분의 아들 메시아 예수 그리스도를 믿고 있었습니다. 그리고 이러한 분리는 할례, 음식 규정, 정결의 규범 등과 같은 많은 의식과 관습을 포함하는 문화적인 또는 사회적인 것이었습니다. 이것들은 모두 하나님의 철저한 거룩을 분명히 하기 위해 구속사의 일정 기간 동안 유대인들을 열방으로부터 분리시키기 위해 만들어진 것이었습니다. 또한 이러한 분리는 인종적인 것이었습니다. 이들은 에서가 아니라 야곱에게로, 이스마엘이 아니라 이삭에게로, 다른 어떤 조상이 아니라 아브라함에게로 거슬러 올라가는 혈통에 속해 있었습니다. 그러므로 여기서 그 구분은 오늘날 우리가 보는 흑과 백이나 적과 백이나 아시아계 미국인과 아프리카계 미국인간의 구분만큼 아니, 그보다 더 컸습니다.

그러므로 한 가지 질문이 있습니다. 유대인과 이방인 사이의 소외와 분리를 묘사하는 11-12절과 완전한 화해와 하나 됨을 묘사하는 19-22절 사이에 무슨 일이 일어났을까요?

이 부분을 놓고 여러분은 여러 주에 걸쳐 설교할 수 있습니다. 에베소서 2장 13-18절은 아주 많은 가르침을 담고 있기 때문에, 이러한 가르침을 풀어 놓으려면 많은 설교가 필요할 것입니다. 그러므로 나로서는 내가 가장 본질적이라고 생각하는 요점을 제시하기로 하겠습니다. 11-12절의 소외와 19-22절의 화해 사이에 일어난 일은 예수 그리스도, 하나님의 아들이 죽으셨으며, 그것도 계획에 따라 죽으셨다는 것입니다. 그리고 그분은 다시 살아나셨고 지금도 살아 계십니다. 그러나 여기서 강조되는 것은 그분의 죽음입니다. 이것을 어디서 확인할 수 있겠습니까? 13절 하반절의 '피'라는 단어에서 확인할 수 있습니다. "이제는 전에 멀리 있던 너희가 그리스도 예수 안에서 그리스도의 피로 가까워졌느니라." 이것을 14절의 육체라는 단어에서 확인할 수 있습니다. "원수 된 것 곧 중간에 막힌 담을 자기 육체로 허시고 법조문으로 된 계명의 율법을 폐하셨으니"(14-15절). 그리고 16절의 십자가라는 단어에서 확인할 수 있습니다. "또 십자가로 이 둘을 한 몸으로 하나님과 화목하게 하려 하심이라."

핵심은 하나님께서 그리스도 안에서 인종의 선을 넘어 서로 화해하는 새로운 백성을 창조하려는 목적을 갖고 계신다는 것입니다. 나그네가 아닙니다. 소외자가 아닙니다. 멀리 떨어진 사람들이 아닙니다. 동일한 '하나님의 도성'에 거하는 동료 시민들입니다. 하나님의 거처가 되는 하나의 성전입니다. 하나님께서는 그분의 아들의 생명을 희생하심으로써 이 일을 이루셨습니다. 우리는 하나님의 아들의 죽음을 통해 그분과 화해되었다는 것을 강조하고 싶습니다. 당연히 그래야 합니다. 하나님과 평화를 누린다는 것은 그 무엇으로도 측량할 수 없을 만큼 소중한 것입니다.

그러나 또 하나 강조하고 싶은 게 있습니다. 하나님께서 그리스도 안에서 한 몸이지만 서로 소원한 인종 집단들 간의 화해를 위해 그분의 아들을 죽음에 내어주셨다는 것입니다. 생각해 보십시오. 그리스도께서는 믿음으로 그분 안에 있는 모든 사람들—어떤 인종이든—을 향한 원수 됨과 분노와 혐오와 질투와 자기 연민과 두려움과 시기와 증오와 악의와 무관심을 당신의 마음에서 제거하려고 죽으셨니다. 그러나 다수 편에 선 사람들 중에 이것을 느끼거나 인정하는 이는 거의 없습니다. 이것이 다수 편에 선 특권입니다. 여러분의 피부색과 삶의 방식은 당연한 것으로 여겨집니다. 백색이 우리에게 문제가 되지 않는데 왜 검은색이 문제가 되느냐 말합니다. 우리는 기껏해야 순진할 뿐입니다.

미국에서 인종 문제가 흑백의 문제에 불과한 게 아님을 나는 알고 있습니다. 흑이나 백으로 명확히 구분할 수 없는 피부색도 있고, 서로 다른 인종으로 이루어진 가정들도 있으며, 300년에 걸친 이 땅의 고통스러운 역사를 물려받지 않은 수많은 흑인들이 미국으로 들어오고 있는 사실에서 볼 때, '흑백'의 범주조차도 상황을 지나치게 단순화하는 것이라 여겨집니다. 그러나 나는 아직도 백인과 흑인의 관계를 뒤덮고 있는 특별한 악과 고통을 가벼이 지나칠 수 없습니다. 사실은 좀더 범위를 넓혀서 말해야 하지만 우선은 흑인들의 문제를 꼭 다루어야 하겠습니다.

형제들이여, 인종 문제와 이와 관련해서 그분의 교회를 향한 하나님의 뜻을 다룬 책을 읽고 진지하게 성경을 묵상할 때 가장 먼저 마음에 걸리는 게 무엇입니까? 예를 들면, 스티븐 오츠가 쓴 마틴 루터 킹의 전기 『나팔을 불어라』(Let the Trumpet Sound)[2]를 읽고, 마틴 루터 킹 데이(Martin Luther King Day) 바로 전 주일에 강단에 올라 교인들에게 그의 이야기를 들려 주십시오. 그런 후에 성경으로 들어가십시오.

---

2 Stephen Oates, *Let the Trumpet Sound: The Life of Martin Luther King, Jr.* (New York: Penguin Books, 1982).

습니다.

우리의 교회에서 그리스도의 십자가의 의미와 가치와 아름다움과 능력이 나타나고 사랑받는 것을 보고 싶다면, 그분의 아들의 죽음이 계획된 것은 단지 우리를 하나님과 화해시킬 뿐 아니라 그리스도 안에 있지만 서로 소원한 인종 집단들을 화해시키기 위한 것이라면, 우리는 예배와 삶에서 더 많고, 더 깊고, 더 유쾌한 인종적 다양성과 통일성을 통해 그리스도의 십자가를 더 잘 나타내고 더 확대할 수 있지 않겠습니까?

두 번째 본문은 요한계시록 5장 9-10절입니다. 이 구절 또한 하나님께서 그분의 아들, 하나님의 어린 양, 예수 그리스도의 죽음에서 목적하시는 게 무엇인지 어렴풋이 보여 줍니다.

그들이 새 노래를 불러 이르되 [죽임을 당하시고 부활하신 하나님의 어린 양이] 두루마리[마지막 날의 역사책]를 가지시고 그 인봉을 떼기에 합당하시도다 일찍이 죽임을 당하사 각 족속과 방언과 백성과 나라 가운데에서 사람들을 피로 사서 하나님께 드리시고 그들로 우리 하나님 앞에서 나라와 제사장들을 삼으셨으니 그들이 땅에서 왕 노릇 하리로다 하더라.

깊이 생각해 보면, 여기에는 교회 안에서의 인종적, 민족적 조화에 대한 암시가 많습니다. 하나님께서는 제사장직과 그 나라에서 인종적 다양성을 보장하시는 대가로 그분의 아들을 죽음에 내어 주셨습니다. 대속의 계획은 구속받은 자들 가운데서 인종적 다양성이 나타나게 하는 것입니다. 이를 적용하고 추구하는 것은 단지 '사회적 문제'가 아닙니다. 이것은 예수님의 피의 문제입니다. 이것은 예수님의 피값으로 이루어진 것입니다. 그러므로 이것은 너무나 중요합니다.

그뿐 아니라 우리는 여기서 훨씬 더 나아갈 수 있습니다. 요한계시록 5장 9절에서, 이러한 다양성을 "하나님께 드리려고" 사셨다는 데 주목하십시오. "각 족속과 방언과 백성과 나라 가운데에서 사람들을 피로 사서 하나님께 드리시고." 이것은 예수님의 보혈과 관련된 문제일 뿐 아니라 하나님의 영광의 문제이기도 합니다. 피로 산 인종적 다양성과 조화는 그리스도를 통해 하나님의 영광을 나타내기 위한 것입니다. 이 모든 것의 목적은 다양한 피부색으로 이루어진 예배에서 모두를 만족시키며, 영원하며, 하나님 중심적이며, 그리스도를 높이는 경험이 있게 하는 것입니다.

아버지와 아들이 구속받은 자들 가운데서 인종적 다양성과 조화를 이루기 위해 그처럼 큰 대가를 치르셔야 했다면 우리는 아무런 대가도 치르지 않아도 될 거라고 생각할 수 있겠습니까? 아니면 이것은 쉽게 이루어지겠습니까? 아닙니다. 하나님의 영광을 싫어하며 십자가의 목적을 경멸하는 마귀가 맹렬히 싸워 보지도 않은 채 쉽게 물러나지는 않을 것입니다. 인종적 다양성과 조화를 추구하는 일에 하나님과 함께하기 위해서는 여러분과 여러분의 교회가 대가를 치러야 할 것입니다. 그 대가는 너무나 크기 때문에 많은 사람들이 잠시 시도해 보다가 포기해 버리고 보다 쉬운 일에 눈을 돌릴 것입니다.

그러나 어떤 사람들은 인내할 것이며 주인이 올 때 자신의 의무를 충실히 하고 있을 것입니다. 형제들도 이들 가운데 속하길 바랍니다. 우리를 '힘들고 긴 여행'으로 이끄는 오래된 흑인들의 기도가 있습니다.

힘들고 긴 여행이지만
나 그 길을 가고 있네
힘들고 긴 여행이지만
나 그 길을 가고 있네.[12]

우리가 미국 교회에서 바로 이 자리에 있습니다. 우리는 요한계시록 5장 9-10절에 묘사된 완전한 경험을 향해 가고 있는 중입니다. 그리고 우리는 지금 그것을 최대한 경험하고 싶어합니다. 그렇지 않습니까? 그러므로 세상은 하나님의 영광과 그리스도의 가치를 볼 것입니다. 그러므로 형제들이여, 읽고, 연구하고, 기도하고, 설교하며, 인종 차별의 뿌리를 뽑는 데 필요한 위험을 감수하십시오.

---

12  Timothy George and Robert Smith Jr. *A Mighty Long Journey: Reflections on Racial Reconciliation* (Nashville, Tenn.: Broadman & Holman, 2000), 1에서 인용.

주께서 내 내장을 지으시며

나의 모태에서 나를 만드셨나이다.

• 시편 139:13 •


가난한 자와 고아를 위하여 판단하며

곤란한 자와 빈궁한 자에게 공의를 베풀지며

가난한 자와 궁핍한 자를 구원하여

악인들의 손에서 건질지니라 하시는도다.

• 시편 82:3-4 •


누구든지…적법절차에 의하지 아니하고는

생명이나 자유나 재산을 박탈당하지 아니한다.

• 미합중국 헌법 수정조항 5 •


목회자들은 낙태 문제에 자신의 생명과 사역을 걸어야 한다.

• 존 파이퍼 •

## 27
### 태어나지 않은 생명을 위해
### 나팔을 부십시오

나보다 용기가 많고 끈질긴 목회자들이 많이 있습니다. 나는 이들을 보면서 하나님을 찬양합니다. 마지막 날에 이들이 나보다 큰 상급을 받으리라는 것을 생각하면 기쁘기까지 합니다. 나도 이들 가운데 속하길 바라고 또 바랍니다. 그래서 나는 낙태를 막기 위해 노력합니다. 앞으로는 지금보다 훨씬 더 많은 것을 할 수도 있을 것입니다. 나는 지금보다 무엇을 더 해야 하는가를 두고 고민합니다만, 이것은 낙태에만 국한되지 않습니다! 지난 15년 동안 나는 언제나 깨어 있는 마음으로 내가 할 수 있는 일을 해왔습니다.

나는 적어도 1년에 한 번씩은 내가 섬기는 교회에서 낙태는 무서운 죄이자 불의이며 생명은 소중한 것이라고 가르칩니다. 그런가하면 우리 교회에 속한 생명의 존엄성을 지키는 모임(Sanctity of Human Life

Task Force)을 여러 방면으로 지원합니다. 나는 교인들에게 우리나라에서 낙태가 생각할 수도 없는 일이 되도록 낙태 반대 운동에 희생적으로 참여하는 방법을 생각해 보라고 요구합니다. 나는 입양을 높이 평가하며 우리 교회에서 입양의 불길이 번지도록 부채질을 합니다. 나는 낙태를 경험했거나 독려했던 교인들에게 피로 산 소중한 용서와 소망을 전합니다. 나는 낙태 시술 병원 앞에서 열리는 낙태 반대 집회에서 연설하고 기도하며, 방문과 후원을 통해 위기 임신 센터를 지원합니다. 과거에는 평화로운 낙태 반대 집회에 참여했다가 수없이 체포되어 유치장에서 하룻밤을 보내기도 했습니다. 나는 성난 군중 앞에서, 재판관 앞에서, 낙태 찬성론자와 점심을 나누면서 생명의 소중함에 대한 확신을 피력했습니다. 낙태 찬성론자에 대해서는 조금 있다가 자세히 말하도록 하겠습니다.

요점은 이것입니다. 나는 목회자들이 이러한 문제에서 자신의 생명과 사역을 걸어야 한다고 믿습니다. 겁이 나서 낙태 반대에 대한 설교를 하지 못하는 목회자를 볼 때면 소름이 끼치기까지 합니다. 태어나지 않은 인간의 사지를 자르는 행위를 정당 정책과 마찬가지로 어쩔 수 없는 것으로 취급하는 사람들이 많습니다. 어떤 사람들은 개인적으로는 낙태를 반대하지만 공개적으로는 개인의 선택을 존중할 뿐 자신의 견해를 확실히 말할 수는 없다는 이상한 생각을 갖고 있습니다. 이러한 태도에 반응해, 우리 교회는 미니애폴리스의 스타 트리뷴지에 이런 광고를 실었습니다. "나는 개인적으로 생명 존중론자(pro-life, 낙태 반대론자)이지만 정치적으로는 선택 존중론자(pro-choice, 낙태 찬성론자)이다."—본디오 빌라도.

이 땅의 법은 부도덕하고 불의합니다. 이러한 사실은 수많은 강단에서 선포되어야 합니다. 1847년 전미의학협회(American Medical Association)가 결성되었을 무렵, '태동기(임신 16-18주―옮긴이) 이전'의 낙태가 일반화되어 있었습니다. 그러나 전미의학협회와 외설물 반대 운동가들과 (아이러니컬하게도) 페미니스트들의 노력으로 1900년에는 낙태가 미국 전역에서 불법화되었습니다.

이러한 법적 상황이 뒤바뀐 것은 1973년 2월 22일 대법원이 '로우 대 웨이드'(Roe v. Wade) 사건에서 다음과 같은 판결을 내렸을 때였습니다.[1]

- 어떤 주도 임신 후 3개월 동안 낙태를 시행할 수 있다는 법을 제정할 수 없다. 단 면허를 가진 의사는 가능하다.
- 임신 3개월에서 태아의 생존가능기(viability) 사이의 낙태를 규정하는 법은 산모의 건강을 지키는 데 목적이 있다.
- 생존가능기(6개월)에서 출산 전까지에 관한 법은 "산모의 생명이나 건강을 지키기 위한" 것이라면 낙태를 막을 수 없다.
- 산모의 '건강'에는 "환자의 안녕과 관계된 모든 요소들이―신체적, 정서적, 심리적, 가족적 요인과 산모의 나이―포함된다."

---

1 Roe v. Wade 이전의 낙태의 역사를 알고 싶다면 다음을 보라. Marvin Olasky, *Abortion Rites: A Social History of Abortion in America* (Wheaton, Ill.: Crossway Books, 1992).

그런 후 1976년 7월 1일, 대법원은 첫 번째 판결을 확대해 이렇게 확정했습니다.

- 미성년자의 경우, 부모에게 알리지 않거나 부모의 동의 없이도 낙태를 시술할 수 있다.
- 여성들은(기혼이든 미혼이든) 아기의 아버지에게 알리지 않거나 그의 동의 없이 낙태를 할 수 있다.[2]

그러므로, 사실 오늘날 이 땅의 법은 산모가 임신이나 아기가 자신의 행복에 지나친 짐이 되거나 스트레스가 되리라는 이유만 제시할 수 있다면 출산 이전까지 그 어떤 낙태도 합법적이라는 것입니다. 이러한 규정 때문에 우리는 매년 평균 150만이 넘는 태아를 죽였습니다.

여기에 답해, 우리는 낙태를 찬성하는 사람들도 태아는 인간이며 따라서 미국 헌법 때문에라도("누구든지…적법절차에 의하지 아니하고는 생명이나 자유나 재산을 박탈당하지 아니한다." 헌법 수정조항 5) 더 나아가 하나님의 말씀 때문에 생존권을 부여받아야 한다는 것을 알고 있습니다. 우리가 이들이 이것을 알고 있다는 것을 어떻게 압니까?

1. 미네소타 주에서 이들은 만약 어떤 사람이 산모의 뱃속에 있는

---

[2] 이러한 사실들은 www.mdtra.org/Law.html에서 확인할 수 있다.

태아를 죽인다면 태아살해법(Fetal Homicide Law)에 따라 살인범이 된다는 것을 알고 있습니다. 낙태에 대한 예외 규정인 셈입니다. 이것이 무엇을 의미합니까? 산모 자신이 태아를 죽이기로 선택한다면 낙태가 합법적이라는 것입니다. 산모가 직접 선택하지 않은 낙태는 불법입니다. 태아 자체가 생존권을 결정하는 게 아닙니다. 오직 산모의 의지에 따라 결정됩니다. 이들은 이것이 전체주의 법률의 본질임을 알고 있습니다. 즉, 강자의 의지가 약자의 권리를 결정하는 것입니다.

2. 이들은 어떤 태아는 살리려고 태아 수술까지 하는 반면에 어떤 태아는 죽이는 것 사이에는 치명적인 모순이 있음을 알고 있습니다.

3. 이들은 태아가 23-24주 가량 되면 스스로 생존할 수 있다는 것을 알고 있습니다. 그러나 이들은 산모가 낙태보다 출산으로 겪을 고통이 크다면 이 무렵이나 이 후에라도 합법적으로 태아를 죽일 수 있다고 말합니다. 이러한 사실은 여러분의 공동체에서 선지자적 목소리를 낼 수 있는 기회를 줍니다. 예를 들면, 나는 미니애폴리스의 스타 트리뷴지에 이런 편지를 보냈습니다(하지만 이 편지는 신문에 실리지 않았습니다).

존경하는 편집자에게,
상원의 보건복지위원회가 24주된 생명의 살해를 무조건적으로 허용하는 법안을 통과시키던 바로 그 날 애보트 노스웨스턴 병원 신생아 팀은

22주 반 만에 태어난 미숙아를(500그램) 생존 가능성이 높다고 보면서 돌보고 있었다는 사실을 알고 계십니까?

 이 소식은 우리에게 깊이 생각할 것을 요구합니다. 그런데 도리어 귀사의 사설은 그 다음날(2월 26일) 아침에 이 중요한 뉴스를 얼버무리고 낙태가 "한 여성이 내릴 수 있는 가장 개인적인 결정 가운데 하나"이며 "낙태 결정은 더없이 민감하다"는 이유로 낙태를 지지했습니다. 이것은 훌륭한 신문사의 사설이 지향하는 수준에는 맞지 않습니다.

 제가 생각하기에 귀사가 말하는 '개인적인 결정'이란, 당사자 개인의 깊은 생각에서 나온 결정이 아니라, 오직 한 사람, 산모 개인만을 고려한 결정인 것 같습니다. 그러나 강조해서 말하지만 낙태는 이처럼 제한적인 의미의 '개인적인' 결정이 아닙니다. 또 하나의 사람, 즉 태아가 있습니다. 이 사실을 부인하려 한다면 애보트 노스웨스턴 병원의 미숙아는 무엇인지 설명해야만 할 것입니다. 낙태는 경쟁 관계에 있는 두 인권에 관한 결정입니다. 다시 말해, 임신하지 않을 권리와 죽임을 당하지 않을 권리에 대한 결정입니다.

 제 생각에, 귀사는 상원 보건복지위원회의 결정을 인정할 것입니다. 그러나 그와 동시에 귀사는 애보트 노스웨스턴 병원의 산모에게 25주가 되지 않은 미숙아를 교살할 권리가 있다고 인정하지는 않을 것입니다. 만약 귀사가 그녀에게 그럴 권리가 있다고 인정한다면, 귀사는 낙태가 '개인적이며' '민감하기' 때문에 인정한다는 데 대해 독자들에게 설명해야 할 것입니다.

 사실 저는 귀사가 두 개의 사진을 나란히 싣길 촉구합니다. 하나는 어머니 뱃속에서 나온 이 '아기'이며 다른 하나는 23-24주 가량 된 '태아'입니다. 그 밑에 이런 설명을 달아주시기 바랍니다. "우리 스타 트리뷴지는 미숙아를 죽이는 것은 살인이지만 태아를 죽이는 것은 산모의 개인적인 선택으로 생각한다."

나는 낙태가 간단하게 해결되기에는 너무 복잡한 문제이기 때문에 귀사가 사진은 사용할 가치가 없다고 밝힌 것을 귀사의 신문에서 읽었습니다. 그러나 또한 귀사가 사형 장면의 중계가 미국인들의 마음을 사형 (비슷하게 복잡한 문제) 폐지론으로 돌리는 가장 효과적인 방법 가운데 하나라며 지지했던 기사를 읽은 기억도 있습니다. 우리 모두는 미국인들이 23주된 태아의 낙태 장면을 계속해서 텔레비전에서 본다면 (또는 귀사의 신문에서 그 과정을 본다면) 사회 분위기가 완전히 바뀌리라는 것을 알고 있습니다. (알랜 굿마이어 연구소에 따르면 1987년에 임신 21주 이후에 이루어진 낙태가 9천 건이 넘습니다.)

23주가 되어 완전히 형성된 인간의 생명을 취할 수 있다는 무조건적인 권리가 얼마나 잔인한 것인지는 말로 다 표현할 수 없을 것입니다. "낙태 결정은 대단히 민감하기" 때문에 산모에게 맡겨야 한다는 것과 같은 말은 도덕적 안개 속에서만 할 수 있을 것입니다. 이 말은 설득력이 없습니다. 물론, 다른 사람들과 관련되어 있어 우리의 생각을 표현하기에 장애가 있는 민감한 현안들이 있습니다. 그리고 이제, 우리가 고려해야 할 관련자들이 있습니다. 하려고만 한다면, 당신은 전국 수십 개의 병원에서 이 사람들을 직접 만날 수 있을 것입니다.

— 존 파이퍼

4. '생존 가능기'야말로 아기들이 보호권을 가져야 하는 때라고 주장하는 사람들은 아기가 탯줄 없이 살 수 있다는 게 사람인지 판단하는 기준도, 생존권의 조건도 아님을 알고 있습니다. 아기들이 인공호흡장치나 투석기에 의지해서 산다고 해서 인간이라는 사실이 위협받는 것은 아님을 그들도 알고 있습니다. 음식과 산소를 어디서 얻느냐 하는 것은 인간성을 결정짓지 않습니다.

5. 이들은 인간의 크기와 인간성은 무관하다는 것을 알고 있습니다. 이들이 이것을 아는 것은 이들도 태어난 지 한 달 된 아기가 다섯 살배기에 비하면 너무나 작지만 그렇다고 그를 죽음에 내몰지는 않기 때문입니다. 그러나 이들은 마치 태아가 작으면 인간에 덜 가까운 것처럼 행동합니다.

6. 이들은 발달된 이성적 능력이 인간성을 판단하는 척도가 아님을 알고 있습니다. 이들이 이것을 알고 있는 것은, 태어난 지 한 달된 아기는 이성적 능력이 없지만 그때문에 그의 생명을 위험에 내몰지는 않기 때문입니다(장애아의 안락사를 주장하는 사람들이 없다면).[3]

---

[3] 예를 들면, 프린스톤의 생명 윤리학 교수인 Peter Singer는 1993년에 이렇게 썼다. "신생아가 혈우병이라는 진단을 받았다고 생각해 보라. 이런 아이를 키울 생각에 겁이 나는 부모는 아기가 살기를 절실히 바라지는 않는다. 여기서 안락사가 정당화될 수 있는가?…전체적인 시각에서 볼 때, 혈우병 진단을 받은 유아의 죽음이 그렇지 않으면 존재하지 않았을 다른 존재의 창조로 이어지느냐고 반드시 물어보아야 한다. 바꾸어 말하자면, 혈우병 진단을 받은 아이를 죽인다면, 그의 부모가 그 아이가 산다면 갖지 못할 다른 아이를 갖게 될 것인가? 그렇다면 두 번째 아이는 죽임을 당한 아이보다 더 나은

7. 이들은 우리가 발생학적 구조상 과학적으로 인간임을 알고 있습니다. 염색체의 인간 코드는 처음부터 거기 있었습니다. 우리는 염색체가 결합하는 그 순간부터 원숭이나 쥐나 코끼리와는 전혀 다릅니다.

8. 이들은 임신 8주면 모든 기관이 형성되며, 뇌가 기능을 하고, 심장이 뛰며, 간이 혈구를 만들어 내고, 콩팥이 정제 작용을 한다는 것을 알고 있습니다. 이때면 지문도 선명하게 나타납니다.[4] 그러나 거의 모든 낙태가 이보다 늦은 시기에 이루어집니다.

9. 이들은 초음파를 통해 8주의 태아가 엄지를 빨고, 찌르면 움츠리고, 소리에 반응한다는 것을 알고 있습니다. 이들은 라이프(Life)라는 잡지에 실린 레나트 닐슨의 놀라운 사진을 볼 수 있습니다. 설령 이들이 그렇지 않다고 말하더라도, 사진은 많은 것을 말해 줍니다.

---

삶을 살 가능성이 높은가?…장애 유아의 죽음이 행복한 삶을 살 가능성이 높은 다른 유아의 출생으로 이어진다면, 장애 유아가 죽임을 당할 때 전체적인 행복의 양은 늘어날 것이다. 첫 번째 유아가 잃는 행복한 삶보다 두 번째 유아가 얻는 행복한 삶이 더 크다. 그러므로 혈우병 진단을 받은 유아를 죽이는 것이 다른 사람들에게 전혀 역효과를 미치지 않는다면, 전체적인 시각에서 볼 때 그를 죽이는 게 옳을 것이다." *Practical Ethics*, 2nd ed. (New York: Cambridge University Press, 1993), 185-186.

4 특히 *Pro Life Answers to Pro Choice Arguments*, 확대개정판 (Sisters, Oreg.: Multnomah Publishers, 2000), 39-100에 실린 Randy Alcorn의 글 "Arguments Concerning Life, Humanity and Personhood"를 보라. 다음도 보라. Francis J. Beckwith, *Politically Correct Death: Answering Arguments for Abortion Rights* (Grand Rapids, Mich.: Baker Book House, 1994).

이러한 관찰에 엄청나게 더 중요한 하나님의 말씀을 덧붙이십시오.

시편 139편 13절은 "주께서 내 내장을 지으시며 나의 모태에서 나를 만드셨나이다"라고 말합니다. 우리는 이 본문에서 최소한 뱃속에서 한 인간의 생명을 창조하는 것은 하나님의 일이며, 이것은 단지 기계적인 과정이 아닌 짜거나 엮는 것과 비슷한 작업이라는 사실을 도출할 수 있습니다. 태아의 생명은 하나님이 뜨고 계신 작품이며, 그분이 뜨고 계시는 것은 우주의 다른 어떤 피조물과도 다른 그분 자신의 형상을 한 인간입니다.

또 하나의 관련 구절은 욥기 31장 13-15절입니다. 당시 문화에서는 종이란 사람이 아니라 소유에 불과한 것으로 여겨졌음에도 불구하고, 욥은 자신이 종들의 어떤 간청도 거절하지 않았다고 말하고 있습니다. 여기서 주목해야 할 것은 욥이 자신의 주장을 펼치는 방식입니다.

> 남종이나 여종이 나와 더불어 쟁론할 때에 내가 그의 권리를 저버렸다면 하나님이 일어나실 때에 내가 어떻게 하겠느냐 하나님이 심판하실 때에 내가 무엇이라 대답하겠느냐 나를 태 속에 만드신 이가 그도 만들지 아니하셨느냐 우리를 뱃속에 지으신 이가 한 분이 아니시냐.

15절에는, 욥이 종을 동등한 인간이 아닌 그 이하로 대했다면 변명하지 못했을 이유를 제시합니다. 자유인으로 태어났느냐, 종으로 태어났느냐 하는 것은 문제가 아닙니다. 문제는 출생 이전까지 거슬러 올라갑니다. 욥과 그의 종들이 태에서 조성될 때 핵심 역할을 하신 분은 하나님이셨습니다. 욥의 태아를 지으신 바로 그 하나님께서 그의 종들의 태도 지으신 것입니다. 욥의 어머니는 자유인이었을 것이며 종의 어머니는 종이었으리라는 것은 아무런 관련이 없습니다. 왜 그렇습니까? 임신 기간에 양육과 조성에서 핵심 역할을 하는 것은 어머니가 아니라 하나님이시며, 하나님은 종에게나 자유인에게나 동일하신 하나님이기 때문입니다. 이것이 욥의 논증의 전제입니다.

그러므로 시편 139편과 욥기 31장은 모두 임신 기간에 하나님이 주된 일꾼 즉, 양육자, 조성자, 창조자라는 것을 강조합니다. 이것이 중요한 것은 하나님만이 인간을 창조하실 수 있는 분이기 때문입니다. 어머니와 아버지는 비인격적인 난자와 비인격적인 정자로 공헌할 수 있지만 오직 하나님만이 독립적인 인간을 창조하십니다. 그러므로 태에서 하나님이 주된 양육자요 조성자라는 것을 강조할 때 성경은, 태에서 일어나고 있는 일은 하나님만의 특별한 역사, 즉 한 인간을 창조하는 과정이라는 것을 강조하고 있는 것입니다. 성경적 관점에서 보면, 잉태는 하나님께서 인간을 형성하시는 독특한 작업입니다.

우리는 언제 이 작은 존재가 '온전해질' 것인가를 놓고 끝까지 논쟁을 벌일 수 있습니다(마치 인간은 양적이며 나뉠 수 있는 것처럼). 그러나 성경은 태아를 태어난 아기와 동일하게 취급합니다(창 25:22을 보십시오. 눅 1:44과 2:12을 비교해 보십시오. 출 21:22-25).[5] 우리는 적어도 큰 확

---

[5] John Piper, "Exodus 21:22-25 and Abortion," www.desiringGOD.org의 Topic Index의 Abortion을 보라.

신을 갖고 말할 수 있습니다. 태에서 일어나고 있는 일은 한 인간을 조성하시는 하나님의 특별한 작업이며, 인간의 창조가 한 아기의 창조와 얼마나 깊고 신비하게 연결되어 있는지는 오직 하나님만이 아십니다. 그러므로 한 인간을 조성하는 과정의 어느 시점에서 그를 파괴하는 것은 창조자이신 하나님의 특권에 대한 도전이 아니라는 생각은 독단이며 인정받을 수 없는 것입니다.

다시 말하면 이렇습니다. 잉태된 인간 생명체를 파괴하는 것은, 그것이 배아 단계든, 태아 단계든, 생존 가능한 단계든, 인간을 지으시는 하나님의 특별한 역사를 공격하는 것입니다. 그러므로 우리는 아무리 타락한 인간이라 하더라도 인간 고유의 특별한 가치를 인정해야 합니다. 왜냐하면 인간은 누구나 하나님을 의식적인 순종과 찬양으로 영광 돌릴 잠재력을 갖고 있기 때문입니다. 그리고 공경심과 두려움으로, 태에서 이러한 인간을 조성하시는 하나님의 놀라운 역사를 공격하거나 방해하길 삼가야 할 것입니다.

나는 이 장의 서두에서 낙태 찬성론자와 점심 식사를 함께 한 적이 있다고 했습니다. 그는 우리 교회에서 네 블럭 가량 떨어진 병원에서 낙태 시술을 하고 있었습니다. 그와 함께 점심을 먹으면서 태아는 인간이며 따라서 죽여서는 안 된다는 것을 강하게 주장했습니다. 그런데 그는 전혀 예상하지 못했던 반응을 보였습니다. 그는 거의 즉시 자신을 낙태 찬성론자로 만든 주요 인물 가운데 하나가 자신의 아내라고 했습니다. 그러면서 그는 아내와 수많은 여성들에게 낙태는 여성의 권리를 대변하는 근본적인 문제라고 했습니다. 여성들이 스스로 자신의 몸과 출산의 자유를 주관할까요 아니면 다른 사람들이 주관하게 할까요?

보다 중요하고 훨씬 놀라운 사실은 그가 내 주장에 즉시 동의했으며 내가 태아는 인간이라는 것을 증명하기 위해 시간을 낭비할 필요가 없다고 했다는 점입니다. 그는 솔직하게 자신도 태아가 인간이라고 믿는다고 했습니다. 문제는 여권을 신장한다는 이유로 인간의 생명을 취하는 것이 정당화될 수 있느냐는 것이었습니다. 나는 낙태를 찬성하는 다른 전문가들과 이야기하는 가운데 이러한 입장을 거듭 확인했습니다. 이들은 자신들이 인간의 생명을 취하고 있다는 사실을 부인하지 않습니다. 이들은 낙태가 이상적이지 않음을 인정하지만, 이렇게 많은 태아들이 태어나 맞이하게 될 비극적인 상황을 고려한다면, 두 가지 악 중 보다 덜한 쪽이 낙태가 아니겠냐는 것입니다.

그러므로 나는 접근 방식을 바꾸어 태아가 인간이라는 것을 변호하려고 노력하는 대신 내가 낙태를 하지 말아야 하는 이유라고 생각하는 것을 간단하게 제시했습니다. 믿든 그렇지 않든, 이러한 의사들 가운데는 그리스도인이고 성경적이면서 동시에 자신의 낙태 시술을 나쁜 것으로 보지 않기를 바라는 사람들도 있습니다. 다음은 나의 논증을 요약해 놓은 것입니다. 여러분은 하나님의 말씀을 토대로 이러한 설교를 함으로써 양 떼의 확신을 강화시켜 줄 수 있을 것입니다.

1. 하나님은 "살인하지 말라"고 명하셨습니다(출 20:13)

나는 성경이 어떤 살인은 인정한다는 것을 알고 있습니다. 출애굽기 20장 13절에서 '살인하다'(kill)로 번역된 히브리어는 라하즈(rahaz)입니다. 이 단어는 히브리어 구약성경에서 43회 사용됩니다. 이 단어는 언제나 실제 살인이나 살인으로 고소당하는 폭력적이며 개인적인 살해를 의미합니다. 이 단어는 전쟁에서 죽이는 행위나 (민수기 35장 27절의 예외 하나를 제외하고) 법적인 처형을 나타내는 데는 전혀 사용되지 않습니다. 오히려 합법적인 '사형 집행'과 불법적인 '살인'은 분명하게 구분됩니다. 예를 들면, 민수기 35장 19절은 "그 살인한 자를 자신이 죽일 것이니"라고 말합니다. '살인한 자'는 라하즈라는 단어에서 나왔으며, 살인은 십계명에서 금하고 있는 것입니다. "죽일 것이니"라는 단어는(무트[mut]의 히필형) 합법적인 처형을 의미할 수 있는 일반적인 단어입니다.

정당화될 수 있는 살인을 말할 때 성경은 일반적으로 하나님께서 그분의 몇몇 권리를 인간 권세자들과 공유하신다는 것을 염두에 두고 있습니다. 국가는 하나님이 세우신 자로서 정의와 평화의 수호자 역할을 할 때 로마서 13장 1-7절이 가르치는 것처럼 "칼을 가질" 권리가 있습니다. 국가의 권리는 언제나 악을 징벌하는 데 사용되어야 하며, 결코 무죄한 자를 공격하는 데 사용되어서는 안 됩니다(롬 13:4). 그러므로 "살인하지 말라"는 명령은 무죄한 태아를 죽여서는 안 된다는 분명하고 명확한 선언입니다.

2. 배아 단계든, 태아 단계든, 생존 가능 단계든, 잉태된 인간의 생명을 취하는 것은 하나님만이 하시는 인간 창조의 역사를 공격하는

것입니다.

앞에서 내가 시편 139편 13절과 욥기 31장 13-15절을 토대로 여기에 대한 본문적 기초를 제시한 것을 보십시오.

3. 태어나지 않은 인간을 낙태시키는 것은 "무죄한 피를 흘리지 말라"는 성경의 거듭된 금지 명령을 어기는 것입니다.

'무죄한 피'라는 말은 성경에서 20회 가량 나타납니다. 그리고 그 문맥을 보면, 항상 이러한 피를 흘리는 자를 정죄하거나 이런 피를 흘리지 말도록 경고하고 있습니다. 무죄한 피에는 아이들의 피도 포함됩니다(시 106:38). 예레미야 22장 3절은 이것을 이방인과 고아와 과부에게 적용합니다. "여호와께서 이와 같이 말씀하시되 너희가 정의와 공의를 행하여 탈취 당한 자를 압박하는 자의 손에서 건지고 이방인과 고아와 과부를 압제하거나 학대하지 말며 이 곳에서 무죄한 피를 흘리지 말라." 태아의 피는 세상에서 흘리는 그 어떤 피만큼이나 무죄한 게 분명합니다.[6]

---

6 하나님이 아이들을 포함해서 이방 성읍들 전체를 멸하라고 명령하실 때(민 31:17, 신 2:34, 3:6, 13:15, 수 6:21, 10:28, 10:40, 삼상 15:2-3), 우리는 이것이 하나님께서 이스라엘 군대를 통해 악한 이방 사회를 심판하고 계셨던, 구속사의 특정 기간에 해당하는 것으로 이해해야 한다. 아이들은 오염된 사회의 한 부분으로 여겨졌으며 따라서 하나님이 때때로 사회에 내리시는 홍수의 심판이나 그밖의 자연 재해들에서와 다르지 않게 아이들도 심판에 포함되었다. 이것은 우리의 특권이 아니라 하나님의 특권이다. 모든 생명은 그분의 것이며, 그분이 그분의 지혜롭고 거룩한 목적에 따라 주시고 취하신다. 신약성경에서 교회는 약속의 땅을 정결하게 하는 이스라엘 백성의 역할을 맡고 있지 않다(신 9:5). 예수 그리스도 안에서 완전하게 비춰진 하나님의 은혜 속에서, 우리는 그 반대 로 행해야 한다. 다시 말해, 우리는 원수가 우리의 몸에서 구원의 은혜라는 진리를

4. 성경은 하나님이 가장 연약하며 도움 받을 데가 없고 가장 큰 희생을 당하는 공동체 구성원들을 보호하고 이들의 필요를 공급하며 이들을 변호하는 데 높은 우선순위를 두신다는 사실을 자주 보여 줍니다.

우리는 나그네와 과부와 고아에 관한 내용을 자주 보게 됩니다. 이들은 하나님의 특별한 보살핌을 받으며 따라서 그분의 백성에게서도 특별한 보살핌을 받아야 합니다. "가난한 자와 고아를 위하여 판단하며 곤란한 자와 빈궁한 자에게 공의를 베풀지며 가난한 자와 궁핍한 자를 구원하여 악인들의 손에서 건질지니라 하시는도다"(시 82:3-4. 출 22:21-24, 시 68:5, 94:5, 23을 보십시오).

5. 낙태 찬성론자들은 힘들고 심지어 비극적이기까지 한 인간의 삶이 생명을 취하는 것보다 더 악하다고 판단하지만, 이러한 판단은 하나님께서 단지 사람들로 하여금 고난을 피하도록 도와주심으로써가 아니라 고난을 통해 그분의 은혜로운 능력을 보여 주고 싶어하신다는 폭넓은 성경적 가르침과 모순됩니다.

이것은 우리가 자신이나 다른 사람들을 위해 고난을 구해야 한다는 뜻이 아닙니다. 그러나 성경에서 고난은 일반적으로 하나님이 기뻐하시는 것은 아니라 하더라도, 타락한 이 세상에서 필요하며 하나님이 정하신 것으로 묘사됩니다(롬 8:20-25, 겔 18:32). 고난은 하나님

---

볼 수 있도록 그 들을 사랑하는 데 우리의 목숨을 바쳐야 한다(마 5:12-13, 38-48, 골 1:12. 19장 "우리의 고난은 그들의 위로를 위한 것입니다"를 보라).

나라에 들어가며(행 14:22, 살전 3:3-4) 경건하게 살고자 하는 사람이면 누구나 겪는 것으로 여겨집니다(딤후 3:12). 이러한 고난은 결코 단순한 비극으로 여겨지지 않습니다. 고난은 또한 하나님과의 관계가 더 깊어지고 이생의 삶에서 강해지며(롬 5:3-5, 약 1:3-4, 히 12:3-11, 고후 1:9, 4:7-12, 12:7-10) 내세의 삶에서 영광스럽게 되는 수단으로도 여겨집니다(고후 4:17, 롬 8:18).

생명을 취하는 것이 출산에 동반될 어려움보다 덜 악하다고 주장할 때, 낙태 찬성론자들은 하나님보다 자신들이 더 지혜롭다고 여기고 있는 셈입니다. 하나님께서는 친히 고난을 통해 사람들에게 엄청난 사랑을 나타내시겠다고 약속하지 않으셨습니까!

6. 이 모든 어린아이들이 천국에 가거나 심지어 부활할 때 완전한 성인의 생명을 부여받으리라는 사실에서 위로를 받음으로써 낙태를 정당화하는 것은 교만의 죄를 범하는 것입니다.

참회하고 용서를 구하면서 마음을 찢을 때에는 놀라운 소망이 있습니다. 그러나 죽임을 당한 자가 영원한 행복을 누리리라는 말로 살인을 정당화하는 것은 악한 짓입니다. 이와 같은 논리는 한 살배기 아이나 천국에 갈 어떤 신자라도 죽이는 것을 정당화하는 데 동일하게 사용될 수 있습니다. 성경은 이 문제에 대해 이렇게 말합니다. "은혜를 더하게 하려고 죄에 거하겠느냐"(롬 6:1). "선을 이루기 위하여 악을 행하자 하지 않겠느냐"(롬 3:8). 두 경우 모두에서 답은 결코 아니라는 것입니다. 하나님의 자리에 서서 천국이냐 지옥이냐를 결정하려는 것은 교만한 짓입니다. 우리의 의무는 하나님 노릇을 하는 게 아니라 하나님께 순종하는 것입니다.

7. 성경은 우리에게 부당하게 죽음으로 끌려가는 이웃을 구하라고 명령합니다.

> 너는 사망으로 끌려가는 자를 건져 주며 살륙을 당하게 된 자를 구원하지 아니하려고 하지 말라 네가 말하기를 나는 그것을 알지 못하였노라 할지라도 마음을 저울질 하시는 이가 어찌 통찰하지 못하시겠으며 네 영혼을 지키시는 이가 어찌 알지 못하시겠느냐 그가 각 사람의 행위대로 보응하시리라(잠 24:11-12).

태아를 이 본문이 적용되지 않는 계층에 두어야 할 정당한 과학적, 의학적, 사회적, 도덕적, 종교적 이유가 전혀 없습니다. 낙태는 이 본문에 불순종하는 것입니다.

8. 어린아이들은 귀찮은 존재이며 구원자의 관심을 받을 만하지 않다면서 아이들을 쫓아 버리려 했던 자들에 대한 예수님의 책망은 낙태에도 적용됩니다.

"사람들이 예수께서 만져 주심을 바라고 자기 어린 아기를 데리고 오매 제자들이 보고 꾸짖거늘 예수께서 그 어린 아이들을 불러 가까이 하시고 이르시되 어린 아이들이 내게 오는 것을 용납하고 금하지 말라 하나님의 나라가 이런 자의 것이니라"(눅 18:15-16). 누가복음 18장 15절에서 어린아이로 번역된 단어는 누가복음 1장 41, 44절에서 엘리사벳의 태중에 있는 태아를 가리킬 때 사용된 단어와 동일합니다. 더욱 설득력이 있는 것은 마가가 마가복음 9장 36-37절에서 이렇게 기록했다는 사실입니다. "[예수께서] 어린 아이 하나를 데려다가 그들 가운데 세우시고 안으시며 제자들에게 이르시되 누구든지 내 이름으로 이런 어린 아이 하나를 영접하면 곧 나를 영접함이요 누구든지 나를 영접하면 나를 영접함이 아니요 나를 보내신 이를 영접함이니라."

9. 인간에게 생명을 주시고 취하시는 것은 창조자 하나님의 권리입니다. 이러한 선택은 우리의 개인적인 권리가 아닙니다.

욥은 집이 무너져 자녀들이 모두 죽었다는 소식을 들었을 때 엎드려 여호와께 경배하면서 이렇게 말했습니다. "내가 모태에서 알몸으로 나왔사온즉 또한 알몸이 그리로 돌아가올지라 주신 이도 여호와시요 거두신 이도 여호와시오니 여호와의 이름이 찬송을 받으실지니이다"(욥 1:21).

욥은 어머니의 태에서 나왔음을 말하면서 "주신 이도 여호와시요"라고 했습니다. 욥은 죽음을 말하면서 "거두신 이도 여호와시오니"라고 했습니다. 출생과 죽음은 하나님의 특권입니다. 그분은 생명이라는 엄숙한 사건에서 주시는 자요 취하시는 자입니다. 우리는 이 문제에 있어 개인적인 선택을 할 권리가 없습니다. 우리의 의무는 그분이 주신 것을 돌보며 그분의 영광을 위해 사용하는 것입니다.

10. 마지막으로, 예수 그리스도를 믿는 구원의 믿음은 죄의 용서와 깨끗한 양심과 사는 동안의 소망과 영생을 향한 소망을 줍니다. 이러한 전능한 사랑에 둘러싸여 있을 때, 예수님의 모든 제자는 돈을 얻거나 비난을 피하기 위해 이러한 진리를 버리라고 유혹하는 탐심과 두려움으로부터 자유롭습니다.

"우리는 그리스도 안에서 그의 은혜의 풍성함을 따라 그의 피로 말미암아 속량 곧 죄 사함을 받았느니라"(엡 1:7). "하나님이 세상을 이처럼 사랑하사 독생자를 주셨으니 이는 그를 믿는 자마다 멸망하지 않고 영생을 얻게 하려 하심이라"(요 3:16). "돈을 사랑하지 말고 있는 바를 족한 줄로 알라 그가 친히 말씀하시기를 내가 결코 너희를 버리지 아니하고 너희를 떠나지 아니하리라 하셨느니라 그러므로 우리가 담대히 말하되 주는 나를 돕는 이시니 내가 무서워하지 아니하겠노라 사람이 내게 어찌하리요 하노라"(히 13:5-6).

그렇다면 여러분은 자신의 양 떼에게 무엇을 하라고 해야 하겠습니까? 나는 나의 양 떼에게 이렇게 하라고 말했습니다.

첫째, 하나님께 순종하십시오. 그분께 가까이 가십시오. 그분이 주시는 은혜의 능력으로 사십시오. 세상과 교만하고 자기중심적인 우리 문화의 체질이 아닌 하나님 앞에 여러분의 욕망을 내려놓으십시오. 여러분의 삶과 여러분의 입술이 우리를 사랑하셔서 우리를 위해 자신을 주신 만물의 창조자를 알고 신뢰하며 순종하고 그분의 손으로 빚어지고 인도 받는 진정한 기쁨을 증거하게 하십시오. 그리스도인이 되십시오. 눈에 보이고 귀에 들리는 그리스도인이 되십시오. 세상은 여러분이 절실히 필요합니다.

둘째, 교회가 깨어 있어 지역과 국가와 세계를 누비면서 잃은 자들을 찾아 전도하며 교회의 체질을 개혁할 수 있도록 열심히 정기적으로 기도하십시오.

셋째, 상상력을 동원해 낙태가 실제로 어떤 것인지 생각해 보십시오! 독일 나치 정권의 손에 넘어가던 때와 같은 사회적인 무감각과 맞서 싸우며, 문제가 너무나 크고 무시무시하며 우리의 통제 밖에 있기에 악하지 않을 거라고 단정 짓는 정서와 맞서 싸우십시오. 상상력을 동원해 병원 문 뒤에서 실제로 일어나고 있는 일을 보고 느끼십시오. 지속적이고 함께 공감할 수 있는 상상이 없다면 아이들은 구원받지 못하고 하나님의 일은 존중되지 않을 것입니다. 보지 않으면 마음도 멀어집니다. 다카우, 부켄발트, 벨센, 아우슈비츠 수용소처럼 말입니다. 이런 일은 그저 일어날 수 있는 게 아닙니다. 그래서 우리는 이런 일이 그저 일어나지 않는 것처럼 행동해야 합니다.

"네가 말하기를 나는 그것을 알지 못하였노라 할지라도 마음을 저울질 하시는 이가 어찌 통찰하지 못하시겠으며 네 영혼을 지키시는 이가 어찌 알지 못하시겠느냐 그가 각 사람의 행위대로 보응하시리라"(잠 24:12).

넷째, 여러분의 돈과 시간과 기도로 낙태의 대안책을 후원하십시오. 지역에서 구체적으로 참여할 기회가 있는지 찾아 보십시오. 이보다 훨씬 나은 것은 새로운 낙태 반대 사역을 시작하는 것입니다. 정의를 꿈꾸는 사람들의 교회가 되게 하십시오.

마지막으로, 자유로운 발언과 표현과 시위라는 민주적 특권을 이용해 태아가 법적으로 보호받도록 압력을 행사하십시오. 태아 보호를 위한 법률 제정을 반대하는 가장 강력한 논지 가운데 하나는 광범위한 사회적 동의가 없는 법적 강제는 폭정이라는 것입니다. 이러한 주장은 이 나라의 노예 제도라는 역사적 상황에 적용될 때 힘을 잃습니다. 1857년 3월 6일, 대법원은 드레드 스콧 대 스탠포드(Dred Scott v. Stanford) 사건에서 상원이나 어떤 지방 의회도 노예제를 금지하는 법을 만들 수 없다고 판결했습니다. 근본적인 논지는 노예는 자유롭거나 주인과 동등한 인간이 아니라 주인의 소유일 뿐이라는 것이었습니다(노예제도가 금지된 주에 살았던 스코트라는 흑인이 주인을 따라 노예제도가 있는 미주리로 돌아오게 되었는데 노예제도가 금지된 타 주에 살았던 사실을 근거로 자유를 찾기 위한 소송을 제기했고, 여기에 남부 성향의 대법원은 과거 그가 누렸던 법적인 효력을 상실했다고 판결했다—옮긴이).

이러한 판결은 로우 대 웨이드(Roe v. Wade) 사건의 판결과 비슷합니다. 왜냐하면 오늘날에는 그 어떤 주도 태아를 보호하기 위해 낙태를 금지하는 법을 제정하지 않을 것이기 때문입니다. 논지는 비슷합니다. 기본적으로 태아는 산모의 절대적인 권한 아래 있으며 자체로는 인격적 지위를 갖고 있지 않기 때문입니다. 이 나라에서는 노예의 인성과 권리에 대한 동의가 전혀 없었습니다. 우리는 완전히 둘로 갈라졌었습니다. 그러나 문제가 너무나 중요했기 때문에 양쪽이 전쟁을 했으며, 결국 링컨 행정부가 드레스 스코트 사건의 판결을 뒤집었습니다. 그리고 130년이 지난 지금, 우리는 일치된 마음으로 선조들의 무지함을 기이하게 여기고 있습니다.

형제들이여, 장차 하나님의 은혜와 그분의 백성들의 기도와 경건과 인내, 그리고 정치적 노력으로 인해 다가올 세대에서는 생명에 대한 의견 합의가 이루어질 거라고 믿을 수 있지 않겠습니까? 우리가 이 나라의 노예법과 제2차 세계대전의 집단 수용소를 바라보며 경악하는 것과 같이, 다음 세대에는 우리 세대를 돌아보면서 경악하는 일이 일어나지 않겠습니까? 영국에서는 윌버포스를 통해, 미국에서는 링컨을 통해 전국적인 개혁이 일어난 바 있습니다. 그러한 개혁은 다시 일어날 수 있습니다. 당신은 나팔을 불겠습니까 아니면 침묵하겠습니까?

아버지께 참되게 예배하는 자들은

영과 진리로 예배할 때가 오니 곧 이때라

아버지께서는 자기에게 이렇게 예배하는 자들을 찾으시느니라.

• 요한복음 4:23 •


그리스도를 찬양함의 본질은 그리스도를 높이는 것이다.

• 존 파이퍼 •


그리스도께서는 생명보다 더 높아지심으로써 죽음에서 찬양을 받으신다.

그리고 우리가 죽기 전이라도 그리스도 안에서 가장 만족할 때

그리스도께서는 삶에서 가장 큰 영광을 받으신다.

• 존 파이퍼 •


한 민족이 자신들에게 하나님이 없으면

자신들은 주리고 목말라 죽으리라는 것을 알 때

하나님은 크게 높임을 받으신다.

• 존 파이퍼 •

## 28
### 예배의 형식이 아니라
### 본질에 초점을 맞추십시오

우리 가운데 '예배 전쟁'에서 벗어나는 사치를 누렸거나 누릴 사람은 거의 없을 것입니다. '전쟁'이란 대개 예배의 본질이 아닌 예배의 형식과 스타일에 대한 것입니다. 그러나 여러분의 양 떼를 예배의 본질로 인도하는 것은 너무나 중요합니다. 그래서 여러분에게 요구하고 싶은 것은 하나님의 영광을 위해 열매가 가장 풍성한 곳에 초점을 맞추고 정열을 쏟으라는 것입니다. 형식이 아닌 본질에 초점을 맞추십시오. 여러분이 본질을 경험하는 교회로 양육하는 데 성공한다면, 그 교회는 전쟁에서 살아남을 것이며 여러분은 그 교회를 더 평화로운 물가로 인도할 수 있을 것입니다.

신약성경은 공예배의 외적인 형식에는 철저히 침묵하면서 예배란 내적이며 영적 경험이라는 점을 철저히 강조합니다. 신약성경이 예배의 외적인 형식에 침묵한다는 것은 교회의 모임 생활이 결코 '예배'라고 불리지 않았다는 사실에서 분명히 알 수 있습니다. 더욱이, 구약성경에서 예배를 뜻하는 주요 단어(헬라어로는 '프로스쿠네오'[1], proskuneo)는 신약성경의 서신서에는 등장하지 않습니다. 이 단어는 복음서(26회)와 요한계시록(21회)에서 집중적으로 사용됩니다. 그러나 바울 서신서에서는 단 한 번, 즉 고린도전서 14장 25절에서 사용되는데, 불신자들이 예언의 능력 앞에 엎드려 하나님께서 그 모임 중에 계시다는 것을 고백하는 장면에서 나옵니다. 이 단어는 베드로나 야고보나 요한의 서신에서는 전혀 사용되지 않습니다.

이 단어가 이처럼 이상하게 편중되어 사용되는 이유는, 프로스키네오라는 헬라어 단어에 내포되어 있는 구약의 예배는 가시적인 위엄 앞에 존경의 뜻으로 엎드리는 것을 암시하기 때문일 것입니다. 이런 모습은 사람들이 복음서에서 성육신한 눈에 보이는 그리스도 앞에 올 때 나타났습니다. 그리고 이런 모습은 요한계시록에서 성도들과 천사들과 장로들이 실제로 눈에 보이며 부활하신 그리스도 앞에 설 때 나타났습니다. 그러나 승천부터 재림에 이르는 시대에는 그리스도께서 눈에 보이는 예배의 대상으로 나타나지 않으십니다. 그러므

---

1 Heinrich Greeven은 *Theological Dictionary of the New Testament*, vol. 6, ed., Gerhard Kittel and Gerhard Friedrich (Grand Rapids, Mich.: Wm. B. Eerdmans Publishing Company, 1968), 765에서 프로스쿠네오라는 단어가 이처럼 편중되어 사용된 사실에서 이렇게 결론내린다: 그러나 이것은 이 용어의 구체성에 대한 더 명확한 증거이다. 프로스쿠네시스는 예배자가 그 앞에 엎드리게 하는 눈에 보이는 위엄을 요구한다. 하나님의 아들은 이 땅에 계실 때 모두의 눈에 보이셨으며(복음서) 믿은 것을 보게 될 때 승귀하신 주님은 그분의 백성에게 또 다시 눈에 보이는 모습이 되실 것이다(요한계시록).

로 예배는 철저히 내면화되며 탈지역화됩니다.

게다가 지역을 탈피한 영적 경험으로서의 예배가 강조된다는 사실은 예수님이 요한복음 4장에서 그때가 오고 있으며 이제는 예배가 사마리아나 예루살렘에서 드려지는 게 아니라 "영과 진리으로" 드려질 때라고 하신 말씀에서 확인될 수 있습니다(요 4:21-23). 내적이며 영적인 실체가 지리적인 지역성을 대신합니다. "이 산에서도 말고 예루살렘에서도 말고"라는 말씀이(21절) "영과 진리로"라는 말씀으로 대체됩니다. 예배가 내적인 것이라는 점이 강조되는 것을 예수님께서 마태복음 15장 8절에서 하시는 말씀, "이 백성이 입술로는 나를 공경하되 마음은 내게서 멀도다"에서도 확인할 수 있습니다. 마음에서 나오지 않는 예배는 헛되고 공허합니다. 이것은 진정한 예배가 아닙니다.

이것을 확인하고, 더 나아가 신약에서 예배가 장소나 사건과는 전혀 무관하다는 것을 보다 분명하게 확인하기 위해, 바울이 구약의 예배와 관련된 몇몇 단어를 어떻게 사용하는지 살펴보기로 하십시다. 구약성경의 헬라어 번역본에서 예배를 가리키는 단어 중 두 번째로 (프로스쿠네오 다음으로) 빈번하게 사용된 단어는 '라트레우오'(latreuo, 90회 넘게 사용된 이 단어는 대부분 히브리어 '아바드'라는 단어의 번역어)입니다. 이 단어는 출애굽기 23장 24절 "너는 그들의 신을 경배하지 말며 섬기지(라트레우오) 말며"에서처럼 주로 '섬기다'라는 의미로 사용되었습니다.

바울이 그리스도인의 예배를 가리킬 때 굳이 이 단어를 사용한 것은, 그가 지역적으로 국한되고 외적인 형식을 갖춘 예배가 아닌, 지역을 탈피한 영적 경험으로서의 예배를 가리키고 있음을 분명히 하기 위해 애쓰고 있음을 보여 줍니다. 사실 그는 우리가 바른 영으로 살 때에 삶 전체가 곧 예배가 된다고 보고 있습니다.

예를 들어 로마서 1장 9절에서 그는 "내가 그의 아들의 복음 안에서 내 심령으로 섬기는(라트레우오)"이라고 말합니다. 그리고 빌립보서 3장 3절에서는 진정한 그리스도인에 대해 "하나님의 성령으로 봉사하며…육체를 신뢰하지 아니하는"이라고 말합니다. 한편 로마서 12장 1절에서 바울은 그리스도인들에게 다음과 같이 권하고 있습니다. "그러므로 형제들아 내가 하나님의 모든 자비하심으로 너희를 권하노니 너희 몸을 하나님이 기뻐하시는 거룩한 산 제물로 드리라 이는 너희가 드릴 영적 예배니라."

이러한 예에서 볼 수 있듯이 바울은 예배를 가리키는 구약성경의 단어(라트레우오)를 사용할 때조차, 자신이 말하려는 예배가 결코 특정 지역에 국한되거나 외적인 형식을 갖춘 행사가 아닌, 내적이고 영적인 체험이라는 점을 애써 강조하고 있습니다. 그는 결국 삶과 사역 전체가 바로 그러한 내적 체험으로서의 예배의 한 표현임을 밝히고 있습니다.

이러한 현상은 성전에서의 제사와 성직자의 사역을 가리키던 구약성경의 단어들이 신약성경에서 사용된 부분에서도 나타납니다. 우리의 입술로 드리는 찬미와 감사는 곧 하나님에 대한 제사입니다(히 13:15). 그러나 매일의 삶 속에서 행하는 선한 일 역시 하나님께 드리는 제사입니다(히 13:15). 바울은 자신의 사역이 '(예배에서) 성직자로 섬기는 것'이라 했으며, 개종자들은 곧 하나님께서 '(예배에서) 받으실 만한 제물'이라 했습니다(롬 15:16, 또한 빌 2:17을 보십시오). 심지어 그는 교회가 그에게 보낸 돈을 (예배에서 드리는) 제물이라고 했습니다. "이는 받으실 만한 향기로운 제물이요 하나님을 기쁘시게 한 것이라"(빌 4:18). 그리고 그리스도를 위한 자신의 죽음을 하나님께 드리는 '관제'(drink offering)라고 표현했습니다(딤후 4:6).[2]

신약성경에서 예배는 비제도화되었고, 비지역화되었으며, 비형식화되었습니다. 예배의 핵심은 의례와 계절, 장소와 형식의 문제에서 벗어나, 마음의 문제로 넘어가게 되었습니다. 예배는 단지 주일뿐 아니라 매일 그리고 삶 전체의 모든 시간에 드려지는 것이 되었습니다.

이것이 다음과 같은 말씀이 의미하는 것입니다. "그런즉 너희가 먹든지 마시든지 무엇을 하든지 다 하나님의 영광을 위하여 하라"(고전 10:31). "또 무엇을 하든지 말에나 일에나 다 주 예수의 이름으로 하고 그를 힘입어 하나님 아버지께 감사하라"(골 3:17). 하나님의 영광을 소중히 여기는 마음을 반영하는 행동을 하는 것, 이것이 바로 예배의 본질입니다. 그러나 신약성경에서 예배와 관련된 이 위대한 장들은 공예배에 대해 아무런 언급도 하지 않습니다. 오로지 삶에 대해서만

---

2 하나님의 백성(그리스도의 몸)을 가리켜 영적 제사가 드려지며(벧전 2:5) 하나님이 그분의 영으로 거하시며(엡 2:21-22) 모든 사람들이 거룩한 제사장으로 여겨지는 신약의 "성전"으로 보는 데서도 똑같은 요지를 확인할 수 있다(벧전 2:5, 9). 고린도후서 6:16은 하나님의 임재라는 새언약의 소망이 지금 어떤 특정한 모임에서가 아니라 하나의 백성으로서의 교회에서 성취되고 있다는 것을 보여 준다: "우리는 살아 계신 하나님의 성전이라 이와 같이 하나님께서 이르시되 내가 그들 가운데 거하며 두루 행하여 나는 그들의 하나님이 되고 그들은 나의 백성이 되리라."

묘사할 뿐입니다.

그러므로 나는 이렇게 결론내리는 바입니다. 예배의 본질은 지역적으로 국한된 외적인 행위가 아닌, 내적이고 영적인 경험으로서, 그것은 일차적으로 공예배에서가 아니라(공예배가 중요하기는 하지만) 하나님에 대한 헌신을 매일의 삶에서 표현함으로 드러난다는 점입니다.

그 이유는 구약이 주로 "와 보라"는 종교라면, 신약은 "가서 전하라"는 종교이기 때문일 것입니다. 바꾸어 말하자면, 초점이 한 곳에 있는 이스라엘 백성에게 맞춰졌을 때는 예배가 고정되고 정형화된 방식으로 틀이 잡힐 수 있었습니다. 그러나 예수님이 "가서 모든 족속—모든 문화, 언어, 기질—으로 제자를 삼으라"고 하셨을 때, 신약에서 형식의 문제는 거의 사라졌습니다. 신약은 선교 안내서입니다. 신약은 모든 문화를 위한 책입니다. 이것이 신약이 예배의 형식을 다루지 않는 근본적인 이유입니다.

이제 핵심적인 질문을 다룰 차례입니다. 그렇다면, 우리가 예배라 부르는 이 내적 경험의 본질은 무엇입니까? 그것이 외적 행위가 아니라 마음의 경험이라면, 그 경험이란 대체 무엇입니까?

나는 예배란—내적 행위든, 외적 행위든, 회중이 모여 함께 드리는 공적 행위든—하나님을 존귀하게 하는 것이라는 사실을 당연하게 여깁니다. 다시 말해, 예배란 하나님이 얼마나 존귀한 분인지 나타내는 행위입니다. 예배란 하나님이 얼마나 위대하고 영화로운지 드러내거나 표현하는 행위입니다. 예배란 하나님의 가치를 의식적으로 숙고하는 행위입니다.

그러므로 내가 묻고자 하는 것은 이것입니다. 어떠한 내적 경험이 이런 행동을 유발시킵니까? 예배의 본질이 단순히 외적인 형식이 아닌 하나님을 향한 내적 경험이라면, 어떤 경험이 하나님이 얼마나 위대하시고 영화로우신지 드러내고 표현합니까? 이 물음에 답하기 위해 빌립보서 1장 20-21절을 살펴보기로 합시다.

20절에서, 바울이 일생의 사명으로 생각하는 게 무엇인지에 주목하십시오. "나의 간절한 기대와 소망을 따라 아무 일에든지 부끄러워하지 아니하고 지금도 전과 같이 온전히 담대하여 살든지 죽든지 (whether life or death) 내 몸에서 그리스도가 존귀하게 되게 하려 하나니." 바꾸어 말하자면, 바울이 간절히 바라는 것은 살든지 죽든지 그의 몸으로 하는 모든 것이 항상 예배가 되는 것입니다. 살든지 죽든지 그의 사명은 그리스도를 존귀하게 하는 것이었습니다. 그리스도가 광대하심을 보여 주며, 그리스도를 높이며, 그분의 위대하심을 증거하는 것이었습니다. 이것은 그리스도께서 "살든지 죽든지 내 몸에서 그리스도가 존귀하게 되게 하려 하나니"라는 표현에서 분명해집니다.

이제 우리는 이렇게 물어야 합니다. 바울은 우리에게 어떤 내적 경험이 그리스도를 높일 수 있다고 말하려는 걸까요? 혹시 예배의 본질에 대해 알려 주려는 건 아닐까요? 그렇습니다. 그는 다음 절에서 (21절) 그렇게 하고 있습니다.

20절의 '삶'과 '죽음'에 대한 언급, 즉 "살든지 죽든지 내 몸에서 그리스도가 존귀하게 되게 하려 하나니"라는 말에 주목하십시오. 그런 후에 다음 절(21절)에서 여기에 상응하는 '살다'과 '죽다'라는 단어와

의 연관성에 주목하십시오. "이는 내게 사는 것이 그리스도니 죽는 것도 유익함이니라(gain)." 그러므로 20절의 '삶'과 '죽음'("살든지 죽든지")이라는 단어는 21절의 '살다'와 '죽다'라는 단어와 상응합니다. 21절은 삶과 죽음이 그리스도를 높이거나 존귀하게 하는 방법에 대한 기초라고 말하고 있습니다. 우리가 이것을 아는 것은 21절이 '이는'(왜냐하면)이라는 단어로 시작되기 때문입니다. 나의 기대와 소망은 내가 살든지 죽든지 그리스도께서 높아지는 것입니다. 왜냐하면 사는 것이 그리스도이므로 죽는 것도 유익하기 때문입니다.

21절은 그리스도를 높이는 예배의 본질인 내적 경험을 묘사합니다. 이것을 확인하기 위해 20절의 '죽음'(죽든지)과 21절의 '죽다' 두 쌍을 따로 살펴보기로 하겠습니다. 이 두 절은 이렇게 요약됩니다. "나의 기대와 소망은 죽음으로 그리스도께서 나의 몸에서 존귀하게 되는 것이다. 왜냐하면 죽는 것이 유익하기 때문이다." 나의 죽음이 내게 유익하다면, 그리스도께서 나의 죽음으로 존귀하게 되실 것입니다. 이해가 가십니까? 내가 유익한 죽음을 경험할 수 있다면, 내 죽음은 그리스도를 높이게 될 것이라는 뜻입니다.

왜 그렇습니까? 23절은 왜 죽음이 바울에게 유익인지 보여 줍니다. "세상을 떠나서 그리스도와 함께 있는 것이 훨씬 더 좋은 일이라 그렇게 하고 싶으나." 죽음은 우리를 그리스도와 더 친밀하게 합니다. 우리는 떠나지만 여기서 그분을 경험하는 것보다 '더욱 좋은' 방식으로 그리스도와 함께합니다. 이것이 바울이 유익이라고 말하는 바입니다. 여러분이 이렇게 죽음을 경험할 때, 바울은 여러분이 그리스도를 존귀하게 한다고 말합니다. 죽을 때에 그리스도를 유익으로 경험하는 것이, 그리스도를 존귀하게 하는 것입니다. 이것이 죽음의 시간에 이루어지는 예배의 내적 본질입니다.

우리는 이제 이렇게 말할 수 있습니다. 예배의 내적 본질은, 삶이 우리에게 줄 수 있는 그 어떤 것—가정, 직장, 퇴직, 명예, 음식, 친구—보다 그리스도를 더 유익하게 여기는 것이라고 말입니다. 예배의 본질은 그리스도를 유익으로 경험하는 것입니다. 교회에서 즐겨 사용하는 말로 표현하자면, 예배란 그리스도를 맛보고, 그리스도를 보배롭게 여기며, 그리스도로 만족하는 것입니다. 이러한 것들이 예배의 내적 본질입니다. 왜냐하면 바울은 죽음에서 그리스도를 유익으로 경험하는 것이 그분이 죽음에서 존귀하게 되는 방법이라고 말하기 때문입니다.

여기서 나는 이런 진리를 깨달았습니다. "우리가 하나님 안에서 가장 만족할 때 하나님은 우리 안에서 가장 영광을 받으신다." 내가 죽을지라도 그리스도로 인해 만족할 때, 내가 그분을 얻었기 때문에 죽음을 유익으로 경험할 때, 그리스도는 나의 죽음 속에서도 존귀하게 되십니다. 달리 표현하자면, 그리스도께 드리는 찬양의 본질은 그리스도를 높이는 것입니다. 그리스도께서 생명보다 더 높아지신다면 그분은 나의 죽음에서도 찬양을 받으실 것입니다. 예배의 내적 본질은 그리스도를 높이며, 그분을 소중히 여기며, 그분을 보배롭게 여기며, 그분으로 만족하는 것입니다.

이것을 확인하기 위해, 또 다른 한 쌍의 단어에 초점을 맞춰 봅시다. "나의 간절한 기대와 소망을 따라[기대와 소망은]…살든지 죽든지 내 몸에서 그리스도가 존귀하게 되게 하려 하나니"(20절). "이는 내게 사는 것이 그리스도니"(21절). 그러므로 바울은 그리스도께서 그의 삶에서 존귀하게 되는, 즉 예배 받게 되는 이유는 그에게는 "사는 것이 그리스도"이기 때문이라고 말합니다. 이것이 무슨 뜻입니까?

빌립보서 3장 8절이 그 해답을 제시합니다. 여기서 바울은 이렇게 말합니다. "또한 모든 것을 해로 여김은 내 주 그리스도 예수를 아는 지식이 가장 고상함을 인함이라 내가 그를 위하여 모든 것을 잃어버리고 배설물로 여김은 그리스도를 얻고(gain)."

"사는 것이 그리스도니"라는 말은 그리스도를 얻는 것의 가치와 비교할 때 다른 모든 것은 잃은 것으로 여긴다는 뜻입니다. 1장 21절에서와 마찬가지로 여기서도 얻다(gain, 유익)라는 단어가 다시 사용된다는 데 주목하십시오. "사는 것이 그리스도니"라는 말은 그리스도를 단지 죽을 때뿐 아니라 지금도 유익으로 경험한다는 뜻입니다.

바울의 요점은 그리스도인에게는 삶과 죽음이 예배의 행위라는 것입니다. 그리스도인의 삶과 죽음이 그리스도를 소중히 여기는 내적 경험에서 나올 때, 이것들은 그리스도를 존귀하게 하며, 그리스도를 높이며, 그분의 위대하심을 드러내고 표현합니다. 그리스도께서는 생명보다 더 높아지심으로써 죽음에서 찬양을 받으십니다. 그리고 우리가 죽기 전이라도 그리스도 안에서 가장 만족할 때 그리스도께서는 삶에서 가장 큰 영광을 받으십니다.

예배의 진정한 내적 본질은 그리스도로 만족하며, 그리스도를 높이며, 그리스도를 소중히 여기며, 그리스도를 보물처럼 여기는 것입니다. 예배의 본질에 대한 이러한 정의가 주일 예배로부터 얼마나 자유로운지 느낄 수 있을 것입니다. 이것은 마음에서 흘러나오는 삶의 모든 영역을 포함합니다. 그러나 또한 이것은 공예배가 어떤 것이어야 하는지 이해하는 데 엄청나게 중요합니다. 예배는 "열심히 하나님을 좇는 것"입니다.

우리가 주일 아침에 "열심히 하나님을 좇는다"라고 말할 때, 그것은 하나님 안에서의 만족감을 좇으며, 우리의 상급이신 하나님을 열심히 좇으며, 우리의 보화요, 우리 영혼의 양식이며 우리 마음의 기쁨이고 우리 영혼의 즐거움인 하나님을 열심히 좇는다는 의미입니다. 또한, 그리스도를 합당한 자리에 올려드린다는 것은, 십자가에 죽으사 부활하신 예수 그리스도 안에서 우리를 위해 준비해 두신 모든 것을 열심히 좇는다는 뜻입니다.

그렇다면 이 시대에 교회를 미혹하는 '예배 전쟁'을 승리로 이끄는 데 이러한 점은 어떻게 도움이 될 수 있겠습니까? 내가 여기서 말하고자 하는 것은 형식에 대한 싸움입니다(현대적인 것 대 역사적인 것, 복음송 대 찬송가, 오르간 대 기타, 정장 대 캐주얼, 일어서는 것 대 앉는 것, 밴드 대 오케스트라, 보컬팀 대 찬양대, 침묵 대 대화 등). 나는 이것이 엄청난 도움이 된다고 생각합니다. 이것은 우리가 많은 토론과 변화 속에서도 하나의 교회로 함께하게 해주었습니다.

이러한 예배의 정의는 폭풍우 가운데 있는 교회에 닻을 제공합니다. 이것은 예배란 무엇인가에 답하는 데 엄청난 도움이 됩니다. 우리가 하는 모든 일의 목적은 무엇입니까? 대답은 이렇습니다. 우리가 지금 하고 있는 일을 하는 것은, 하나님께서 그리스도 안에서 우리에게 주시는 모든 것에 대해 참되고 진심어린 만족감을 표하거나 일깨우기 위해서입니다. 예수님의 진리와 아름다움과 가치에 대해 여러분의 마음에서 무슨 일이 일어나고 있습니까? 여러분의 마음에서 일어나고 있는 게 진정한 것이라면 세세한 형식은 이차적인 것입니다.

말씀은 항상 중심이 될 것입니다(우리는 말씀을 기초로 예배를 정의합니다, 딤후 4:2). 주의 만찬은 예배 공동체를 위한 영원한 의식으로 남을 것입니다(고전 11:23-26). 찬양은 언제나 기독교 예배의 한 부분이 될 것입니다(교회에서든 가정에서든 차 안에서든, 엡 5:19). 그러나 '실제 예배'에서 이것들을 종합하는 구체적인 방법들은 제시되지 않습니다. 본질만이 너무나 분명하고 너무나 중요합니다.

오늘날 많은 그리스도인들이 전통을 지나치게 존중합니다(전통은 존중되어야 하지만). 종교 개혁자들과 칼뱅과 루터와 특히 청교도들을 사로잡았던 것은 예배의 주목할 만한 내적 실체와 그 결과로 나타나는 자유였습니다. 장 칼뱅은 예배의 자유, 곧 전통적인 형식으로부터의 자유를 이렇게 표현합니다:

> (주님은) 외형적인 훈련이나 의식에서 우리가 무엇을 해야 하는지 세세하게 기술하지 않으셨다. (이는 형식이란 시대적 상황에 따라 달라지는 것이기에, 모든 시대에 적합한 하나의 형식이 존재한다고 여기지 않으셨기 때문일 것이다)…주님은 형식적 요소에 관해 아무런 지시도 주지 않으셨다. 또

한 형식적 요소는 구원에 필수적인 요소도 아니고, 교회의 발전을 위해서 각 나라와 세대의 풍습에 따라 다양하게 적응해야 한다. 그렇기 때문에, (교회의 유익을 위해 요구되는 것이라면) 전통적인 관습은 계속해서 변화되고 폐지되어야 하며, 새로운 형식이 세워져야 한다. 사실 나 또한 불충분한 근거를 가지고 무모하고 갑작스럽게 새로운 제도로 변화시켜서는 안 된다고 생각한다. 하지만 무엇이 해를 끼치며, 무엇이 도움을 주는지에 대해서는 사랑이 가장 명확한 기준이 된다. 사랑이 우리를 인도하는 한, 우리는 모두 안전할 것이다.[3]

루터는 특유의 거친 어조로 똑같은 표현을 했습니다.

하나님을 예배하는 것은…자유로운 것으로 식탁에서든 골방에서든, 아래층에서든 위층에서든, 국내에서든 국외에서든 장소를 불문하고 모든 사람에 의해 매시간 이루어져야 한다. 누구든지 당신에게 이와 다른 주장을 한다면, 그는 교황과 사탄만큼이나 나쁘게 당신을 속이는 것이다.[4]

청교도들은 예배에 있어서 음악, 전례, 그리고 건축물에 단순함과 자유의 정신을 그대로 담아냈습니다. 패트릭 콜린슨은 다음과 같은

---

3  John Calvin, *Institutes of the Christian Religion*, ed. by John T. McNeil (Philadelphia, Pa.: Westerminster Press, 1960), 1, 208. (Institutes, IV, 10, 30). 『기독교 강요』, CH북스.
4  *What Luther Says*, vol. III, ed. by Ewald M. Plass (St. Louis, Mo.: Concordia Publishing House, 1959), 1, 546에서 인용 . 『루터 선집』, 컨콜디아사.

말로 청교도들의 신학과 삶을 요약했습니다. "청교도의 삶은 끊임없는 예배 행위라 할 수 있다. 그들은 하나님의 뜻을 생생하게 감지하고자 부단히 노력함으로써 이러한 예배의 삶을 추구하였으며, 또한 그것은 개인적으로나 가정 단위로 혹은 공적으로 드리는 종교적 행위에 의해 계속해서 새롭게 되었다."[5] 청교도들이 자신들의 교회를 "만남의 집"(meeting house)이라 부르며 항상 단순하게 유지했던 이유 가운데 하나는 그들의 관심을 물리적인 장소가 아닌, 말씀을 통한 예배의 영적이며 내적인 본질로 돌리려는 것이었습니다.

이 장에서 함께 공예배에 대해 고민해 본 것들은 매우 중요한 의미를 담고 있습니다. 예를 들면, 하나님 안에서 기쁨을 추구하는 것은 선택 사항이 아닙니다. 이것은 우리의 가장 큰 의무 사항입니다(7장, "기독교 희락주의를 깊이 생각하십시오"를 보십시오). 수많은 사람들이 우리의 행복을, 심지어 하나님 안에서까지, 추구하는 것은 도덕적으로 문제가 있다고 말하는 대중 윤리에 빠져들었습니다. 이것은 진정한 예배에 절대적으로 치명적입니다. 이러한 윤리가 번성하는 만큼 예배는 죽어 버립니다. 왜냐하면 예배의 본질은 하나님 안에서 만족하는 것이기 때문입니다.

주일 아침 예배의 기본적인 태도는 하나님께 드릴 것을 두 손 가득 들고 오는 게 아니라 하나님께 받기 위해 두 손을 비우고 오는 것

---

5 Leland Ryken, *Worldly Saints: The Puritans as They Really Were* (Grand Rapids, Mich.: Zondervan Publishing House, 1986), 116에서 인용. 『청교도 이 세상의 성자들』, 생명의말씀사.

이라고 양 떼에게 가르칠 때, 여러분의 목회 리더십은 개혁될 것입니다. 여러분이 예배 가운데 얻는 것은 잔칫상이 아닌 하나님입니다. 양 떼에게 하나님에 대해 목마른 상태로 나오라고 가르치십시오. 이렇게 말하면서 오라고 가르치십시오. "하나님이여 사슴이 시냇물을 찾기에 갈급함 같이 내 영혼이 주를 찾기에 갈급하니이다"(시 42:1). 사람들이 자신의 인생에 하나님이 없다면 목마름과 배고픔으로 죽을 수밖에 없다는 것을 절감할 때 하나님은 크게 높임을 받으십니다. 하나님 안에서의 만족감을 추구하는 게 얼마나 바람직하며 긴요한 일인지 깨닫는 것이야말로 진정한 예배의 능력을 회복하는 지름길입니다.

예배의 본질은 하나님 안에서 만족하는 것이라는 주장의 두 번째 의미는 예배의 중심이 바로 하나님에게 있다는 점입니다.[6] 돈이나 특권, 여가, 가정, 직장, 건강, 스포츠, 장난감, 친구, 또는 사역에 이르기까지 그 무엇도 자신의 상한 마음을 만족시킬 수 없음을 확신하게 될 때야말로 하나님을 높이고 모든 것의 중심 되신 분으로 만드는 일일 것입니다. 이러한 믿음은 주일 아침에 하나님을 뜨겁게 갈망하는 사람들을 낳습니다. 이들은 왜 자신들이 예배의 자리에 나왔는지 분명히 압니다. 이들은 찬양과 기도와 설교를 단순한 전통이나 의무로 보지 않습니다. 이들은 이것들을 하나님의 충만한 역사를 위해 자신들이 하나님께 나아가거나 하나님이 자신들에게 다가오시는 수단으

---

6 이 단락과 이어지는 여섯 단락은 John Piper, *Dangerous Duty of Delight* (Sisters, Preg.: Multnomah Publishers, 2001), 57-59에 나와 있다. 『최고의 기쁨을 맛보라』, 좋은씨앗.

로 봅니다.

예배의 초점을 우리가 하나님께 드리는 것에 맞출 때 예배의 중심엔 미묘하게 하나님이 아닌 우리가 하나님께 어떤 것을 드리는가에 대한 문제가 자리 잡게 됩니다. 우리가 드리는 찬양은 하나님께서 받으실 만합니까? 연주자들은 질적으로 주님께 합당한 연주를 하고 있습니까? 설교는 주님께 드리기에 합당합니까? 점점 우리의 초점은 주님 그분에 대한 우리의 절대적 필요가 아닌, 우리가 행하는 예배의 질의 문제로 옮겨가게 됩니다. 급기야 예배의 우수성과 능력을 그 예술적 행위가 기술적으로 우수한가의 문제로 정의내리기 시작하고 맙니다.

성경적인 믿음 외엔 그 무엇도 하나님을 예배의 중심에 두지 못합니다. 즉 예배의 본질은 하나님 안에서 누리는 깊고도 진심어린 만족감이라는 믿음, 그리고 그러한 만족감을 표현하고 추구하기 위해서 우리가 모였다는 믿음 말입니다.

예배의 본질은 하나님 안에서 만족하는 것이라는 주장의 세 번째 의미는 이러한 본질이 바로 예배가 가장 우선된다는 사실을 보장해 준다는 점입니다.

예배의 내적 본질이 하나님 안에서 만족하는 것이라면 예배는 다른 어떤 것을 위한 수단일 수 없습니다. "하나님, 제가 당신 안에서 만족하길 원하는 것은 다른 것을 가지기 위해서입니다"라고 말할 수 없습니다. 왜냐하면 이것은 여러분이 실제로 하나님이 아닌, 다른 것에서 만족하고 있음을 의미하기 때문입니다. 이는 하나님을 예배하는 게 아니라 그분을 욕되게 하는 것입니다.

그러나 나로서는 수많은 교인들과 목회자들이 주일 아침 예배를 예배 외에 다른 것을 성취하는 수단으로 여기는 것 같아 두렵습니다. 우리는 돈을 벌기 위해 '예배'하며 청중을 사로잡기 위해 '예배'합니다. 사람들의 상처를 치유하기 위해 '예배'하며 일꾼들을 모으기 위해 '예배'합니다. 교회의 도덕성을 향상시키기 위해 '예배'하며 재능 있는 음악가들에게 소명을 다할 기회를 주기 위해 '예배'합니다. 우리는 아이들에게 의의 길을 가르치기 위해 '예배'하며 잃어버린 자들을 전도하기 위해 '예배'합니다. 우리는 어떤 프로젝트에 사람들을 끌어들이기 위해 '예배'하며 우리 교회에 공동체 의식을 심어 주기 위해 '예배'합니다.

우리가 '예배를 통해' 이러한 목적을 이루려 한다고 말한다면, 자칫 잘못하면 참된 예배가 무엇인지 모른다고 증언하는 꼴이 됩니다. 하나님을 향한 진정한 애정은 그 자체가 모든 것의 존재 이유입니다. 내가 아내에게 이렇게 말할 순 없지 않겠습니까. "나는 당신에게서 큰 기쁨을 얻고 있소. 그러니 나에게 맛있는 식사를 제공해 주오." 기쁨은 이런 것을 목적으로 하지 않습니다. 기쁨은 그저 아내를 기뻐하는 것으로 끝날 뿐입니다. 또 내가 아들에게 이렇게 말해서도 안 될 것입니다. "내가 너랑 공놀이를 하고 싶어하는 것은, 네가 잔디를 깎게 하기 위해서야." 당신의 마음으로 그와 공놀이를 하는 것이 정말 기쁘다면, 그 기쁨은 그가 공놀이 외에 다른 것을 하게 만드는 수단이 될 수 없습니다.

물론 예배(그 본질과 공예배 둘 다)가 교회의 생명에 수많은 긍정적

영향을 주었다는 것을 부인하지는 않습니다. 이것은 결혼 생활에서의 진실한 애정처럼 모든 것을 보다 좋게 만듭니다. 내가 말하려는 요점은, 우리가 이러한 이유들 때문에 '예배하게' 될 때 예배의 진정성을 그 만큼 잃게 된다는 것입니다. 하나님 안에서의 만족을 가장 중심에 두는 것만이 그러한 비극으로부터 우리를 지켜줄 것입니다.

그러므로 형제들이여, 예배의 형식이 아니라 본질에 초점을 맞추십시오. 나는 우리가 형식을 무시하는 사치를 부릴 수 없음을 알고 있습니다. 나와 같은 문화 속에서 살고 있는 여러분을 위해 실질적으로 도움이 될 만한 지침을 제시하면서 이 장을 마무리할까 합니다. 예배의 우선순위와 본질에 대해 수년 동안 설교하고 가르치고 삶에서 실천했건만, 아직도 논쟁의 폭풍을 뚫고 있는 사람도 있을 것입니다. 나도 그랬습니다. 이것은 4-5년 간 계속되었습니다. 위기의 순간에, 나는 우리를 하나 되게 해 줄 지침을 공식화했습니다. 그러한 지침들은 정말 우리를 연합시켜 주었습니다. 나는 그 지침을 설교하고, 가르치며, 삶에서 실천하려고 노력했습니다. 자비로운 하나님께서는 그 지침을 사용하셔서 우리를 하나 되게 하셨으며 서로 평화하게 하셨습니다. 우리 교인들에게 나눠 주었던 그 지침을 여기서 다시 소개하기로 하겠습니다.

예배에서 우리를 하나 되게 하는 것
베들레헴교회의 예배 음악과 예배 철학

1. 하나님 중심의 예배. 우리는 주일 아침 예배 때 수직적인 것에 초점을 맞추는 데 높은 우선순위를 둔다. 궁극적인 목적은 하나님을 깊이 경험하여, 하나님께서 그분을 향한 우리의 사랑으로 인해 영광 받으시게 하는 것이다.

2. 하나님의 강력한 임재를 기대하는 예배. 우리는 단순히 우리 자신을 하나님께로 향하게 하는 데 그치지 않는다. 우리는 야고보서 4장 8절의 약속을 따라, 그분이 가까이 오시기를 열심히 구한다. 우리는 하나님께서 우리의 유익과 우리 가운데 있는 믿지 않는 자들의 구원을 위해 예배 가운데 능력으로 우리에게 다가오시고 자신을 알리시고 우리로 그분을 느끼게 하신다는 것을 믿는다.

3. 성경이 기초가 되고 성경에 잠기는 예배. 우리의 찬양과 기도와 환영과 설교와 시의 내용은 언제나 성경의 진리에 부합한다. 하나님의 말씀은 우리가 예배에서 하는 모든 것에 배어 있으며 우리가 내세우는 모든 권위의 기초다.

4. 머리와 가슴으로 드리는 예배. 예배는 하나님을 향한 깊고 강하고 생생한 정서에 불을 지피고 그것을 옮기는 것을 목적으로 하지만 우리 밖에 있는 공유 가능한 증거를 기초로 영적인 것들을 분명하게 생각하지 못한 채 사람들의 감정을 조종하는 것은 아니다.

5. 진지함과 열심이 있는 예배. 진부하며, 경박하며, 피상적이며, 들뜬 분위기를 피하고 대신에 존경과 열정과 경이의 본을 보인다.

6. 진정한 커뮤니케이션이 있는 예배. 모든 허위와 속임수와 위선과 가장과 꾸밈과 거짓 태도를 완전히 포기한다. 기교적이거나 웅변적인 분위기를 피하고, 하나님과 진리에 대한 철저한 인격적 만남의 분위기를 조성한다.

7. 하나님과 공동의 유익이 표현되는 예배. 우리는 우리가 하나님을 나타내는 데 초점을 맞추는 것이 사람들에게 유익하고, 따라서 서로에 대한 사랑의 영이 진정한 예배와 양립할 수 없는 게 아니라 진정한 예배에 꼭 필요하기를 기대하고 소망하며 기도한다(고전 12:7에 따라).

8. 분산되지 않은 탁월함이 있는 예배. 우리는 가짜 사역이나 과도한 술책이나 우아함이나 꾸밈을 통해 사람들의 관심이 본질적인 것에서 이탈하지 않게 하면서 찬양하고 연주하고 기도하고 설교한다. 자연스럽고 분산되지 않은 탁월함은 하나님의 진리와 아름다움이 환히 빛나게 할 것이다.

9. 고전 음악과 현대 음악이 조화를 이루는 예배. "예수께서 가라사대 그러므로 천국의 제자된 서기관마다 마치 새 것과 옛 것을 그 곳간에서 내어 오는 집 주인과 같으니라"(마 13:52).

당신이 배우자를 희생시켜 자신의 사적인 즐거움을 위해 산다면

당신은 자신을 대적하는 것이고

자신의 가장 큰 기쁨을 파괴하고 있는 것이다.

그러나 당신이 배우자의 거룩한 기쁨을 위해 전심으로 자신을 헌신한다면

당신은 또한 자신의 기쁨을 위해 사는 게 될 것이며

당신의 결혼 생활은 그리스도와 그분의 교회와의 관계를 닮게 될 것이다.

● 존 파이퍼 ●

사랑의 충격적인 이중 법칙이며,

역설의 가르침이 있다.

당신이 아내에게 복이 되고 싶다면

아내를 더 많이 사랑하고 아내를 더 적게 사랑하라.

● 존 파이퍼 ●

# 29
## 아내를 사랑하십시오

목회자가 아내를 사랑하는 것은 너무나 중요합니다. 이것은 교회를 기쁘게 하고 교회에 힘을 줍니다. 또한 이는 다른 부부들에게 결혼 생활의 모델을 제시합니다. 이것은 장로직의 영예를 유지시켜주고 목회자의 자녀들에게 사랑의 천국이라는 축복을 선물합니다. 이것은 교회를 향한 그리스도의 사랑의 신비를 드러냅니다. 그리고 이것은 우리의 기도가 방해받지 않게 해 줍니다. 목회의 짐을 가볍게 해 주며 교회를 황폐화시키는 스캔들을 막아 줍니다. 그리고 우리가 사랑하는 사람의 기쁨에서 우리의 기쁨을 추구함으로써 하나님 안에서의 우리 기쁨을 찾을 때, 이것은 영혼을 만족시킵니다. 형제들이여, 이것은 하찮은 일이 아닙니다. 우리의 아내를 사랑하는 것은 우리의 사역에 본질적인 것입니다. 이것은 사역입니다.

나는 우리의 사랑에 아내가 항상 기쁨으로 반응하리라는 절대적인 보장은 없다는 것을 압니다. 비극적이게도 어떤 아내들은 그리스도를 버리고, 교회를 버리며, 마음에 상처를 입은 남편까지 버립니다. 이것만큼 가정과 교회에 고통스럽고 파괴적인 것도 없을 것입니다. 간단히 말하자면, 어떤 아내들은 우울증, 다양한 중독, 나태함의 유혹, 세속, 두려움, 탐심 등과 싸우고 있습니다. 그러므로 내가 말하려는 것은 사랑이 항상 모든 것을 장밋빛으로 보이게 한다는 게 아닙니다. 요점은, 부정한 신부를 사랑하고 그녀를 위해 죽는 것이 그리스도의 소명이었듯이 결혼 생활과 사역에서 아내를 사랑하는 게 우리의 소명이라는 것입니다. 우리가 아내를 이렇게 사랑하는 것이 교회에 복이 되며, 그리스도의 더 넓은 세계를 볼 수 있도록 우리 자신의 영혼에 힘을 줍니다.

그러므로 결혼 생활의 의미를 깊이 생각하고, 사도 바울의 가르침을 따라 우리의 결혼 생활을 하나님의 말씀이라는 견고한 반석 위에 세우도록 하십시오.

바울의 결혼 신학은 하나님의 말씀, 다시 말해, 하나님의 말씀이신 예수 그리스도와 역시 하나님의 말씀인 영감된 구약성경에서 시작됩니다. 그리고 하나님은 혼란의 하나님이 아니시기 때문에 그분의 말씀은 일관됩니다. 그분의 말씀은 통일성이 있습니다. 그러므로 바울은 결혼을 이해하고 싶을 때 하나님의 말씀 ― 예수님과 성경 ― 을 들여다봅니다. 그가 결혼에 관한 하나님의 말씀을 듣기 위해 그리스도와 성경을 연결할 때 듣게 된 것은 강력하고 실제적인 암시를 담고서 취하였은즉 여자라 부르리라 하니라"(23절).

하나님은 아담과 같지만 아담과 매우 다른 한 인간을 창조하심으로써 그렇지 않고는 불가능했을 심오한 통일의 가능성을 제시하셨습니다. 이것은 서로 똑같은 둘이 하나 되어 누리는 통일성이 아니라 서로 다른 둘이 하나 되어 누리는 통일성입니다. 모두가 똑같은 멜로디로 노래하는 것을 가리켜 제창(unison)이라 하는데, 이것은 '한 가지 소리'라는 뜻입니다. 그러나 소프라노, 알토, 테너, 베이스와 같은 다양한 소리를 동시에 내는 것을 가리켜 화음이라 하며, 듣는 귀가 있는 사람이면 누구든지 제창보다는 멋진 화음이 깊은 감동을 준다는 것을 압니다. 그러므로 하나님은 또 하나의 남자가 아니라 여자를 지으셨습니다. 그분은 동성애가 아니라 이성애를 지으셨습니다. 하나님이 처음으로 만드신 제도는 형제애가 아니라 결혼이었습니다.

24절의 '이러므로'라는 단어가 암시하듯이, 23절과 24절의 관계에 주목십시오. "아담이 가로되 이는 내 뼈 중의 뼈요 살 중의 살이라 이것을 남자에게서 취하였은즉 여자라 칭하리라 하니라 이러므로 남자가 부모를 떠나 그 아내와 연합하여 둘이 한 몸을 이룰지로다." 23절은 두 가지에 초점을 맞춥니다. 객관적으로는 여자가 남자의 살과 뼈의 한 부분이라는 사실입니다. 주관적으로는 아담이 여자와 함께 하는 데서 얻는 기쁨입니다. "이는 내 뼈 중의 뼈요 살 중의 살이라." 저자는 이 둘에 근거해서 24절에서 결혼에 관한 추론을 도출합니다. "이러므로 남자가 부모를 떠나 그 아내와 연합하여 둘이 한 몸을 이룰지로다."

바꾸어 말하자면, 처음에 하나님은 여자를 남자에게서 그의 살 중의 살과 뼈 중의 뼈로 취해 내시고, 그런 후에 남자가 살아 있는 교제 가운데서 한 몸이 된다는 게 무슨 뜻인지 발견할 수 있도록 여자를 남자에게 돌려주셨습니다. 그런 후에 24절은 결혼이란 하나님이 남자에게 또 하나의 인간을 주셨기 때문에 남자가 부모를 떠나 다른 어느 누구도 아닌 이 여자와 연합하고 한 몸이 되는 경험을 하는 것이라는 가르침을 도출합니다. 이것이 바울이 성경에서 하나님의 말씀을 살필 때 발견한 것입니다.

그러나 바울은 또 다른 하나님의 말씀—예수 그리스도—을 알고 있었습니다. 바울은 그분을 깊고도 친밀하게 알고 있었습니다. 바울은 예수님으로부터 교회가 그리스도의 몸이라는 것을 배웠습니다(엡 1:23). 우리는 믿음으로 예수 그리스도와 연합하고 다른 신자들과도 연합하며 따라서 우리는 "다 그리스도 예수 안에서 하나"입니다(갈 3:28). 그리스도를 믿는 자들은 그리스도의 몸입니다. 우리는 유기체며, 이러한 유기체를 통해 그리스도께서는 그분의 생명을 나타내시며 이러한 유기체 속에 그분의 성령이 거하십니다.

바울은 그리스도와 교회의 이러한 관계를 알았기에 여기서 결혼과의 유사점을 봅니다. 그는 남편과 아내가 한 몸이 되는 것을 보며 (창 2:24에 따라), 그리스도와 교회가 한 몸이 되는 것을 봅니다. 그러므로 그는 교회를 향해 기꺼이 말합니다. "내가 하나님의 열심으로 너희를 위하여 열심을 내노니 내가 너희를 정결한 처녀로 한 남편인 그리스도께 드리려고 중매함이로다"(고후 11:2). 바울은 그리스도를 남편으로, 교회를 신부로, 이들의 회심을 그가 도와서 이루어진 약혼의 행위로 묘사합니다. 신부를 남편에게 드리는 일은 에베소서 5장 27절이 말하듯 주님의 재림 때 이루어질 것입니다("자기 앞에 영광스러운 교회로 세우사"). 그러므로 마치 바울은 창세기 2장에서 배운 인간의 결혼 관계를 이용해 그리스도와 교회의 관계를 묘사하고 설명하는 것 같습니다.

그러나 우리가 이와 같이 말한다면 뭔가 중요한 점을 간과한 것입니다. 바울은 에베소서 5장 31절에서 창세기 2장 24절을 인용한 후 (남자와 여자가 한 몸이 되는 것에 관해) 32절에서 "이 비밀이 크도다 나는 그리스도와 교회에 대하여 말하노라"고 말합니다. 결혼은 신비합니다. 눈에 보이는 게 전부가 아닙니다. 그 이상의 것이 있습니다. 그게 무엇입니까? 나는 이렇게 생각합니다. 하나님이 인간의 결혼 양식을 따라 그리스도와 교회의 연합을 만드신 게 아니었습니다. 오히려 그 반대로, 하나님은 그리스도와 교회의 관계를 근거로 인간의 결혼 제도를 만드셨습니다. 오랫동안 드러나지 않았던 창세기 2장 24절의 신비는, 그것이 묘사하는 결혼이 그리스도와 그분의 백성간의 관계에 대한 비유 혹은 상징이라는 것입니다.

하나님은 마구잡이식으로 일하지 않으십니다. 모든 것에는 목적과 의미가 있습니다. 하나님은 남자와 여자를 창조하시고 결혼이라는 연합을 제정하셨을 때 주사위를 굴리거나 제비를 뽑거나 동전을 던지지 않으셨습니다. 그분은 목적을 갖고 그분의 아들과 교회의 관계—이것은 그분이 영원 전에 계획하신 것입니다—를 따라 결혼 제도를 정하셨습니다. 그러므로 결혼은 신비입니다. 결혼에는 겉으로 보는 것보다 훨씬 더 큰 의미가 포함되어 있으며 감추어져 있습니다. 하나님은 결혼이 그분의 아들과 그 아들의 신부인 교회의 연합을 보여 주는 것이 되게 하셨습니다. 결혼한 우리는 우리 자신보다 무한히 큰 신적인 실체들을 그려내는 특권을 하나님으로부터 받은 게 얼마나 신비스럽고 놀라운지 거듭 깊이 생각할 필요가 있습니다.

그렇다면 이러한 결혼의 신비가 담고 있는 실제적인 암시는 무엇입니까? 에베소서 구절에서 넘쳐나는 것 두 가지를 들어 보겠습니다. 하나는 남편과 아내는 하나님이 그리스도와 그분의 교회에 의도하신 관계를 의식적으로 모방해야 한다는 것입니다. 다른 하나는 결혼에서 배우자 각자는 상대방의 기쁨에서 자신의 기쁨을 추구해야 한다는 것입니다. 다시 말해, 결혼이 기독교 희락주의의 모체가 되어야 한다는 것입니다(7장, "기독교 희락주의를 깊이 생각하십시오"를 보십시오).

첫째, 하나님이 결혼을 그리스도와 교회의 관계에 대한 신비스러운 비유나 이미지로 정하실 때 남편들과 아내들에게 의도하신 바는 어떤 것입니까? 바울은 두 가지를, 하나는 아내에게 다른 하나는 남편에게 말합니다. 그는 5장 22-24절에서 아내에게 이렇게 말합니다.

"아내들이여 자기 남편에게 복종하기를 주께 하듯 하라 이는 남편이 아내의 머리 됨이 그리스도께서 교회의 머리 됨과 같음이니 그가 바로 몸의 구주시니라 그러므로 교회가 그리스도에게 하듯 아내들도 범사에 자기 남편에게 복종할지니라."

하나님께서 보여 주신 바에 따르면, 아내들은 교회의 목적에서 자신만의 독특한 역할을 찾아내야 합니다. 교회가 그리스도께 복종하듯이 아내도 남편에게 복종해야 합니다. 교회는 그리스도를 그의 머리로 알고 복종합니다. "이는 남편이 아내의 머리 됨이 그리스도께서 교회의 머리 됨과 같음이니"(23절). 머리 됨이란 적어도 두 가지를 암시합니다. 그리스도는 공급자이거나 구원자이시라는 것과 그리스도는 권세나 리더라는 것입니다. '머리'는 에베소서에서 두 번 더 사용됩니다. 4장 15-16절은 공급자로 설명하며, 1장 20-23절은 권세로 설명합니다.

먼저 4장 15-16절을 살펴봅시다.

오직 사랑 안에서 참된 것을 하여 범사에 그에게까지 자랄지라 그는 머리니 곧 그리스도라 그에게서 온몸이 각 마디를 통하여 도움을 받음으로 연결되고 결합되어 각 지체의 분량대로 역사하여 그 몸을 자라게 하며 사랑 안에서 스스로 세우느니라.

머리는 우리가 자라 가는 목표이며 우리가 자라는 것을 가능하게 하는 공급원입니다.

다음으로 1장 20-23절을 살펴봅시다.

그의 능력이 그리스도 안에서 역사하사 죽은 자들 가운데서 다시 살리시고 하늘에서 자기의 오른편에 앉히사 모든 통치와 권세와 능력과 주권과 이 세상뿐 아니라 오는 세상에 일컫는 모든 이름 위에 뛰어나게 하시고 또 만물을 그의 발 아래에 복종하게 하시고 그를 만물 위에 교회의 머리로 삼으셨느니라 교회는 그의 몸이니 만물 안에서 만물을 충만하게 하시는 이의 충만함이니라.

하나님은 그리스도를 죽은 자 가운데서 일으키셨을 때 그리스도에게 다른 모든 정사와 권세와 능력과 주관 위에 뛰어난 능력과 권세를 주셨다는 의미에서 그분이 머리가 되게 하셨습니다. 그러므로 에베소서 문맥에서, 남편의 머리 됨은 넓게는 그가 아내의 필요(물질적 필요를 포함해서 보호와 보살핌까지)를 공급하는 더 큰 책임을 받아들이는 것과 가정에서 리더십에 대한 더 큰 책임을 받아들이는 것까지 암시합니다.

그리고 5장 24절에서 "교회가 그리스도에게 하듯 아내들도 범사에 자기 남편에게 복종할지니라"고 할 때, 복종의 기본적인 의미는 아내를 보호하고 먹이는 데 대한 남편의 더 큰 책임을 인식하고 존중하며, 그리스도 안에서 그의 권위에 순종하려는 의향, 그의 리더십을 따르려는 성향을 가지라는 것입니다. 내가 복종은 순종하려는 의향과 따르려는 성향을 의미한다고 말하는 이유는 22절의 "주께 하듯"이라는 문구가 복종의 범위를 제한하기 때문입니다.

어떤 아내도 그리스도의 권위를 남편의 권위로 대체해서는 안 됩니다. 아내는 남편으로 하여금 죄짓게 해서는 안 됩니다. 그러나 남편의 죄악된 의지에 맞서 그리스도와 함께 서 있다 할지라도 그리스도인 아내는 여전히 복종하려는 정신을 가져야 합니다. 아내는 자신의 태도와 행동을 통해 남편의 뜻에 거역하고 싶지 않다는 것을 보여 줄 수 있습니다. 그리고 아내는 자신의 태도와 행동을 통해 —남편을 머리로 존중하려는 의향이 조화를 낳을 수 있도록— 남편이 죄를 버리고 의로 인도되길 간절히 원한다는 것을 보여 줄 수 있습니다. 그러므로 이러한 결혼의 신비로운 비유에서 아내는, 교회를 향한 하나님의 목적으로부터 자신의 특별한 역할을 취해야 합니다.

이제 바울은 남편들에게 그리스도로부터 자신의 특별한 역할을 취하라고 말합니다. "남편들아 아내 사랑하기를 그리스도께서 교회를 사랑하시고 그 교회를 위하여 자신을 주심 같이 하라"(25절). 23절이 말하듯이 남편이 아내의 머리라면, 이는 일차적으로 아내에게 생명을 주기 위해 기꺼이 죽으려는 그런 사랑으로 아내를 리드하는 것을 의미함을 모든 남편에게 분명히 말하십시오. 예수님이 누가복음 22장 26절에서 말씀하시듯이 "다스리는 자는 섬기는 자와 같습니다." 텔레비전 앞에 꼼짝 않고 앉아 아내를 마치 종 부리듯 하는 남편은 그리스도의 리더 방식을 포기한 것입니다. 그리스도는 직접 수건을 동이시고 사도들의 발을 씻어 주셨습니다. 여러분이 그리스도인 남편이 되려 한다면 예수님과 같이 하십시오.

21절이 전체 단락을 상호 복종의 분위기로 몰아가는 것은 사실입니다. "그리스도를 경외함으로 피차 복종하라." 그러나 이 구절에서 그리스도께서 교회에 복종하시는 방법과 교회가 그리스도께 복종하는 방법이 같다고 추론하는 것은 절대 옳지 않습니다.[2] 교회는 그리스도의 리더십을 따르려는 의향으로 그리스도께 복종합니다. 그리스도께서는 교회를 겸손히 섬기는 데 그분의 리더십을 사용하려는 의향으로 교회에 복종하십니다. 그리스도께서 "다스리는 자는 섬기는 자와 같을지니라"고 말씀하셨을 때(눅 22:26) 의미하신 것은 리더(다스리는 자)가 리더이길 그만두어야 한다는 뜻이 아니었습니다. 그분이 무릎을 꿇고 제자들의 발을 씻으실 때도 아무도 누가 리더인지 의심하지 않았습니다. 어떤 그리스도인 남편이라도 하나님 아래서 아내와 가족의 겸손한 종으로서 도덕적 비전을 제시하고 영적 리더십을 발휘해야 하는 책임을 회피할 수 없습니다.

그러므로 그리스도와 교회의 관계에 대한 투영이라 할 수 있는 결혼의 신비가 첫째로 암시하는 것은 아내들이 교회로부터 자신의 특별한 역할을 취하고 남편들은 그리스도로부터 자신의 특별한 역할을 취해야 한다는 것입니다. 이러한 결혼 생활이 있는 모든 곳에는 세상에서 가장 행복한 두 사람이 있습니다. 왜냐하면 이들의 삶은 성경에 있는 하나님의 말씀과 예수 그리스도 안에 있는 하나님의 말씀을 따르기 때문입니다.

결혼의 신비에 담긴 또 하나의 실제적인 암시는 남편과 아내가 서로의 기쁨에서 자신의 기쁨을 추구해야 한다는 것입니다. 성경에서

---

2  자녀들이 부모에게 순종하며(엡 6:1 이하) 종들이 주인들에게 순종하는 문맥에도(엡 6:5 이하) 주목하라. 이러한 문맥은 둘 사이의 순종(복종)이 동일하다는 생각이 불가능하게 한다.

에베소서 5장 25-30절만큼 희락주의를 강하게 말하는 구절도 없습니다. 이 본문은 결혼 생활이 너무나 비극적인 이유는 남편과 아내가 자신의 즐거움을 구하는 것 때문이 아니라 배우자의 즐거움에서 자신의 즐거움을 구하고 있지 않기 때문임을 분명히 보여 줍니다. 이 본문은 그리스도께서 그렇게 하시기 때문에 우리도 그렇게 하라고 명령합니다.

첫째, 그리스도께서 우리에게 어떤 본을 보이셨는지 주목하십시오(25-27절).

> 남편들아 아내 사랑하기를 그리스도께서 교회를 사랑하시고 그 교회를 위하여 자신을 주심 같이 하라 이는 곧 물로 씻어 말씀으로 깨끗하게 하사 거룩하게 하시고 자기 앞에 영광스러운 교회로 세우사 티나 주름 잡힌 것이나 이런 것들이 없이 거룩하고 흠이 없게 하려 하심이라.

그리스도께서 교회를 위해 죽으신 것은 교회를 '자기 앞에' 아름다운 신부로 세우기 위해서였습니다. 그리스도께서는 자기 앞에 있는 결혼의 기쁨을 위해 십자가를 견디셨습니다. 그러나 교회의 궁극적인 기쁨은 무엇입니까? 주권적인 그리스도께 신부로 드려지는 것이 아닙니까? 그래서 그리스도께서는 교회의 기쁨에서 그분의 기쁨을 구하셨습니다. 그러므로 그리스도께서 남편들을 위해 보이신 본은 아내의 기쁨에서 우리의 기쁨을 구하라는 것입니다.

28-29절은 이것을 분명하게 적용합니다.

이와 같이 남편들도 자기 아내 사랑하기를 자기 자신과 같이 할지니 자기 아내를 사랑하는 자는 자기를 사랑하는 것이라 누구든지 언제나 자기 육체를 미워하지 않고 오직 양육하여 보호하기를 그리스도께서 교회에게 함과 같이 하나니.

바울은 기독교 희락주의의 초석 가운데 하나를 인정합니다. "누구든지 언제든지 자기 육체를 미워하지 않고." 자살하는 사람들조차도 목적은 비극에서 벗어나는 것입니다. 우리는 본능적으로 자신을 사랑합니다. 다시 말해, 우리는 자신을 행복하게 하거나 자신의 비극을 줄여 줄 것으로 생각되는 것을 즉시 합니다.

바울은 이러한 희락주의의 강을 막는 댐을 세우지 않습니다. 오히려 그는 수로를 건설합니다. 그는 이렇게 말합니다. "남편들과 아내들아, 너희가 결혼으로 한 몸이 된 것을 알아라. 그러므로 너희가 배우자를 희생시켜 자신의 사적인 즐거움을 위해 산다면 너희는 자신을 대적하는 것이고 자신의 가장 큰 기쁨을 파괴하고 있는 것이다. 그러나 너희가 배우자의 거룩한 기쁨을 위해 전심으로 자신을 헌신한다면 너희는 또한 자신의 기쁨을 위해 사는 게 될 것이며 너희의 결혼 생활은 그리스도와 그분의 교회와의 관계를 닮게 될 것이다."

결혼하는 큰 아들이 나에게 시를 써서 결혼식장에서 읽어 달라고 했습니다. 나는 행복한 마음으로 그렇게 했습니다. 내가 이를 소개하는 이유는, 우리가 아내를 지금보다 더 사랑하는 동시에 우리가 할 수 있는 것보다 덜 사랑해야 한다는 역설적 진리를 이 시가 잘 표현하고 있기 때문입니다.

**아내를 더 많이 사랑하고 덜 사랑하라**

네가 네 아내에게 복이 되고 싶다면
아내를 더 많이 사랑하고 아내를 더 적게 사랑하라.
앞으로, 하나님의 어떤 섭리 때문에
네가 이 세대의 부를 갖게 되고
고통이 없이 아내와 함께 인생의 무대를 지날 때
명심해라. 아내를 사랑하며, 돈보다 더 사랑하라.

네 삶이 수백 명의 친구로 짜여지고
네가 크고 작은 달콤한 모든 애정으로
축제의 옷감을 짠다면
명심해라. 그 옷감이 어떻게 찢어지더라도
아내를 사랑하라. 아내를 친구보다 사랑하라.

네가 피곤에 지치고, 연민이 네게
"좀 쉬지 그래. 자유를 누리게.
이리 와 나와 안락하세"라고 속삭일 때
이것을 알아라! 네 아내는 이것들보다 소중하다.
그러므로 아내를 사랑하라. 아내를 사랑하라. 안락함보다 사랑하라.

네 침실이 깨끗하며

네 아내 외에 그 누구에게도

티끌 같은 정욕도 느끼지 않으며

삶의 모든 것이 황홀할 때

이 모든 것을 지켜 주는 비밀이 있다.

가서 아내를 사랑하라. 아내를 사랑하라. 섹스보다 사랑하라.

네 눈이 세련되고

네가 인간의 지성이 만들어 낼 수 있는 것에 감동하고

인간의 기술에 감탄할 때

이 모든 것은 마음에서 작용함을 기억하라.

그러므로 아내를 사랑하라. 아내를 사랑하라. 예술보다 사랑하라.


언젠가 네 작품이 무한한 존경을 받을 가치가 있다고

모든 비평가들이 입을 모아 칭송하고,

네가 터무니없이 꿈꾸던 것보다 더 많이 팔려나가더라도,

이름이 몰고 올 위험을 조심하고,

아내를 사랑하라. 아내를 사랑하라. 명성보다 사랑하라.


하나님이 놀랍게도 네게 기묘한 계획을 가지시고

큰 일을 위해 네게 생명을 걸라고 하실 때

두려움도 사랑도 너를 막지 못하게 하며

죽음의 문 앞에 섰을 때

아내를 사랑하라. 아내를 사랑하라. 호흡보다 사랑하라.

아내를 사랑하라. 아내를 사랑하라. 생명보다 사랑하라.
네 아내라 불리는 여자를 사랑하라.
가서 아내를 이 땅에서 너의 가장 좋은 것으로 알고 사랑하라.

그 이상은 넘어가지 말아라.
그러나 네 사랑이 어리석은 자의 사랑이 되지 않도록
아내를 하나님보다는 덜 사랑하라.

하나의 우상을 달콤한 이름들로 부르고
네 하나님의 형상으로 지음 받은 자 앞에
겸손하게 엎드리는 것은
지혜롭거나 친절한 게 아니다.
네가 세상에서 가장 사랑하는 사람보다
그 사람을 귀하게 하시는 하나님을 높이고
그분만을 받들어라.

그러면 그녀는 두 번째 자리에서
너의 큰 사랑이 은혜이기도 하며
너의 큰 애정이 이러한 약속들 아래에서,
하나님이 먼저 네게 주신 약속들 아래 이루어진 서약에서 자유로이 흘러나오고 있음을 알 것이다.

이러한 약속들은,

네가 호흡보다 생명보다 존중하고 소중히 여기며

네가 아내에게 줄 하늘의 기쁨의 물가에 뿌리내리고 있으므로

시들지 않을 것이다.

네가 아내에게 주는 가장 큰 기쁨은

하나님을 네 아내의 생명보다 사랑하는 것이다.

그러므로 이제 너를 축복하며 부탁한다.

가서 네 아내를 덜 사랑함으로 더 사랑하라.

— 로첼레 안 오르비스와 결혼하는 카스턴 루크 파이퍼를 위해
1995년 5월 29일, 그의 결혼식장에서

강의실과 교수들의 어조는 강단의 어조에도 깊은 영향을 미친다.

교수들이 열정을 갖고 있는 부분에 대해서는

대체로 젊은 목회자들도 열정을 갖게 될 것이다.

교수들이 소홀히 하는 부분은 강단에서도 소홀히 다루어질 것이다.

• 존 파이퍼 •

# 30
## 신학교를 위해 기도하십시오

교회와 교단과 선교 단체의 신학과 정신을 형성하는 데 있어 신학교는 말할 수 없이 중요합니다. 강의실과 교수들의 어조는 강단의 어조에도 깊은 영향을 미칩니다. 교수들이 열정을 갖고 있는 부분에 대해서 대체로 젊은 목회자들도 열정을 갖게 될 것입니다. 교수들이 소홀히 하는 부분은 강단에서도 소홀히 다루어질 것입니다.

내가 어느 신학교에 갈 것인지를 놓고 고민하고 있을 때 어떤 사람이 좋은 조언을 해 주었습니다. "신학교를 볼 때 하나만 보면 되네. 교수진을 보게. 교단이나 도서관이나 위치를 선택하지 말게. 좋은 교수진을 선택하게. 다른 모든 것은 부수적일세." 물론, 그의 '좋은 교수진'이라는 말은 단순히 카리스마가 있는 인물들을 의미한 것은 아니었습니다. 이는 하나님과 그분의 말씀에 대한 깊은 이해와, 교리적 진리에 대한 깊은 존중과, 무오한 성경에 대한 주의 깊은 해석과, 주석을 비롯해서 하나님, 진리, 교회, 교구에 대한 열정을 말하는 것이었습니다.

"신학교를 선택할 때는 교수진을 보게." 나는 그의 조언이 옳았다고 믿습니다. 이것은 우리가 신학교를 위해 기도할 때 특히 교수진과 이들을 평가하고 고용하는 사람들의 지성과 감성을 위해 기도해야 한다는 것을 의미합니다.

우리가 무엇을 위해 기도할 것인가를 생각하는 시간을 가질 때 우리의 사역이 명확해지기 시작합니다. 목적 없이 기도할 수는 없습니다. 신학교가 어떤 목회자를 배출하길 원합니까? 우리에게 이에 대한 비전이 없다면 신학교 교수진에 대한 목표도 가질 수 없습니다. 그러므로 우리는 기도할수록 목회자의 직무에서 우리가 가치 있게 여기는 게 무엇인지를 명확히 해야 합니다. 일단 이렇게 하면 어떤 종류의 교수들이 이러한 가치를 심어줄 수 있을지를 생각하게 됩니다.

그러므로 신학교를 위해 기도하려 한다면 적어도 기본적인 목회 신학과 신학 교육에 대한 철학을 나름대로 형성해야 합니다. 다음은 이 부분과 관련해서 신학교에서 필요하다고 생각되는 것을 내가 대략 정리한 것입니다. 내 생각에 각각의 그룹은 목회자 양성 교육에서 지향해야 하고, 위해서 기도해야 하는 성경적 가치관을 하나씩 반영하고 있습니다.

하나님의 영광이라는 전포괄적인 목표 아래(첫째 간구), 2-7번의 간구는 우리가 인간의 부족함을 깨닫고 겸손을 길러야 한다는 나의 목표를 그대로 보여 줍니다. "나는 포도나무요 너희는 가지라…나를 떠나서는 너희가 아무것도 할 수 없음이라"(요 15:5). "우리가 이 보배를 질그릇에 가졌으니 이는 심히 큰 능력은 하나님께 있고 우리에게 있지 아니함을 알게 하려 함이라"(고후 4:7). "누가 이 일을 감당하리요"(고후 2:16).

8-10번의 간구는 우리가 그리스도의 전충족성(all-sufficiency)을 전하려는 뜨거운 열정을 길러야 하며, 현대적인 사역의 흐름에 대한 모든 열심에도 불구하고 목회자의 마음에는 변하지 않는 진리의 기초를 세우려는 주체할 수 없는 뜨거움이 있어야 한다는 나의 목표를 보여 줍니다. "그러나 무엇이든지 내게 유익하던 것을 내가 그리스도를 위하여 다 해로 여길뿐더러 또한 모든 것을 해로 여김은 내 주 그리스도 예수를 아는 지식이 가장 고상하기 때문이라 내가 그를 위하여 모든 것을 잃어버리고 배설물로 여김은 그리스도를 얻고"(빌 3:7-8).

12-20번의 간구는 우리가 모든 성경에 깊이 충실해야 하며 사도들과 선지자들이 성경에서 전하고 가르친 것을 소중히 여기고 하나님의 백성에게 주의 깊고 충실하게 해석해야 한다는 나의 목표를 그대로 보여 줍니다. "너는 진리의 말씀을 옳게 분별하며 부끄러울 것이 없는 일꾼으로 인정된 자로 자신을 하나님 앞에 드리기를 힘쓰라"(딤후 2:15).

여러분은 이러한 기도에 자신이 가장 관심 있는 신학교를 위한 기도를 덧붙일 수 있을 것입니다. 그러나 내가 생각하기에 이러한 기도는 우리 교회를 능력 있고 깨끗하게 하는 데 필수적입니다.

나는 이렇게 기도합니다.

1. 모든 교수가 자기 학생들이 뜨거운 열정으로 하나님의 영광을 찬양하도록 가르치며, 그렇게 사는 것을 분명하고 진심어린 최고의 목표로 삼도록(고전 10:31, 마 5:16).

2. 교수들이 많은 목표 가운데 이 목표를 추구하되, 베드로전서 4장 11절에 제시된 방법으로 추구하도록. "누가 봉사하려면 하나님이 공급하시는 힘으로 하는 것 같이 하라 이는 범사에 예수 그리스도로 말미암아 하나님이 영광을 받으시게 하려 함이니."

3. 학생들의 마음에 "누가 이것을 감당하리요"라는 물음이 일어나면서(고후 2:16), 사역에 대한 도전을 받도록.

4. 모든 교과 과정에서 목회 성공에 대한 다른 수단과 비교해, 필수불가결하고 소중한 성령님의 능하게 하심이 크게 강조될 수 있도록(갈 3:5).

5. 교수들이 고린도전서 15장 10절과 로마서 15장 18-19절에 표현된 목회적 태도를 기를 수 있도록. "내게 주신 그의 은혜가 헛되지 아니하여 내가 모든 사도보다 더 많이 수고하였으나 내가 한 것이 아니요 오직 나와 함께 하신 하나님의 은혜로라…그리스도께서 이방인들을 순종하게 하기 위하여 나를 통하여 역사하신 것 외에는 내가 감히 말하지 아니하노라 그 일은 말과 행위로 표적과 기사의 능력으

로 성령의 능력으로 이루어졌으며."

6. 마태복음 5장 3절이 명령하는 영적 가난과 골로새서 3장 12절과 에베소서 4장 2절, 베드로전서 5장 5-6절이 명령하는 겸손과 온유가 행정처와 교수들과 학생들을 통해 나타나도록.

7. 교수들이 교훈과 모범을 통해, 무릇 쉼없이 기도해야 하고, 하나님의 무한한 자비를 의지하며 드리는 인내의 기도가 빠진 모든 성공은 포기해야 한다는 거대한 목회적 필요를 심어줄 수 있도록(마 7:7-11, 엡 6:18).

8. 교수들은, 우리가 영원한 지옥 형벌을 받아 마땅함에도 불구하고 하나님이 우리를 긍휼히 대하신다는 더없이 고귀한 사실을 학생들이 느끼게 돕도록(마 25:46, 18:23-35, 눅 7:42, 47).

9. 우리의 신학교 교수들 때문에, 수많은 목회자들이 지금부터 50년 후에 세상을 떠나면서 존 뉴턴의 말을 되풀이 할 수 있도록. "나의 기억은 거의 사라졌다. 그러나 나는 두 가지를 기억한다. 내가 큰 죄인이라는 것과 예수님이 큰 구원자이시라는 것이다."[1]

---

1 John Whitecross, *The Shorter Catechism Illustrated* (Edinburgh: The Banner of Truth Trust, 1968), 37에서 인용.

10. 교수들이 학생들에게 성경의 진실성에 대한 정직하고 무한한 기쁨을 심어 줄 수 있도록. "여호와의 교훈은 정직하여 마음을 기쁘게 하고"(시 19:8).

11. 모든 교수들이 제임스 데니의 가르침에 근거한 교수 형태를 기를 수 있도록. "어떤 인간도 자신이 영리하다고 말하는 동시에 구원의 능력이 그리스도께 있다는 인상을 심어줄 수 없다."[2]

12. 성경을 대할 때 어떤 것은 설교에 가치가 있고 어떤 것은 삶에 가치가 있는 부분이라며 따로 잘라 평가하는 일이 없도록.

13. 학생들이 성경의 소중한 약속뿐 아니라 무서운 경고도 존중하고 사용할 수 있으며, "거룩함을 따르라"는 명령이(히 12:14) 무디어지지 않고 도리어 하나님의 도우심으로 힘을 얻을 수 있도록. "평강의 하나님이…모든 선한 일에 너희를 온전하게 하사 자기 뜻을 행하게 하시고 그 앞에 즐거운 것을 예수 그리스도로 말미암아 우리 가운데서 이루시기를 원하노라 영광이 그에게 세세무궁토록 있을지어다 아멘"(히 13:20-21).

---

2 John Stott, *Between two worlds: The Art of Preaching in the Twentieth Century* (Grand Rapis, Mich.: Wm. B. Eerdmans Publishing Co., 1982), 325에서 인용. 『현대 교회와 설교』, 생명의 샘.

14. 성경을 깊이 있게 지속적으로 연구하는 게 사람들의 문제를 지혜롭게 다룰 수 있게 되는 최선의 방법이라는 것을 강하고 분명하게 확신할 수 있도록. "모든 성경은 하나님의 감동으로 된 것으로 교훈과 책망과 바르게 함과 의로 교육하기에 유익하니 이는 하나님의 사람으로 온전하게 하며 모든 선한 일을 행할 능력을 갖추게 하려 함이라"(딤후 3:16-17).

15. 교수들이 성경에서 '최소한의 통일성과 광범위한 이질성'을 보는 현대의 비평적 연구를 따르지 않고, 통일된 '하나님의 뜻을 다' 추구하며 성경이 어떻게 서로 완벽하게 들어맞는지를 학생들이 알게끔 도와 줄 수 있도록. "이는 내가 꺼리지 않고 하나님의 뜻을 다 여러분에게 전하였음이라"(행 20:27).

16. 모든 강의실에, 심지어 현대 과학에서 빌어온 언어와 패러다임으로 문제를 다룰 때에도 명확한 성경적 통찰이 넘치나도록. 하나님과 그분의 말씀이 언급되거나 높여지지 않은 채, 그것이 무언의 '기초'로서 당연시되지 않도록.

17. 교수들이 본문 분석을 위한 '엄한 훈련'과 하나님의 말씀의 진리와 아름다움에 대한 깊은 존경이 조화를 이루게 할 수 있도록.

18. 성경을 연구하는 가운데 새로운 것을 발견하고 그것을 논문이

나 책을 통해 교회와 나눌 수 있도록.

19. 교수들과 학장들과 총장들이 하나님으로부터 지혜와 용기를 얻어 이러한 간구의 성취를 촉진시키는 약속을 할 수 있도록.

20. 이사회와 지도자의 자리에 있는 모든 사람들은 교수들이 도덕적으로, 교리적으로 깨끗한지 살피며 그들이 가르치고 행하는 모든 것에서 성경에 충실하도록 하는 데 필요한 모든 훈련을 시행하도록.

형제들이여, 단순히 신학교를 비판하거나 치켜세우지 마십시오. 하나님은 그분의 교회와 그분의 진리를 사랑하십니다. 그분은 그분의 백성의 중보를 통해 그분의 일을 이루려 하십니다. 충성스런 세대들이 위험에 처해 있습니다. 그러므로 형제들이여, 신학교를 위해 기도하십시오.

BROTHERS,
WE ARE NOT PROFESSIONALS

Copyright © 2002 by JOHN PIPER
Originally published in English under the title *Brothers, We Are Not Professionals*
Published by Broadman & Holman Publishers, Nashville, Tennessee
All rights reserved.

Korean Copyright © 2005 by GoodSeed Publishing Company

This edition published by arrangement with Broadman & Holman Publishers through rMaeng2, Seoul, Republic of Korea.

## 나의 목회자 형제들에게

| | |
|---|---|
| 초판 1쇄 발행 | 2005년 3월 1일 |
| 재조판 1쇄 발행 | 2021년 11월 5일 |
| 재조판 2쇄 발행 | 2024년 2월 5일 |

| | |
|---|---|
| 지은이 | 존 파이퍼 |
| 옮긴이 | 전의우 |
| 펴낸이 | 신은철 |
| 펴낸곳 | 좋은씨앗 |
| 출판등록 | 제4-385호(1999. 12. 21) |
| 주소 | 서울시 서초구 바우뫼로 156(MJ 빌딩) 402호 |
| 주문 전화 | (02)2057-3041 주문 팩스 / (02)2057-3042 |
| 이메일 | good-seed21@daum.net |
| 페이스북 | facebook.com/goodseedbook |

ISBN 978-89-5874-363-7  03230

이 한국어판의 저작권은 알맹2 에이전시를 통해 Broadman & Holman Publishers과 독점계약한 좋은씨앗에 있습니다. 신저작권법에 의해 한국 내에서 보호받는 저작물이므로 무단 전재와 무단 복제를 금합니다.